数智媒介学译丛

THE STUFF OF BITS
比特之物
论信息的物质性
An Essay on the Materialities of Information

[美]保罗·杜里什（Paul Dourish） 著

莫莉 译

復旦大學出版社

译丛由福建师范大学马克思主义与当代媒介研究中心
（福建省社会科学研究基地）资助出版

中文版序

在《比特之物》简体中文版出版之际,能有机会发表一些感想,真是令人愉快。我希望这本书能为全新的读者群体所见,衷心感谢莫莉和她的同事为实现这一项目所付出的努力。

这样一个有意义的项目也是一个契机,让我们得以反思这本书的内容、背后的动机以及自出版以来我们这个计算世界的变化。在当下,我们可以更清楚地看到我在撰写本书时希望阐述的关于物质性的观点。

本书的主题在当今社会显得尤为突出,其中的第一个领域便是计算力的环境影响。我们的计算基础设施的能源消耗,以及在计算设备的制造和废弃过程中所产生的有毒废物,达到了前所未有的显见程度。当然,环境灾难的紧迫威胁已经成为我们生活中日益凸显的问题,值得我们高度关注。任何关于"计算的未来"的讨论都不应忽视它们。在这个意义上,本书强调考虑数字"堆栈"所有层级的物质基础,为关注这些话题提供了一些依据。

然而,鉴于本书在很大程度上避开了"纯粹物质性"(即仅仅关注数字基础设施的物理属性),而更注重计算表征的物质性质,或许可以在当前计算领域的核心话题——人工智能(artificial intelligence,AI)中找到与本书更为紧密的联系。在本书写作之时,人工智能尚未达到如今的显著地位和核心作用,因此书中并未直接涉及这一主题。不过,书中的一些观点对理解人工智能及其运作方式仍有一定启示作用。其中两个相关的话题尤为突出。

首先是以数据为中心的建模所需的物质共置。构建人工智能模型需要从大量数据中推断模型的算法,这些算法本质上是将数据加以总结,以便用于预测性操作。因此,能够收集大量的数据,并将其放置在接近计算中心的位置,对于整个人工智能领域来说至关重要。为人工智能工作设计的数据中心和技术平台必须将大量的计算核心(即算力)和海量的数据紧密结合起来。通过慢速网络来构建人工智能模型根本不可行。位置的临近性对于整体实践非常关键。数据和计算设备必须集中在那些可以由最快的连接技术相互连接的地方。这也是数据中心——尽管它们耗电、耗水且发热——在实践中占据核心地位的原因。数据结构和算法的物质属性体现在基础设施的架构之中。

接着这个话题继续展开,如果数据要被大量集中到那些能够最有效地处理它们的地方,那么这些数据首先必须是可获取的。"可获取"在此包含两层含义:一是数据本身必须存在,二是所有数据需在同一管理权限下。例如,如果一家社交媒体公司想要将我的浏览历史与购买历史相关联,它不仅需要能够访问我的在线活动的记录,还需要能够访问我的金融交易记录。前者对它而言相当容易,因为这本身就在其业务范围内。但后者怎么办?它可以通过购买信用卡公司的数据来实现;也可以通过自身转型为支付处理商,或者收购一家支付处理商来达成。十年前,公司的合并可能是因为有机会购入有前景的技术或吸纳理想的人才。如今,一家公司可能会纯粹为了获取另一家公司的数据,并将其与自己的数据紧密结合而进行收购。在这里,我们看到科技行业通过合并和收购形成的财富和权力集中,部分原因在于现代人工智能算法的物质特性所带来的技术需求。

从数据中心的物理架构到科技企业的行业结构,我似乎是在数据和信息的物质性之上构建了很多内容。固然,数字物质性并非这些庞大平台建立的唯一基石。然而,对这些物质性质的认识对于理解现有格局是如何形成的,以及理解它们可能如何被改变,至关重要。我期待着与这本书产生共鸣的读者们能够继续发现新的应用领域。

目 录

致　谢 / 1

第一章　导言：信息即物质 / 1
第二章　物质景观 / 32
第三章　在虚拟中寻找物质性：仿真的案例 / 61
第四章　组织生活中的电子表格和电子表格事件 / 81
第五章　非关系数据库：数据库技术的物质性演变 / 105
第六章　互联网路由的物质性 / 137
第七章　互联网与其他网络 / 165
第八章　前景与结论 / 200

参考文献 / 215

译后记 / 244

致 谢

每次阅读一本书,我总是先读致谢部分。这些零光片羽的幕后故事帮助我了解作品诞生的背景,作者独特的写作风格也让我颇为赞赏。然而,当我自己写书时,致谢却往往是最后落笔之处。一方面,随着书稿逐渐成形,需要感谢的人也越来越多;另一方面,回顾并感谢那些带给我思想启迪的人是一种享受。我把这个过程视为一份奖励,留待尘埃落定时慢慢回味。

我的学生和博士后们,无论是已毕业的还是在读的,构成了我智力世界的核心群体。在本书的研究和写作过程中,这一群体包括摩根·埃姆斯(Morgan Ames)、肯·卡梅伦(Ken Cameron)、马里萨·科恩(Marisa Cohn)、加尼特·赫兹(Garnet Hertz)、利娅·霍根(Leah Horgan)、莉莉·艾拉尼(Lilly Irani)、西尔维娅·林德纳(Silvia Lindtner)、凯瑟琳·罗(Katherine Lo)、莉莉·阮(Lilly Nguyen)、凯蒂·派因(Katie Pine)、诺普尔·拉瓦尔(Noopur Raval)、米娅·西尔维斯特(Miya Sylvester)、珍妮特·维特西(Janet Vertesi),以及克里斯·沃尔夫(Chris Wolf)。他们耐心地听取了关于本书早期思想的各种零散演讲和不成熟的叙述,并提供了宝贵的反馈。更重要的是,见证了他们作为研究者和学者所取得的进步和成就,我深感荣幸和喜悦。日复一日,我从他们那里汲取丰富的智慧,这样的学习经历让我的工作成为了最理想的职业。

本书中的许多工作,尤其是写作过程,是在多个地方完成的。其中最主要的是我的母校加利福尼亚大学欧文分校,在那里我有幸与一群卓越的同事共事,他们的研究聚焦于社会、文化和技术领域。这些同事包括汤姆·博尔斯托夫(Tom Boellstorff)、杰弗里·鲍克(Geoffrey Bowker)、西蒙·科尔(Simon Cole)、玛莎·费尔德曼(Martha Feldman)、戴维·西奥·戈德堡(David Theo Goldberg)、吉莉恩·海斯(Gillian Hayes)、伊藤美美(Mimi Ito)、彼得·克拉普(Peter Krapp)、利兹·洛什(Liz Losh)、乔治·马库斯(George Marcus)、比尔·莫勒(Bill Maurer)、基思·墨菲(Keith Murphy)、西蒙·彭尼(Simon Penny)和卡维塔·菲利普(Kavita Philip)。此外,我要特别提及梅利莎·马兹马尼安(Melissa Mazmanian),我对书中许多主题的初步探索都是在我们共同合作的过程中萌芽的,她的思想影响贯穿全书(当然是积极的影响)。

英特尔社会计算科学技术中心在2012年至2015年间经历了一段短暂而辉煌的时期,为这项研究的各个方面提供了丰富而富有吸引力的环境。除了上文提到的那些人之外,我需要感谢的人太多而无法全部提及。感谢杰夫·巴泽尔(Jeff Bardzell)、沙奥文·巴泽尔(Shaowen Bardzell)、伊恩·博戈斯特(Ian Bogost)、卡尔·迪萨尔沃(Carl DiSalvo)、塔尔顿·吉莱斯皮(Tarleton Gillespie)、史蒂夫·杰克逊(Steve Jackson)、克里斯·勒丹特克(Chris LeDantec)、海伦·尼森鲍姆(Helen Nissenbaum)、温妮·波斯特(Winnie Poster)、埃丽卡·罗布尔斯-安德森(Erica Robles-Anderson)、菲比·森杰斯(Phoebe Sengers)、埃里克·斯托尔特曼(Eric Stolterman)和马特·泽维茨(Malte Zeiwitz)。当然,还要感谢来自英特尔的合作伙伴们,特别是肯·安德森(Ken Anderson)、吉纳维芙·贝尔(Genevieve Bell)、梅利莎·格雷格(Melissa Gregg)和斯科特·梅因沃林(Scott Mainwaring)。

这本书的主要内容是在我2015至2016年间的学术假期完成的。在此期间,许多机构慷慨地接待了我,不仅为我提供静谧的写作环境,还营造了激发思考的知识氛围,让我能够专心工作与思考。在哥本哈根信息技术大学(IT University of Copenhagen)访问期间,我要感谢佩尼尔·比约恩(Pernille Bjørn)、马里萨·科恩(Marisa Cohn)、雷切尔·道格拉斯-琼斯(Rachel Douglas-Jones)、克里斯托弗·盖德(Christopher Gad)、纳贾·霍尔滕·莫勒(Naja Holten Møller)、伊琳娜·什克洛夫斯基(Irina Shklovski)、布里特·罗斯·温特里克(Brit Ross Winthereik)和劳拉·沃茨(Laura Watts),他们与我进行了深入交流并带给我许多启发。同样,我也非常感谢威卢克斯(Velux)基金会的支持。在我远离故乡的第二家园——墨尔本大学逗留期间,特别感谢凯特·弗兰克斯(Kat Franks)、弗兰克·韦特(Frank Vetere)、贾斯廷·佐贝尔(Justin Zobel)。此外,还要感谢拉塞尔与梅布·格里姆韦德·米根雅基金(the Russell and Mab Grimwade Miegunyah Fund),他们的资助使这次旅行得以成行。在微软新英格兰研究院度过的那几个月里,我有幸与安德烈亚·阿拉尔康(Andrea Alarcon)、南希·贝姆(Nancy Baym)、莎拉·布雷恩(Sarah Brayne)、珍妮弗·蔡斯(Jennifer Chayes)、凯文·德里斯科尔(Kevin Driscoll)、塔尔顿·吉莱斯皮(Tarleton Gillespie)、玛丽·格雷(Mary Gray)、卡罗琳·杰克(Caroline Jack)、巴特勒·兰普森(Butler Lampson)和拉娜·斯沃茨(Lana Swartz)愉快地共事。此外,在剑桥地区,朱迪思·多纳思(Judith Donath)、福克斯·哈勒尔(Fox Harrell)和泰勒(T. L. Taylor)让我感到宾至如归,对此我深表感谢。

在全球各地的工作坊、会议、研讨会及讲座中,以及在社交媒体这个充满活力的信息网络里,我有幸与众多才华横溢的人士探讨了我逐渐成形的思想。对于他们的洞察力、善意、友谊、指导、榜样、批评、启发和挑战,我不胜感激。这些人包括约科·阿卡玛(Yoko Akama)、莫拉纳·阿拉克(Morana Alač)、帕诺斯·安东尼亚迪斯(Panos Antoniadis)、利亚姆·班农(Liam Bannon)、尼克·比德韦尔(Nic Bidwell)、让-弗朗索瓦·布兰切特(Jean-François Blanchette)、苏珊娜·博德克(Susanne Bødker)、桑德拉·布拉曼(Sandra Braman)、保罗·卡莱尔(Paul Carlile)、凯特·克劳福德(Kate Crawford)、乔恩·克罗克罗夫特(Jon Crowcroft)、佩尔·埃恩(Pelle Ehn)、伊尔娃·费尔奈乌斯(Ylva Fernaeus)、马修·富勒(Matthew Fuller)、比尔·盖弗(Bill Gaver)、金·哈尔斯科夫(Kim Halskov)、罗恩·科菲德·汉森(Lone Koefoed Hansen)、起亚·胡克

(Kia Höök)、希瑟·霍斯特(Heather Horst)、凯瑟琳·伊斯比斯特(Katherine Isbister)、戴维·卡尔格(David Karger)、罗布·基钦(Rob Kitchin)、安·莱特(Ann Light)、保罗·勒夫(Paul Luff)、阿德里安·麦肯齐(Adrian Mackenzie)、列夫·马诺维奇(Lev Manovich)、丹尼尔·米勒(Daniel Miller)、旺达·奥尔利科夫斯基(Wanda Orlikowski)、莎拉·平克(Sarah Pink)、艾莉森·鲍威尔(Alison Powell)、丹妮拉·罗斯纳(Daniela Rosner)、克里斯蒂娜·萨切尔(Christine Satchell)、克耶德·施密特(Kjeld Schmidt)、乔琳娜·西纳南(Jolynna Sinanan)、布赖恩·坎特韦尔·史密斯(Brian Cantwell Smith)、妮可尔·斯塔罗西尔斯基(Nicole Starosielski)、乔纳森·斯特恩(Jonathan Sterne)、露西·萨奇曼(Lucy Suchman)、弗雷德·特纳(Fred Turner)、安娜·瓦尔加达(Anna Vallgårda)和米凯尔·维伯格(Mikael Wiberg)。他们在我写作过程中阅读了部分文稿，并慷慨赐教，提出了宝贵的批评与修正意见，从而极大地提升了文稿的品质。文稿尚存不足，文责在我。

莫莉·斯廷森(Molly Steenson)长久以来便是我在物质主义者(materialist)领域的同行者。她也是这本书初稿的第一批读者——亲爱的读者，这绝非易事，不应轻视。我不确定自己是更珍视她的聪明才智还是她的友谊，但庆幸的是，我无需在这两者之间作出选择。在定稿前的最后几个月里，珍妮特·维特西(Janet Vertesi)认真地通读了整本手稿，她提出的关于如何精炼论点的建议一如既往地敏锐、犀利且毫无保留。

在麻省理工学院出版社，我一直受益于道格·瑟里(Doug Sery)的洞见与支持，并得到苏珊·巴克利(Susan Buckley)、弗吉尼娅·克罗斯曼(Virginia Crossman)和玛格丽塔·恩孔明达(Margarita Encomienda)在编辑和制作方面的帮助。

最后，也是最美好的部分，我要感谢照亮我心路的苏珊·黄(Susan Hwang)，你让我的世界变得丰富多彩。能与你共度一生，是我莫大的幸运。谢谢你！

第一章
导言：信息即物质

2015年11月16日，美国空军宣布他们近期已完成对B61-12核重力炸弹的第三次也是最后一次测试。这款炸弹是"生命延长计划"（Life Extension Program）项目的一部分，旨在更新美国的核武器库。然而，在内华达沙漠测试的炸弹本身并不含有任何浓缩核材料。自20世纪60年代以来，美国及其他多数核大国签署的禁试条约禁止真实的核爆炸。尽管如此，冷酷无情的冷战威慑逻辑仍然要求武器必须被不断设计和改进，即便它们不能通过实际爆炸来测试。因此，必须寻找替代性的实验、测试与评估机制。

设计和评估新型核武器的主要替代方法是数字模拟（simulation）（Gusterson，1996，2001）。通过将核裂变与核聚变、材料变形、环境对爆炸事件的响应以及其他相关因素的数学描述转化为可执行的计算机代码，便能以计算机模型的形式展示新型或设想中的武器的性能表现。

历史上，模拟技术一直与军事需要密切相关。所谓的蒙特卡罗模拟技术（Monte Carlo simulation techniques），通过使用随机数来探索各种概率路径并评估不同结果的统计可能性，从而管理现实建模的复杂性（Aspray，1990）。这一技术最初由约翰·冯·诺依曼（John von Neumann）及其同事开发，是曼哈顿计划（Manhattan Project）的一部分。蒙特卡罗技术迅速被采用：从气体中分子的运动到军事危机可能引发的政治反应，人们看到了它在各项研究情境中的潜能（Ghamari-Tabrizi，2005；

Winsberg,2010)。

算法或像蒙特卡罗法这样的形式过程框架(formal procedural framework)是模拟技术的关键组成部分之一,但它们只是解决方案的一部分。运行模拟还需要一个强大的计算机系统。事实上,模拟的有效性,即它在武器设计等特定环境中的可用程度,关键取决于所用的计算机系统的能力及该系统与所实施的数学方法的匹配程度。算法使结果成为**可能(possible)**①,而实现则使其变得**可行(feasible)**。因此,将数字模拟纳入武器设计过程,依赖拥有足够强大的计算机。

在曼哈顿计划期间的洛斯阿拉莫斯,首批制造武器的科学家受到铀浓缩材料工艺的限制。相比之下,当代设计师在设计上受到的物质限制更有可能来自他们的计算机处理能力。从20世纪80年代的向量化和数组编程,到如今大型分布式架构所提供的高级高速互连,新型计算机架构的发展框定了数字模拟的可行性和可能程度。实际上,可以说当代武器设计的限制更多来自数字材料,而非放射性原料。

此处值得我们稍作停顿,进一步深思。数字信息曾经被用来建模和预测物理世界的动态,而如今它却在某种程度上取代了它所声称要模拟的世界。核战略家和军事战略家可能曾因"导弹鸿沟"而担忧,如今他们则可能会看着全球最强大的超级计算机排行榜②,转而担忧"模拟鸿沟"。核武器设计已成为一门实际意义上的信息科学。

信息,尤其是数字信息及其产生、收集、管理、分发和使用的过程,在西方生活的各个领域发挥着如此关键的作用,以至于许多理论家将我们的当代环境称为"信息社会"(或类似术语,如网络社会或知识社会。Castells,1996;Webster,2006;Kline,2015)。在这些描述中,信息的一个关键特征就是其去物质化的性质(dematerialized nature)。事实上,向信息社会的转向常常被描述为从物质对象转变为计算机屏幕上的数字

---

① 原文为斜体强调,下同。
② 来自田纳西大学的计算机科学家杰克·东加拉(Jack Dongarra)领导着一个团队,该团队维护并每年发布两次备受关注的名单,列出500台最快的超级计算机。

等同物(例如,在线购物、在线电影租赁、数字图书馆、电子报纸和数字健康记录等)。科技评论家对此类与数字技术相关的"比特取代原子"现象表示赞赏,并认为"未来"将由某种模糊而理想的数字化概念推动。用麻省理工学院媒体实验室创始人、不遗余力的技术推动者尼古拉斯·尼葛洛庞帝(Nicholas Negroponte)的话来说:

> 传统上,世界贸易由原子之间的交换组成……而这一切都在发生急剧的变化。过去,录制音乐以塑料媒介(如CD)的形式进行系统性流通,正如大部分信息以书籍、杂志、报纸和录像带等实物形式进行缓慢的人工处理一样,而现在这一切即将转变为以光速进行的、即时且低成本的电子数据传输……从原子到比特的飞跃已是势不可当、无法逆转。(Negroponte,1995,2)

加布丽埃勒·赫克特(Gabrielle Hecht,2002)将这种论调称为"决裂言说"(rupture talk),即通过重大的历史断裂和对过去的彻底挣脱来构建话题。然而,即使在这个信息丰富的环境中,物质世界仍在不断彰显自身。海底电缆的断裂会导致网络中断,云服务器的故障会使得信息丢失。推动数字革命的微处理器工程师发现自己每天都致力于突破物理制造工艺和半导体材料性能的限制。更广泛地说,支撑"信息社会"的信息只能以物质形式被接触——无论是页面上的标记、流经导线的电子,还是旋转磁盘上的磁化段。

越来越多的社会科学家开始认识到这些物质现实,并转而关注社会现象与物质世界的交织。来自不同学科领域的学者们认为,社会世界在物理对象的配置和使用中得以呈现,而这些物理对象及其构成材料的属性,如耐用性、密度、体积和稀缺性,决定了围绕它们所产生的社会行为的形式。组织科学家(如 Orlikowski and Scott,2008)、人类学家(如 Miller,2005)、社会学家(如 MacKenzie,2009)、科学研究学者(如 Suchman,2007)、传播学者(如 Ashcraft et al.,2009)、信息科学家(如

Blanchette，2011)、政治理论家(如 Bennett，2010)和女性主义学者(如 Barad，2003)已经开始解析我们的信息化世界中特定物质配置(configurations)的重要性。这类研究与公众话语中对数字技术物质表现，如互联网基础设施的地理分布(如 Blum，2012)和信息处理对环境的影响(如 Tomlinson，2010)日益增长的兴趣相呼应。

显然，有许多不同的方法来解读和探讨信息的物质性这一主题(Dourish and Mazmanian，2013)。首先，有人可能会选择关注**数字产品的物质性文化**——考察特定数字产品如苹果手机、U 盘或 Linux 操作系统内核的文化价值。或者，可以探讨**数字网络的变革性物质性**，考察信息和信息技术在空间体验中的作用(如 Kitchin and Dodge，2011；Graham and Marvin，2001)。第三种观点可能聚焦于**信息技术生产的物质条件**，从马克思主义的角度分析一些主题，例如探讨信息在转化为数字形式后所具有的快速、普遍性和可操作性等特点对经济环境的影响(如 Harvey，2006)，以及开发技术、编码信息、维护基础设施设备和处理数量日益增多的有毒电子废物所需的技术性和非技术性劳工问题(如 Pellow and Park，2002；Irani，2015)。第四种方法是探讨**信息隐喻的重要物质性**，考察信息隐喻作为谈论文化状况的关键术语及它在公共话语中的地位日益增长的意义(如 Hayles，1999；Day，2008；Kline，2015)。

本书主要探讨信息物质性的第五种阐释——**信息表征的物质性**。这种方法关注数字数据的物质形式，以及这些形式如何影响了人们的解读和行动路径——从可扩展标记语言(XML)的形式语法，到关系数据库的组织结构，再到持续电压基底上对 1 和 0 的抽象表达——并分析它们对特定类型表征实践的影响。克劳德·香农(Shannon and Weaver，1947[①])提出的信息主流理论认为，信息是一种抽象实体，是物质(matter)配置的属性，因此无论是电线中的信号、杆子上的旗子，还是铁罐的排列，都可能传达相同的信息，但信息本身独立于这些物质。然而，我在本书中

---

① 香农提出该理论是在 1947 年，相关著作出版时间为 1949 年。——译者注

主张，信息的物质安排——信息的表征方式及其对使用方式的影响——对于我们体验信息及信息系统的方式至关重要。

不妨将保罗·爱德华兹(Paul Edwards, 2011)在其气候科学研究中所提到的案例作为一个说明性例子。他记录了美国国家气象记录中心在20世纪60年代初期用打卡机存储气象数据时所遇到的问题。该中心担忧的不是它拥有的数据量超出了其处理能力，而是这些数据量可能超过了建筑物的物理承载极限。每一千兆字节的打孔卡片数据重量超过35吨。这是一个庞大的数据量，但重点不止于此。更值得注意的是，数据的具体物质呈现方式会影响其存储位置（进而影响有能力存放它的机构的类型），影响其传输的速度，以及元素访问的难易程度，等等。反过来，这也影响了我们提出问题的方式、可获取的信息类型，以及我们对哪些信息值得收集的判断。存储介质的变革不仅促使我们重新思考信息可用性，还促使我们重新评估信息收集与管理的机构支持、信息的生命周期、访问的时间性、信息的抗变性，甚至重新定义我们最初所认为的"数据集"的实际可用性。乔安妮·耶茨(JoAnne Yates, 1993)在其关于科学管理兴起及相关现象的研究中，阐述了相似观点。她着重分析了20世纪初垂直（悬挂式）文件系统这一新技术的出现。同样一组文件，通过物理排列方式的革新，便可以全新的方式来操控与运用。

物质及其特性在新事物和新体验的创生过程中起到了至关重要的作用。哲学家兼教育家唐纳德·舍恩(Donald Schön)曾将设计描述为与物质的反思性对话(Schön, 1984, 1990)。这一富有启发性的表述立刻让人联想到一些经典的创意生产案例。试想，陶艺家用手在旋转的陶轮上捏制花瓶，既塑造了黏土，又回应了它保持形态的能力。又或者，雕刻家在探索木材纹理和形状的过程中，找到最能实现其艺术目标的方式。几年前，我在台湾进行教学访问时，东道主带我参观了台北故宫博物院的一项珍贵展品——**翠玉白菜**。这是一件用翠绿色翡翠雕琢而成的白菜雕塑。玉石的色彩变化与白菜本身的斑驳色彩完美契合，玉石中的瑕疵和裂纹也被巧妙地融入白菜的叶脉和纹理之中（甚至被刻画成藏匿于菜叶间的蚱蜢)。可以想象,这位雕刻家如何通过"与物质的反思性对话",将艺术目标与手中的材料完美结合。

在数字领域采用舍恩的视角意味着什么?信息系统设计者进行反思性对话的对象又是何种物质?芯片设计师需要仔细考量硅片上逻辑单元的布局,硬件设计师则必须关注时序信号在计算机各部分之间的传播:物质限制无处不在。虽然硬件设计师应对物质的约束并不令人意外,但我想特别强调,即便是软件设计师和开发者也会感受到"与物质对话"的存在。贯穿本书的核心观点是:软件与数字信息——这些终极"虚拟"物,常被视作比特战胜原子的典范——在其构建与使用的互动过程中,同样呈现出物质性的维度。程序员意识到数字结构有时会像黏土、木材或石头那样抵抗他们的意图。他们理解,不同的程序和设计方案在不同的平台上适配性各不相同,正如不同的雕塑或雕刻在不同材料上可能更易或更难实现一样。物质性——基质的性质及限制与影响设计者互动体验的属性——是每次设计体验的核心。

本书探讨的主题,正是舍恩所指出的,与数字的物质性相遇的本质。然而,简单断言或证明数字的物质性远远不够。我关心的是数字对象展示出的具体物质性。因此,我在这里讨论的不是信息的**单一物质性(materiality)**,而是信息的**多样物质性(materialities)**。信息的多样物质性指的是表征(representations)与格式(formats)的属性,这些属性约束、促进、限制和塑造了表征可以被创建、传输、存储、操控及使用的方式,例如重量、大小、脆弱性和透明度等。我认为,要理解数字信息在社会和文化情境中的作用,我们需要从基础出发,探索数字世界已然显现的具体物质性特征。

表征实践的物质性影响

人机交互或符号认知科学的学生对于一个例子应当非常熟悉:用罗马数字进行算术运算,这个例子生动地展示了表征物质性的影响。

基础算术当然围绕数字进行，我们加减乘除的对象就是数字。但在实际执行算术的过程中，我们往往更多是在处理数字符号而非抽象的数字。也就是说，我们并不是直接对抽象的数字进行运算，而是操作这些数字的符号表征。这一点在我们比较不同系统下相同数值的运算时变得非常清晰。例如，假设我要计算 2 631 与 734 的乘积。在小学课堂上，孩子们会学到一套简单的运算流程：从右到左将 734 的每个数字分别与 2 631 的每个数字相乘，留意可能需要"进位"的地方，然后将结果相加。此外，这套流程还包含着空间布局的一个方面，即如何排列数字以确保它们对应正确的位值（个位、十位、百位等等）。这看起来很简单。

但如果我们现在面对的是罗马数字 MMDCXXXI 和 DCCXXXIV，并被要求计算它们的乘积，情况就完全不同了。这些数字与之前相同，但表现方式却大相径庭，没有任何现成的步骤可以让我将这些用罗马符号表示的问题转化为一系列针对单个数字的操作。与我们习惯使用的印度-阿拉伯数字体系不同，罗马数字体系不是一种位置记数法；同样，一个特定的符号（如 X）的出现并不能明确指示一个特定的数字，因为其意义会根据前后其他符号的不同而改变。

因此，数字的表征不是抽象的。作为在纸上标记的特殊排列，数字表征允许特定形式的操作，这些操作脱离了具体数学实践体系也能成立。事实上，我们用于格式化数字的方式所具有的物质属性，对于我们希望通过数字实现的目标至关重要。

尽管数字的表征物质性构成了一种相对新颖的研究对象，但在更广泛的学术史中，表征、符号、知识和实践之间的联系已得到深入探讨，尤其是在书写系统的研究中。

例如，沃尔特·翁（Walter Ong, 1988）研究了口语和书写之间的关系，认为两者不仅代表了不同的表达形式，更体现了截然不同的世界观。从书写文化的视角来看，我们或许会对记忆并准确复述长诗或故事的能力感到惊叹。然而，在口语社会中，由于不存在书面记录作为参照，逐字逐句再现的准确性并不值得重视。因此,尽管"相同"的词语可以通过口头表达或文字书写来传达,但人们对这些词汇的意义以及它们在沟通与协调中的作用有着完全不同的期待。牛津大学颇具影响力的社会语言学家罗伊·哈里斯(Roy Harris,1986,1996,2000)在其一系列著作中主张,关于书写的传统观念——它是口语的衍生物、固化形式及替代品——存在根本性的缺陷。在其著作《反思书写》(Rethinking Writing,2000)中,他列举了众多无法通过口语体现的书面语言特征(从专有名词的大写到街道标识),以此论证书写是一个与口语平行但独立的实践系统。在他看来,书写并非简单地留存口语,而是创造了全新的事物。

如果书写不仅仅是口语的固化形式,那么书写就可能同样影响口语或是我们对口语的认知。蒂姆·英戈尔德(Tim Ingold,2007a)延续这一思路,认为语言的线性体验是以书写方式来表达口语的结果。那种认为事物按顺序发生、过程有始有终的稳定且线性的表达观念,并非天生就有。英戈尔德认为,我们根深蒂固地认为历史与自然进程具有稳定性和线性特征,这种观念实际上源自书写语言的技术。当一个词以固定的形式被置于另一个词之前时(无论是在泥板上还是在平装书上),线性似乎就成为基本特征。更广泛地说,我们对外部语言表征的经验塑造了我们对于语言本质的理解,特别是,它强化这样一种观点,即信息可以脱离言语表现而作为独立对象存在。马克·波斯特(Mark Poster,1990)因此质疑,包括超链接和剪切粘贴可能性的数字化语言的发展,是否从根本上重塑了我们对自己和现实的认知。

关于书写对口语和知识影响的最有力的论点被称为**读写能力论(literacy thesis)**。这一理论最早由埃里克·哈夫洛克(Eric Havelock,1963)、杰克·古迪和伊恩·瓦特(Jack Goody and Ian Watt,1963)等学者提出,并在后续的研究中得到进一步发展(如 Havelock,1982,1986;Goody,1986,1987)。读写能力论强调思维模式和书写之间存在着密切关联,甚至提出了一个颇具争议的观点:逻辑思维本身都是书写系统发展的结果(Halverson,1992)。尽管约翰·霍尔沃森(John Halverson)等人对这一假设的极端表述提出批评,但我们仍可以在这些著作的历史分析中找到对当前研究有价值的基石。

在《野性心理的驯化》(*The Domestication of the Savage Mind*,1977)一书中,作为读写能力假说的早期倡导者之一,古迪(Goody,1977)超越书面语言的基本属性,探讨了西方知识实践和**表征形式**交织的历史。他认为,不同的表征形式为接触、组织和认识世界提供了独特的结构。列表、层次结构和表格等工具提供了展示和处理信息的结构和技术手段,从而影响我们对世界的理解。正因为如此,人们可以看到它们作为表现策略的发展是如何与分类排序、归纳分组、关系比较等知识生产模式的演进紧密相连的。除了文本的线性特征,古迪还指出,借助不同词汇工具的表征能力,在页面上呈现的内容塑造了我们所能认知的世界。这些词汇工具演化为具有相关物质属性的信息处理技术。例如,列表暗示了等级关系,列式结构为加减运算提供了路径,线条和箭头则使分类和分组成为可能。这些工具赋予了书面文本可操作的逻辑和预设的关系。

计算机编程心理学的研究同样关注认知和表征之间的关系。对学习编写软件的学生的研究表明,他们遇到的问题类型与他们所使用的编程语言的词汇特性相关联。用格林和彼得的话来说(T. R. G. Green and M. Petre,1996,149),作为文本对象的编程语言具有"助推错误出现的语法设计特征"。格林和彼得展示了不同的编程语言——作为纸上的文字或屏幕上的字母,不仅在概念上不同,甚至词汇层面都不同——具有不同的属性,导致它们容易出现不同类型的问题。因此,用 Python 编程时遇到的问题与用 Lisp、Prolog 或 Java 编写等效程序所遇到的问题类型是不同的。格林和彼得提出,我们需要分析他们所谓的编程语言作为符号系统的"认知维度",包括一致性、渐进评估(测试部分解决方案的难易程度)和黏性(衡量引入变化的难易程度)等维度。

古迪接着指出了表征形式、其相关的物质属性和知识实践之间的相互耦合。格林和彼得通过关注计算机系统的符号特性,搭建了一座通往数字信息领域的桥梁。不过,他们的分析主要集中在人们与计算机交互时直接可见的符号方面,而较少涉及信息系统的"内部"表征。

列夫·马诺维奇(Lev Manovich, 2001)对新媒体的分析为我们勾勒出一幅更为宏大的数字表征世界的图景。马诺维奇的目标与古迪这样的人类学家或格林和彼得这样的认知科学家的目标截然不同。他的目的是将新兴的新媒体艺术置于更广泛的文化和历史背景中进行解读。他指出,许多新媒体艺术,如超文本、游戏、互动装置等等的基础逻辑在于它们都以数据库的关联性本质为基础。实际上,他主张数据库是21世纪的主要文化形式,正如小说之于19世纪,电影之于20世纪。特别是,他注意到关系性的重要性逐渐超越叙事顺序。尽管保留了电影的视觉和时间维度,超文本或电脑游戏却摒弃了线性的叙述方式,转而采用数据库模式。在这种模式下,对象之间相互链接,但它们如何组合成一个叙事体验则取决于观众。马诺维奇的论点为我们架起了一座桥梁,连接了数字实践与古迪等人在历史知识生产背景下提出的宏大议题。也就是说,马诺维奇开始阐述数字媒体的表征属性如何影响交互体验,进而影响我们通过计算机感知世界的方式。马修·基尔申鲍姆(Matthew Kirschenbaum, 2016)在其关于文字处理的文学史研究中探索了类似的主题,他关注的是文学创作形式和工具之间的关系。他的案例研究之一是**重写(overwrite)**现象,例如在威廉·吉布森(William Gibson)和布鲁斯·斯特林(Bruce Sterling)共同创作的小说《差分机》(*The Difference Engine*)中,每位作者的文本以及从维多利亚时代小说中提取的素材都被两位作者反复重写,直到连他们自己也无法辨认出原始的痕迹。此外,他还探讨了不同风格的文档修订对文本创作和学术分析的影响。

格林、彼得、马诺维奇、基尔申鲍姆等人的工作表明,我们有可能在信息表征中找到舍恩与数字物质开展的反思性对话的基础,以及这种对话如何为技术和社交实践的演进提供了平台。本章剩余部分将致力于详细阐述一系列相关例子,以更加深入地说明这种情况。

表征物质性

在他那本关于MP3音乐编码标准的历史和发展的精彩著作中,乔纳森·斯特恩(Jonathan Sterne,2012)探讨了声学历史、数字多媒体的条件以及内容生产和营销的政治经济学如何共同定义了一个技术标准——吉特·洛文克(Geert Lovink,2014)将其描述为"如何从人类耳朵的不完美或大多数听众的分心状态中获利的问题"。斯特恩(带着戏谑之意)使用**格式理论(format theory)**这一术语来描述关注数字格式并试图理解它们在何种条件下被采用的方法。

尽管斯特恩并不是在暗示格式理论确实存在或应当存在,但我们仍然可以从他的提示出发,以此作为思考数字系统中表征物质性的起点。通过关注各种格式,思考它们的共性、差异、可能的用途以及围绕它们演变的实践体系,我们可以揭示与数字设计对话的物质要素。斯特恩在听觉领域开展这项工作,研究了MP3中声音的数字编码。在本书中,我将更多地聚焦于视觉和图像表征。

表征图像

出于种种原因,当代数字系统必须表示许多不同类型的图像。我们将探讨围绕摄影图像的实践,但首先从更为简单的、用于表示图标或类似的小型视觉对象的格式开始讨论。

最简单的形式,如图1.1所示,我们可以称之为**位图(bit map)**。首先,设想我们的图像是一个网格(grid),网格上的每个方块要么是黑色,要么是白色。然后,想象从左上到右下数出网格中的方块,用1表示黑色方块,用0表示白色方块。最后,我们的文件表征由以下内容构成:第一个字节表示网格中有多少列,第二个字节表示有多少行,最后按标准顺序逐行逐列显示1和0的序列。如此一来,我们便掌握了将图像转化为可存储在磁盘或服务器上的文件的方法;并且可以清楚地看到如何读取文件内容,并将其重建为图像。(这种格式非常简单,但在原理上与 NetPBM 或 Windows BMP 文件的格式并无根本区别。)

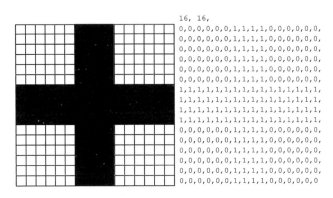

图 1.1　将简单的十字图像表示为位图

现在,我们可以如何评价这种格式?它有哪些属性和局限?又有哪些特征可能会不时地给我们带来问题?

首先,不难发现,我们使用了"字节"——一个 8 位数字——来记录图像的宽度和高度。这意味着我们不能创建比单个字节能表示的最大值还要大的图像。一个 8 位字节有 256 个不同的可能值,从 0 到 255,这意味着使用此格式可以表示的图像最大能有 255 列和 255 行。

其次,我们注意到格式的另一特点:仅用了"0"和"1"这两个值来记录每个网格的内容。这意味着我们能描绘的图像仅限于双色(多见于黑白),而不能具有更多色调。

在第二点基础之上,需要注意的第三点是,"黑"和"白"的概念在格式中根本没有被编码。换言之,尽管我们说"1 表示黑,0 表示白",但 1 也可能表示蓝、黄、红或粉,同样,0 也可能表示任何一种颜色。在这种格式下,我们无法谈论红白图像和绿蓝图像之间的差异。实际上,将两个数字与特定颜色相关联的想法,并非源于图像格式本身的特性,而是程序的属性——正是它们,将图像转化为文件,或将文件还原为图像。同理,像素(即网格元素)呈现方正而非拉长的形态,这一特性虽然没有被明确编码在图像格式中，却对图像的最终呈现方式至关重要。

最后，我们需要考虑的第四点——可能对程序员来说也是最明显的一点——这种格式会极大地浪费存储空间。这种浪费，意味着计算机内存或磁盘上的有限存储空间没有被高效利用，同时也意味着图像文件在网络上传输所花时间超过其实际所需。之所以出现如此浪费，是因为多数图像都具有可以帮助减少所需存储数据量的规律性，但未被充分利用。此外，通过更高效的信息编码方法，我们也可以使图像文件变得更小。

有两种办法可以改进格式以解决上面第四点提出的问题。第一种是使用所谓的**位打包**（**bit packing**）的机制，第二种是**游程编码**。

位打包技术的工作原理如下：原先，我们在每个图像数据字节中仅存储了 1 或 0。但是，一个字节可以存储的远不止 1 或 0，它可以存储从 0 到 255 之间的任何值。从技术上讲，我们只需要**一位数据**（一个**二进制数**）来区分 1 和 0，而每个字节中包含 8 位。因此，我们可以用每个图像数据字节存储 8 个网格项，而不是仅存储一个网格单元，前提是我们利用字节中的所有 8 个比特位来实现这一点。

使用二进制编码来存储数字对大多数读者来说可能并不陌生，但为了确保清晰，我还是简要说明一下其工作方式。最容易理解的方法是从后往前推导。在 0 到 255 之间的任何数字都有一个 8 位长的二进制代码。例如，数字 28 的二进制形式为 00011100，数字 104 则呈现为 01101000。任意由 8 个 1 和 0 组成的组合都可构成 8 位的数字。现在，想象一下，当我们从左到右、自上而下浏览图像时，我们不再逐个查看网格方块，而是以 8 个为一组，将每 8 个格子的行段看作一系列 1 和 0 所组成的一个 8 位的数字。图 1.2 展示了如何将图 1.1 的图像解释为一系列的 8 位字节。

从文件格式的角度来看，这要高效得多，它存储相同数量的信息仅仅用了（接近）八分之一的空间。这意味着，我们可以在磁盘上存储几乎 8 倍的图像，或者在相同时间内，将几乎原来 8 倍的图像通过网络传输（之所以说"几乎"，是因为我们没有对图像文件开头两个字节的尺寸信息进

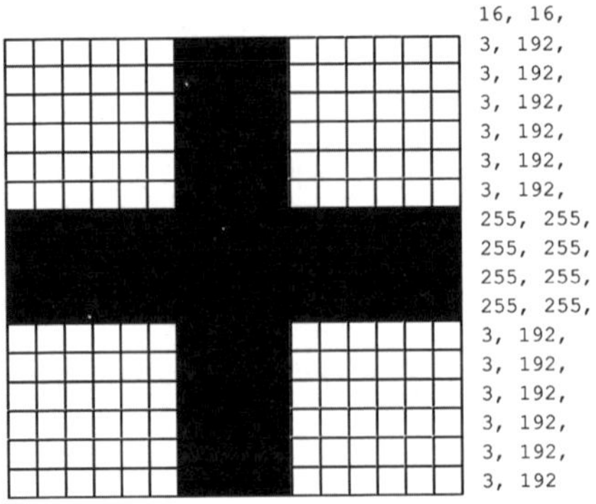

```
16, 16,
3, 192,
3, 192,
3, 192,
3, 192,
3, 192,
255, 255,
255, 255,
255, 255,
255, 255,
3, 192,
3, 192,
3, 192,
3, 192,
3, 192
```

图 1.2　图像的位打包（数位压缩）

行压缩处理）。然而，仍存在几个需要注意的棘手问题。首先，由于我们需要每次提取 8 位的数据，并且大多数计算机更容易以整数个字节为单位进行操作，因此对于那些每一行不能轻易被分成 8 位数据块的图像，我们就需在设计层面作出决策。例如，假设我们的图像网格中有 20 列，而不是 16 列。前 8 位组成一个数据字节，接下来的 8 位组成第二个数据字节，但还剩下 4 位怎么办？我们可以将这 4 位单独放入一个字节，并在下一行开始一个新的字节；或者我们可以将这 4 位与下一行的前 4 位组合成一个完整的 8 位字节。第一种方法更简单，因为这意味着我们总是在每一行"从头开始"，但它会浪费每行的一些存储空间；第二种方法保持了空间高效的存储，但可能会使编码和解码过程变得复杂，因为每一行不再独立。

还有一个问题。我们在文件开头使用两个字节来表示图像的维度——具体有多少行，多少列。但是这些维度的单位是什么？在原始格式中，这个问题并不重要，因为网格单元与数据元素一一对应，一个数据项就对应一个网格。但现在我们的数据项是成组出现的，这意味着：尺寸应以网格单元（位）为单位，还是以数据元素（字节）为基准？如果我们选择以数据元素作为单位，虽然能够存储更大尺寸的图像，但这又会带来新的困扰，因为 8 比 1 的压缩比例仅适用于列，而不适用于行（在图 1.2 中，我选择以位为单位来表示）。

由此可见,虽然我们对格式只进行了一个细微简单的改动,却引出了许多问题——这些问题并不难解决,但确实增加了复杂性。更重要的是,这种复杂性揭示了数据格式与处理它们的程序是如何紧密交织的。我们可以就这些问题作出决策,但选择并不外显于数据格式本身,而更多体现在对数据处理方式的约定俗成上。

现在,让我们来探索第二种提升编码效率的优化策略。为简化起见,我将用原始编码来展示这一点。

回顾图 1.1 中数据的原始编码方式,我们可能会发现一些由图像的规律格式带来的特点:图像并不是由一个 1 和一个 0 随机组成,而是由一连串的 1 和一连串的 0 组成。0 后面通常跟着另一个 0,1 也是如此。如果我们想要利用这一特点,我们可以这样设想:在原始格式中,每个数据项(data item)描述一个网格,但在新格式中,我们让每个数据项描述一个相同值的**序列**。逻辑上,我们可以设计一个格式(format),如"7 个 0,然后 4 个 1,然后 14 个 0",这种格式不是对单个像素进行编码,而是对同色像素的"**连续段**"进行编码。

通过观察图 1.3,我们可以看到这种方法如何应用于我们一直在研究的十字图像。我们不再简单地标记 0 和 1,而是使用配对数字作为数据项,其中每对数字中的第一个是计数,第二个是值。因此,(4,1)表示"4 个 1",(2,0)表示"2 个 0"①。

这种格式真的高效吗?它能节省存储空间吗?答案取决于被编码的图像本身。显然,我们有时可能不得不将单个字符编码为一对数字,例如,(1,1)就不如直接编码为 1 来得高效。但如果这种情况只是偶尔发生,更多时候我们能将 4 个方格编码为 2 个数字,比如(4,0)——或者更理想的情况,比如(24,1)仅用了 2 个数字就编码了 24 个网格方块——那么我们就能节省大量的空间,一些偶发的冗余也就无关紧要了。有些图

---

① 人们还可以立即看到一些潜在的效率改进举措,例如,如果我们可以在两个维度上进行游程编码,或者允许跨行"运行"。在本例中,为了说明问题,我选择不去讨论这些优化,这些优化只是进一步强调了特定的、明显微小的设计决策的重要性。

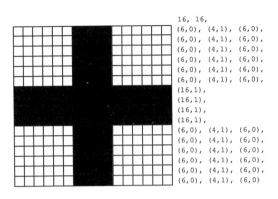

图 1.3　图像的游程编码

像比其他图像更适合这种方法。这种方法不适合编码像照片这样颜色变化频繁的图像,但对于像旗帜这样由均匀色块组成的图像来说却很适用(当然,要对旗帜或照片进行编码,我们需要的格式将不仅限于黑白两色)。

这种所谓的游程编码可以非常高效地存储图像,但也伴随其他代价。首先,正如我们刚刚所见,它是一种效率难以预测的格式,其效率会因图像而异。事实上,有时候它的效率会比我们最初使用的简单格式更**低**,并且难以预判这种情况是否会发生。此外,这种编码方式意味着图像的每一行可能需要不同的存储空间,这使得我们难以在文件中轻松跳转。

但还有一个更为关键的问题,这对任何格式分析都至关重要。当我们使用游程编码时,一些数据位在本质上比其他数据位更重要或更具影响力。我们可以通过观察在数据中引入错误时——无论是因为磁盘上的坏扇区,还是网络连接的瞬时故障——所引发的后果来直观理解。在简单格式中——每个数据项只描述一个网格的格式,文件中的单个错误最多只能影响一个网格。如果一个 1 错误地变成了 0,或者 0 变成了 1,那么在图像重建时我们可能几乎察觉不到差异。即使在更高效的位打包格式中,单个数据项的错误也最多影响 8 个网格,而且通常还会更少。然而,在游程编码文件中,瞬时错误的影响则大不相同。如果一个随机错误将 4 变成 64,那么后果会严重得多。如果受影响的数据对原本是(4,1),现在变成了(64,1),那么突然间,原本只有几个像素的线条变成了更长的线，并会引发一系列连锁反应，因为游程编码的影响可能不限于单行。这样一来，一些数据单元可能变得比其他的更为重要。

上述分析凸显了三个极其重要的想法——我希望这些观点足够有价值，足以证明前面几页冗长、费力和复杂的解释是值得的。

第一点，所有数字数据都可能只是简单的 1 和 0 的组合，但这些 1 和 0 **绝不同等重要或等价**：某些位比其他位更加重要，某些位影响着其他位，某些位在表征中发挥着更为核心的作用，某些位则更为关键。不同的表征策略选择会在构成表征的位之间创造出差异和选择性的意义。一些单个的位错误可能导致不为人注意或无关紧要的小故障，另一些则可能影响表征对象的较大部分。不同的位具有不同的重要性。

第二点，关于鲁棒性。数字化传输的核心优势在于它能够抵御影响模拟信号的诸多问题。因为数字 1 始终代表 1，如果信号在存储或传输过程中略有衰减，我们仍可以通过已知的标准轻松恢复原状。相比之下，在模拟世界中，如果一个 3.6 伏的信号在传输过程中被降低为 3.4 伏的信号，那我们就无法确定其原始值应是多少。这就是数字表征的鲁棒性所在，这也是为什么我可以一次又一次地复制一份数字文件，而无需担心内容会改变。但如果我复印一份文件，然后复制复印件，再复制**那个**复印件，那最终复印件会被损耗到无法阅读。然而，正如上述例子所展示的那样，尽管数字化旨在以鲁棒性对抗损耗性，但更准确的说法应当是数字形式**能够抵抗某些损耗或损坏，但对其他形式则显得脆弱**。数字化所带来的鲁棒性是有代价的。当错误悄然而入时——这种情况时常发生——它们的影响是不同的。虽然存储或传输过程中的错误风险已被大大降低，但是解释层面的错误仍然可能发生。因此，我们获得了某些形式的鲁棒性，但我们的表征在新的方面变得脆弱：鲁棒性是相对的。

第三点，即使是在如此简单的领域也有**相当多的替代性表征**（这里提到的仅是冰山一角）。每种表征都展现出独特的物质属性和不同的权衡取舍，这些因素将影响数据处理、存储、传输、错误检测、延展性以及在不同应用或用途中可能相关的特性范围。选择合适的表征方式需要尽量地将预期的物质条件与实际应用需求相匹配,但由于这些条件自身也在不断变化,所以当下看似合理的决策在未来可能会变成一个重大问题。

用程序来表示图像

尽管这可能会让我们的讨论变得更为复杂冗长,但请允许我稍作停留,探讨一种截然不同的图像表示方法。这种方法能够使我们进一步接近舍恩所提出的反思性对话的概念。

无论编码的具体细节如何,上述所有示例都在做同样一件事:将图像表示为网格上一系列的点。现在,让我们考虑一种完全不同的图像表现方法。想象一个由文本字符组成的文件,写着以下内容(图 1.4):

```
set pen 0.25in
set color black
set dash solid
move 0, 1in
lineto 2in, 1in
stroke
move 1in, 0
lineto 1in, 2in
stroke
```

图 1.4　用程序呈现一个图像①

这如何算作图像的一种表现形式呢?它是通过间接和算法的方式来实现的。这种表现方式并不直接编码图像本身,而是提供了一套绘制该图像的指令。实际上,它相当于一个简短的计算机程序,能够生成与上文例子中相同的十字形图案。现在,我们面对的是一个用我自创的语言来编写的计算机程序,尽管在原理上,它与 Adobe 的 PostScript 语言或其后续衍生的便携文档格式(portable document format,PDF)并没有太大区别。PostScript 是一种**页面描述语言**,与之前提到的图像表示方法不同,它不是简单地捕捉页面或图像应当呈现的样子,而是通过提供一个程序

---

① 一个近似的自然语言翻译是:用 0.25 英寸宽的线,默认颜色为黑色,非虚线样式,从页面左上角开始,从坐标(0,1 英寸)到坐标(2 英寸,1 英寸)画一条线,从坐标(1 英寸,0)到坐标(1 英寸,2 英寸)画另一条线。

来描述页面内容,当打印机或屏幕查看器执行该程序时,就会生成正确的图像。

它不仅是对页面的描述,也是一个计算机程序——这一事实至关重要。PostScript 及类似的系统是全功能的编程语言,具备人们可能期望的所有功能——变量、数据结构、用于分支的条件运算符、循环运算符、定义过程的机制等等。因此,你可能会遇到这样一个程序(再次强调,这里使用的是我自创的语言版本),其内容类似于(图 1.5):

```
for angle = 0 to 359 by 30 {
  move centerx, centery
  curveto centerx + 100*cos(angle), centery + 100*sin(angle), 30
  stroke
  curveto centerx, centery, 30
  stroke
}
```

图 1.5　由迭代定义的图像

这并不是一系列简单的待执行的指令,而是一个循环——一组会被多次执行的指令——由"for"表达式来表示①。在此,这个循环表示应当围绕中点进行一系列旋转,每次旋转都绘制两条曲线。运行这个程序的结果是生成一个有 12 片"花瓣"的简单花状图案(图 1.6)。如果说在我们的第一个程序中,十字架已经显得模糊和散乱,那么在这个程序中的花朵就更加模糊和散乱了,因为花瓣在程序中没有被单独标记出来,而是一个循环程序从不同的角度重复绘制而生成了花瓣。甚至,这个视觉图像中最为显著的特征之

图 1.6　由图 1.5 的程序生成的图像

一——要绘制的花瓣数量,也没有直接在程序中注明;之所以有 12 片花瓣,是因为每次绘制完后都旋转 30 度直到旋转完整的 360 度。数字 12 从未直接出现。

---

① 循环指令是许多编程语言的共同特征。

人们可能出于多种原因选择用这种方式来表示图像。一般说来，最重要的原因是图像的分辨率独立性。显示设备的分辨率是指其可独立寻址的图像元素（像素）的密集程度。例如，一台中等尺寸的 4K 计算机显示器大约每英寸 120 像素，当代智能手机的屏幕密度则可能达到每英寸 250 到 300 像素，家用打印机的分辨率通常介于每英寸 300 至 600 像素之间，商业印刷则一般要求每英寸至少 1 200 像素的分辨率。那些按照光栅格式编码的图像——如我们先前讨论的格式——通常是基于像素进行编码的。但显然，不同分辨率和像素密度的显示设备上的像素大小会有所不同。页面描述语言通常描述的是线条、阴影和字符，而不是具体的像素；这样一来，成像引擎（执行页面描述"程序"的系统）就能以适合屏幕、打印机或其他输出设备的像素密度呈现图像，充分利用可用技术。因此，线条始终是平滑的（或尽可能平滑）而不会呈现锯齿状，文本也能够在显示设备所允许的范围内保持清晰。

偏好这种表征形式的第二个原因是它们可以更加简洁。相比详尽地指定每一个点，"从这里画一条线到那里"这样的描述显然更加快捷清晰。这样一来，文件体积（通常）更小，更容易存储，传输速度也更快。

至此，我们已经讨论了种种好处。然而，最明显的代价是图像解码过程变得更加复杂。为了确保通用性，我们不能只是简单地开关像素，而是必须执行用专门的页面描述语言编写的通用性计算机程序。这在计算上可能相当昂贵，但更重要的是，它不可预测。对于简单的光栅格式图像，其读取与处理时间可以被准确预计：图像越大，所需时间越长，图像越小，所需时间越短，因为对任何图像而言所执行的操作都是相同的。然而，在页面描述语言中，图像的呈现依赖程序运行完成，而程序的执行时间与其长度并无直接关联。事实上，一个程序可能存在一个错误而导致无限循环，这意味着它永远无法完成执行，而且事先无法得知这点。〔没有确定的方法可以预先判断给定程序是否会终止，也就是所谓的**停机问题**，是 1936 年艾伦·图灵（Alan Turing）著名数学分析的经典结果之一，该成果可以说是计算机科学的基石。〕即使程序能够正常终止，图像的生成也需要足够的计算能力来执行程序，而不是简单地解码图像。当页面描述语言出现时，打印机需要变得更加先进。同样，只有在中央处理器(CPU)和图形处理器(GPU)性能足够强大时，采用类似技术来进行屏幕布局（如 NeXT 的 Display PostScript、Sun 的 NeWS 或 Apple 的 Quartz）才成为可能。

第二个代价体现在可编辑性方面。在光栅图像格式中，图像与格式间的关系相当直接，因此很容易开发出一种程序，使用户能够对图像进行添加、删除或其他形式的修改。而在页面描述语言中，情况则完全不同，因为程序并不以同样的方式"包含"图像。例如，如果我们要改变图 1.6 所示花朵中的"花瓣"数量，我们不能简单地剪切掉一瓣或粘贴新的花瓣；花瓣的数量和大小以复杂的方式渗透到程序的多行代码中。当然，我们可以使用文本编辑器来编辑程序，但不能像使用 Photoshop 之类的工具那样直接编辑图像。文件内容和图像内容之间并不存在着简单或直接的对应关系。

从上述讨论中，我们能得出哪些结论呢？首先，我们可以看到有许多不同的编码方法可以得到"相同"的结果，每种方法都有其独特的特性。有些编码直接明了，有些则非常间接。不同的编码可能会产生相同的视觉效果（如屏幕上的十字或花朵），但对于计算机系统的其他方面（如处理时间、存储空间或传输速度）则可能会产生截然不同的影响。在某些情况下，屏幕上呈现的内容与表征形式直接对应；而在其他情况下则不然。表征的不同部分对于最终输出的影响程度可能各不相同，某些比特位对结果的影响可能远大于其他比特位，在出现错误和其他意外情况时（如磁盘损坏或内存问题）会产生重大后果。某些编码方式可能更适合压缩等转换操作，而另一些编码方式则在可逆性方面具有优势。这些特性，包括可逆性、鲁棒性、直接性和对应性等等，本质上是特定数字物质的固有属性。

程序作为表征

花朵的例子展示了某些系统，如 Adobe 的 PostScript 和 PDF 技术，如何将图像表示为程序。换言之，程序本身就是表征——事实上，数据和程序本质上是同一事物这一基本见解,是约翰·冯·诺依曼在20世纪40年代对计算领域的重要贡献,也是所谓冯·诺依曼架构的基础。自那以后,计算机一直遵循这一架构。程序是一种表征,这提示我们可以通过将编程语言所表示的内容视为一种格式,来拓展我们对数字物质性的思考。

请参考图1.7所示的简单程序。该程序用Python编程语言编写,其功能是通过网络读取文件并统计词频①。计算机程序通常被认为是用来执行程序的详尽而复杂的指令集,具体而精细到足以让计算机实现它们。这个程序也不例外——每一次加法的运算、每一次步骤间的转换、每一次数据结构的访问等细节都被明确指定。操作的顺序——现在执行这个命令,现在执行那个命令——在编程系统中被简化为计算机可以执行的最基本的一组操作。众所周知,如果没有程序,计算机根本无法做任何事情。因此,它所做的一切都必须以程序的形式提供给它。

```
import urllib2
from collections import defaultdict
from sys import argv

d = defaultdict(int)

data = urllib2.urlopen(argv[1]).read()
data = data.split()

for word in data:
    d[word] += 1

for word in d:
    print d[word], word;
```

图1.7 一个简单的Python程序

于是,程序决定了计算机要执行的一切操作,但它并未**标注(notate)**计算机将要做的一切。乍一看,这似乎有些奇怪。毕竟,编程语言本身就是一种标注系统,一种书写方式;程序是计算机要执行的一系列操作的标注

---

① 用自然语言大致翻译是:"使用从一些标准库中提取的程序,创建一个字典存储结构。从命令行指定的URL读取数据,并将其拆分为单个单词。现在,逐个检查这些单词,发现字典有的词就在计数上加一。完成后,逐个检查字典中的每个条目,打印出单词及其计数。"

（notation），而计算机仅执行程序所指示的操作。然而，尽管计算机"仅"执行程序所指示的事情，但它所执行的任务实际上超出了程序直接描述的范围。执行程序中指定任务的方式，并不完全体现在程序的文本中；此外，计算平台的某些特性会影响程序的执行，但这些特性也不在程序本身中描述。

如此一来，研究程序文本中**未被**标注的内容便颇具启发性。计算机所连接的网络类型和特性并未被记录在程序中，尽管它们对程序的运行确实有重要影响，这可能超出了我们的预期。然而，仍有更多细节值得探讨。比如，计算机从一条指令执行到下一条指令的速度没有被记录。同样未被记录的还有执行不同指令的运行速度，这取决于运行程序的计算机和处理器的具体特性。计算机内存的大小决定了程序在某些条件下可能失败的条件，但这并未被记录；类似地，计算机中能表示的最大数值未被记录，但它可能导致程序在某个未知的时刻失败。程序本身的大小、运行它所需的内存容量以及它的解释器的性能特征均未被记录。

因此，数字系统的物质性至少部分体现在所标记的内容与所表达的内容之间的鸿沟，或者说规范（specification）与执行（execution）之间的差距上。计算机程序或许是一系列精准的指令，但由程序执行所产生的体验却远远超出了该程序所详细规定的范围。

在这种根本上的规范不足（underspecification）之中，在符号和实现之间的滑移中，我们洞见了虚拟性的假象。虚拟性话语的核心在于对物质性的否认，但这种否认只有在说明臻于完美无缺时才能成立：假如程序真的能够详尽无遗地描述执行过程中将发生的一切，假如 MP3 文件真的能够全面解释音乐如何被生成，或者如果一个数字三维模型真的能够详尽说明屏幕前将呈现的一切景象。然而，事实并非如此。无论是程序运行还是图像渲染，这些基于数字规范所生成的实际效果，即从虚拟到实体转变的机制，其复杂程度远超出了规范本身所覆盖的范围。

图像处理实践

最后一个需要阐明的关键的导论性观点涉及表征物质性和人类实践

之间的交织。以数字图像为例，我们可以从研究文献中看到多个案例，展示了数字图像的约束和要求如何在那些制作、分析、比较、处理和观看它们的人的实践中自我显现。

珍妮特·维特西(Janet Vertesi，2014a，2015)探讨了参与火星探测漫游者任务的行星科学家如何处理和操控图像。她的民族志研究凸显出图像表征形式如何深嵌到一个更广阔的系统之中——这一系统覆盖了图像捕捉、传输、处理和分析等环节。不同类型的编码技术允许图像以更易或更难的形式转换，比如提取元素、重新上色、去除伪影、组合多张图像等，这些都是分析师工具箱的重要组成部分，帮助他们从每一张珍贵图像中尽可能挖掘出更多的科学见解。更重要的是，科学家们并非单纯从人类视觉的角度去"读取"图像，而必须将其作为反射光的数据表征，由特定科学仪器，即漫游者上安装的各种滤光器和摄像机所感知(这些设备本身也会受到积尘和磨损的影响)。维特西将她对科学家们绘图和观察行为的研究置于查尔斯·古德温(Charles Goodwin，1994)提出的"专业视觉"概念下更宽广的历史背景中考察——通过集体创造视觉体验来行使专业特长。她的研究突出了图像实践是如何围绕图像机制组织起来的，其中许多机制都是为了作为对象的表征而设计的。

莫拉纳·阿拉克(Morana Alač，2011)在其关于功能性磁共振成像(fMRI)研究者如何处理人脑图像的研究中，揭示了另一种独特的科学图像工作形式。与维特西相似，她的关注点更广泛地集中在数字图像操作与人体构造之间的相互作用，以及当研究人员围坐在显示和探查大脑图像的屏幕前时语言和手势的交织。尽管数字表征的格式并非她直接讨论的主题，但在语言和屏幕图像操作之间微妙而精细的互动中，诸如数字图像对不同类型操作的响应性、将二维图像组合以创建三维模型的方式以及分辨率限制等特征，都发挥了重要作用。图像不仅仅是对无法触及的大脑的一种直观展示或代理；它是一个物质实体，从熟练且具身化的实践中诞生，并深深嵌入其中。

丽贝卡·格林特(Rebecca Grinter，2005)提供了一个类型上截然不同的例子,她研究了业余摄影俱乐部在数字摄影时代到来时所面临的挑战。举办比赛的俱乐部发现,他们需要就模拟和数字领域内可接受和不可接受的摄影实践进行复杂的边界划定。例如,成员们认为,使用类似 Photoshop 这样的工具来修改和润饰数字图像——可能是为了从镜头中移除下垂的电话线,或者移动元素以改善构图——违背了他们在胶片摄影时代发展起来的摄影创作精神。另一方面,他们也承认暗房本身是艺术创造的重要场所,在制作照片的过程中发挥着关键作用。面对由不同的拍摄和制作技术所带来的截然不同的物质表达形式,确定哪些后期图像处理方法是可以接受的,这考验了他们作为艺术家和社会集体成员的实践边界。

在此与我的论点尤为相关的是,与这些视觉实践相关的表征形式并不能简单地互相替换,尤其是在其所能支持的实践类型方面。尽管数字印刷品可能与传统胶片印刷品几乎无法区分,至少对于未经训练的人来说如此,但是作为实践历史的记录或结果,二者实为性质迥异的对象。它们的物质特征承载着不同潜力与限制。在上述三个涉及数字图像处理和应用的案例中,表征物质性始终都不可避免地存在。

正是舍恩所暗示的这种关系——数字物质的形式和可能性与创造和回应它们的人类实践形态之间复杂且不断演变的关系,将贯穿后续章节。

探 究 物 质 性

本书的课题便在于此:聚焦于信息的物质性。如前所述,信息的物质性是表征和格式的属性,它们约束、促进、限制和塑造了表征被创建、传输、存储、操作和使用的方式,例如鲁棒性、一致性、可压缩性、可延展性等我们在前文已有所提及的特性。正如这个定义所暗示的(并由业余摄影师的案例进一步阐明的)那样,我将社会与物质的交织作为前提,认为数字的物质性不仅塑造了我们对它的文化体验,也决定了我们赋予它的用途。

对于许多读者而言,"可供性"这一术语可能比"物质性"更为自然和熟悉。可供性的概念源自吉布森(J. J. Gibson,1979)对视觉感知的研究。吉布森反对那种脱离身体,仅基于视觉刺激的认知分析来解释感知的观点。他认为,视觉感知是由处于世界中并穿梭其间的动物和人类所执行的,这种具身性是他们视觉体验的基础。在吉布森那里,感知的核心并非视觉特征或外界物体,而是可供性——他将其定义为一种环境属性,为具备相应能力的个体提供了行动的可能性。一把椅子之所以能够供成年人坐下,是因为其表面与我们的腿部和腰臀区域的生理结构相匹配,但矮墙或小石块也能提供同样的功能。一扇门之所以能让我们通过,是因为它的尺寸和长宽比与我们的体形和运动模式相契合,但它未必能为一头大象提供同样的便利(大概率不会)。可供性是一种关系属性,它关联着环境、感知者和行为。

吉布森的开创性工作催生了整个生态心理学领域(Heft,2001),而可供性的概念则产生了更为广泛的影响。认知科学家和人机交互(human-computer interaction, HCI)领域的先驱唐·诺曼(Don Norman,1988)在其极具影响力的著作《日常事物的心理学》(*The Psychology of Everyday Things*)〔后重新出版并更名为《日常事物的设计》(*The Design of Everyday Things*)〕中采用了这个概念,尽管他在采用时对其进行了些许修改(Norman,2008)。威廉·盖弗(William Gaver)后来采用了一个更接近吉布森原意的版本(Gaver,1991),在用户界面设计和分析领域产生了广泛影响(参见 Karat et al., 2000; McGrenere and Ho, 2000)。此外,该术语也在传播学研究中得到了广泛应用,尽管与在人机交互领域一样,它通常被用来泛指物体和媒介提供机会的方式,这些方式丢失了吉布森本意中的关键方面。这导致了近年来该领域的研究者建议重新审视和修正这一概念,以寻求其潜在的价值(如 McVeigh-Schultz and Baym, 2015; Nagy and Neff, 2015)。

尽管"可供性"这一概念已被证明既具有启发性又富有成效,但我却不愿沿袭将其适度调整以适应新内容的历史。我承认,正如麦克维-舒尔茨和贝姆(McVeigh-Schultz and Baym，2015)所指出的,"物质性"与"可供性"在语言上有相似意图,即在社会建构主义和技术决定论的逻辑之间找到一个中间立场。然而,在达成我的研究目的的过程中,使用"可供性"这一术语实际上可能会适得其反。在我看来,可供性的关系性对其有效性至关重要,而我明确地转向"物质性",正是为了排除这种关系成分。尽管布赖恩·坎特韦尔·史密斯(Brian Cantwell Smith，1994)指出了一个不可回避的事实,即数字化是彻头彻尾的人类成就,但我仍然希望将注意力转移到数字信息自身结构中的那些方面。这并不是在吉布森分析框架下的行动关联机会。同样,这也不是感知的属性,因为数字信息的物质性往往隐藏在视野所不可见的多个层次中。

我希望进一步将对数字信息的这种反思明确地置于与其他正在进行的关于物质和物质性研究的对话中,并在第二章展开论述。这并不意味着不能在这一领域采用"可供性"框架来提出一些有益的观点,特别是在那些更直接关注用户体验的研究中。事实上,当我在这个领域的不同场合展示我的研究成果时,一些听众已经察觉到了"可供性"的存在(毕竟,可供性是感知的基本单位)。尽管如此,我还是选择采用不同的框架,即"物质性",来重新构建这场对话。

我们可以对这样的研究项目提出一些总体性问题。首先,该项目涉及什么内容？第一,它涉及将数字媒体和数字技术视为一系列具有历史特定形式的集合,因此它们是持续演化的对象；第二,它涉及重新构建我们对于数字媒体的观念,将其视为硬件、软件、数据表征、图表、代数、商业需求、空间实践、原则、计算机语言和相关元素的组合,这些元素通过使用惯例和经验法则相互关联；第三,它要求我们在多个尺度、多个抽象层次和多个实践领域同时分析；第四,它要求我们将当代数字媒体置于可能性框架中进行比较分析,这一框架反映了竞争需求、利益以及对现状和未来的各种描述。

其次,这样一个项目可能带来什么？这是一个我反复思考的问题,但最重要的考量可能是这种研究如何有助于打开对软件系统和数字系统进行多层次分析的可能性。可以参考基尔申鲍姆(Kirschenbaum，2008)对数字存储媒介的研究、麦肯齐(Mackenzie，2012)对数据库背后数学哲学的探讨，以及蒙特福特和博戈斯特(Montfort and Bogost，2009)对特定机器操作的详细追踪，这些研究各自提供了一种穿透复杂数字系统整体的方式。我的重点在于通过研究算法和实现，特别是在表征、编码和数字呈现的交汇点来补充上述研究。我希望这项研究能够揭示信息处理的历史性实践，并提供一个视角，从中可以看到不断演变的技术实践和不断演变的物质形式之间的相互影响。

在第二章中，我将更全面地将这项研究置于跨学科的关于物质与物质性的诸多相关却各异的学术对话中。过去一二十年间，从科学学到人类学，再到媒介研究，众多学科领域都展现出某种程度上的"物质转向"，尽管在每个学科内，这种转向的具体动因取决于驱动其转向的更广阔的知识与概念背景。我的目标并非构建某种能囊括并融合所有其他理论的物质性"万有理论"，但是通过观察物质与物质性的概念是如何被有效地（或不那么有效地）融入不同学科领域的研究中，我们或许能够更好地评估这些概念对于研究数字技术及其实践体系的价值和潜力。

紧随上述讨论，我将通过一系列的案例研究来阐释如何将物质主义者的视角引入对当代信息技术的审视之中。这些案例大致按规模或范围来组织，在每个规模层级上，都会产生一组不甚相同的关注点。

第三章探讨了物质性与虚拟性这两个概念之间的关系。虚拟性这一概念或许是当代关于数字化及其影响讨论的核心动力之一。如果说数字化引发了某种变革，那便是虚拟实体或实践逐渐取代了那些具有物理形态或空间根基的实体或实践——正如尼古拉斯·尼葛洛庞帝所言，比特战胜原子(1995)。然而，从技术制造过程中的化学污染(如 Pellow and Park，2002)，到跨国网络的空间性(如 Starosielski，2015)，再到云计算基础设施对环境的影响(如 Hogan，2015)，以及在线平台的劳动经济学(如 Chen，2014)，这些研究清晰地表明，比特世界与原子世界之间并没有明显的界限。尽管如此，在单个计算机的微观世界里，"虚拟"的逻辑依然顽强地存在。本章以仿真为例——在一台计算机内创建另一台虚拟的计算机——来探讨支持虚拟世界构建的物质配置。特别关注那些出现在数据模型、软件架构和编程语言等数字形态的常规记录之外的因素,比如时间模式等。

第四章将视角从计算机本身扩展到其所嵌入的社会世界,聚焦于围绕特定数字对象所展开的组织及专业实践。本章特别关注数字电子表格作为一种表征形式,更广泛地探讨了这种形式如何塑造人们组织工作活动的方式。借鉴休伯特·克诺布劳赫(Hubert Knoblauch, 2013)关于"PowerPoint事件"(围绕数字幻灯片展示组织的会议)的研究,本章探讨了"电子表格事件"的组织方式,以及电子表格形式的特定物质限制对其应用的影响。通过将电子表格视为网格和公式这两个表征元素的相互作用,我们开始认识到其特定的物理特性,如粒度、复杂度、动态性和持久性,是其作为表征形态的关键属性,它们为围绕这些形态所进行的社会参与提供了基础。

第五章将延续相似主题,但聚焦于一个不同的领域——关系数据库。如果说电子表格作为一种表征形式,对特定工作实践的组织产生了深远影响,那么数据库的表征形式的影响则更为广泛和深远,因为它已深度嵌入银行、商业、医疗、警务和公民监管等制度结构中。数据库是集合体,它们通常收集人类活动的记录和档案;但是数据库也有其独特的结构,这种结构决定了不同类型的记录能够在多大程度上被有效地维护。那些难以在数据库中得到准确表示的对象、活动或个人,在一定程度上,对数据库所代表的制度过程而言变得不可见。一个简单的例子——概念上简单,但政治上复杂——涉及数据库如何记录性别,以及当简单的、固定的、终身的男性/女性二元分类不足以覆盖所有情况时引发的后果(如Haimson et al., 2016)。但更普遍而言,我们不仅应审视数据库本身,还应探讨"数据库化"的实践,以及"可数据库化"的类别。追溯被广泛采用的数据库形式——关系型数据库的历史,可以看到这种形式的出现是如何一方面与运行这些数据库的系统硬件和软件架构交织在一起,另一方面又与这些数据库自身所支持的应用程序紧密相关。之所以探讨这个特定的例子，是因为最近正在进行的大规模数据处理基础设施架构的转变创造了一个有趣的实验时刻。在这个时刻，关系型数据库之外的替代形式获得了前所未有的关注，其影响向下触及技术平台，向上延伸到大规模数据存储的应用和使用。于是在这里，我们看到了一组特殊的表征物质性的出现，它们的重要性不仅在于其本身，还在于它们与基础设施及机构的技术和社会层面的交织。

第六章和第七章将以当代互联网为案例，进一步拓宽研究范围。先前，已有学者提出了从总体上理解数字网络物质性的观点，这既包括支撑当代数字服务"云"的物理架构（如 Mosco，2014；Hu，2015），也涵盖了那些将互联网紧密连接在一起的电线、电缆和连接（如 Blum，2012；Starosielski，2015）。延续前几章对表征物质性的关注，这两章的目标不仅在于理解数字网络或宽泛意义上客户端-服务器计算的物理基础设施，而且要深入探究"互联网"——这一众多网络中的一个特定网络的具体物质性[①]。鉴于互联网的普及，将其视为一个具有特定设计、遵循特定协议以及承载特定技术和意识形态承诺的特定网络，有时颇具挑战性。因此，在讨论"互联网"与"数字网络"时，两者之间的界限有时变得模糊不清。然而，为了追溯互联网的历史，理解其物质的变迁与重组，从而把握其当前的特性和潜在的未来，这样的区分是必要的。通过追踪数字网络的演化历程，将互联网置于特定背景之中，然后审视特定协议及其表征的衍生影响，这两章展示了物质主义视角如何能为更广泛的议题提供切入点，远超基础设施及其配置的范畴，进而开启对数字领域中的权力、政策和政治问题的探讨。

这些案例的一个特点在于，由于涉及不同规模，它们回应并激发了源自不同学科领域的物质主义理解。例如，关于电子表格的讨论可能与组

[①] 按照当代惯例，我通常不将 Internet 的首字母大写，而是使用小写形式来表示通用的概念。但有时我需要将特定的全球网络与其他网络和相关技术区分，在这些情况下，我偶尔会使用首字母大写来明确意思。

织研究领域中的探索最为紧密地对话,而对互联网协议的讨论则直接涉及媒介研究和信息政策领域的学术探讨。不同的读者可能会发现某些案例更贴近他们自己的专业背景和研究兴趣。而贯穿所有案例的,是与科学研究和软件研究息息相关的问题。这种策略(至少在某种程度上)是我有意为之,因为所有这些学科都紧密相关。我希望每个案例都能为不同群体提供有效的切入点,同时,这一系列案例又能从整体上促进不同学科之间的交流与对话。

在第三至第七章中,我们逐一审视了各个案例,了解了如何在不同尺度上进行物质主义的解读。第八章,也是时候回归到概念层面的探讨了。在数字语境下,物质性意味着什么?本书所考察的各种物质性之间如何相互关联?这种视角如何借鉴、重塑或拓展了其他领域关于物质性的讨论?物质主义解读与当前人机交互领域中关于新型互动材料的讨论有何联系?物质主义视角如何为数字文化中关于虚拟性的讨论开辟新视野?我们将在这里看到,研究现象的问题,如规模、特征和抽象程度等等,与方法论和学科划分的问题紧密相连,难以轻易分离。

第二章
物质景观

计算机网络领域流传着一个老笑话，大意是，标准的好处就是选择繁多。对于"物质性"这一术语而言，情况似乎也颇为相似，这个词在不同学科的人心目中有着不同的含义。学术界不同领域经历了多个"转向"，从符号学转向到语言学转向，再到文化转向，而今，"物质转向"正成为学术研究的新焦点。连续快速地经历这些转向可能会引导一个人穿越迷宫，但也可能让人头晕目眩、迷失方向。

与此同时，我们必须保持警惕，不要让像**物质性**这样的术语无止境地扩展。正如我的一位同事所言，如果万物皆物质，则物质一词就失去了所有意义，这个术语将不再起到任何作用。因此，在使用像**物质性**（materiality）〔或更甚之，**多种物质性**（materialities）〕这样内涵丰富的术语时，尤其是当它与**数字**和**虚拟**等概念并置时，我们必须对其加以解释。我在此处使用这一术语是否恰当？这是否与他人探讨过的"物质性"含义相同？如果不是，我们能从其他对"物质性"的解读中学到什么，又是什么促使我提出对这一概念的新解释？

本章旨在回顾和借鉴各个学科和学术领域中，围绕和涉及信息和数字化这一核心主题进行的物质性转向。在这里，"借鉴"意味着首先深入理解在各个领域中，究竟是什么因素激发了对物质及物质性的讨论，然后尝试从这些讨论中汲取一些关于信息物质性的启示。特别是，我想借助先前对物质主义分析性质的思考，来建构四个主题，从而塑造本书的整体框架：(1)多学科对物质性的研究如何为我们奠定基础，以便开展如上一章所示的对数字表征的研究；(2)物质如何作为一个融合技术和文化的分析领域而发挥作用；(3)打破传统上不同调查和干预领域之间界限的必要性；(4)在理解表征形式和社会实践共同演化的过程中，历史思维的重要性。

正如乔纳森·斯特恩(2014)在其跨科学研究、传播研究和媒体研究的专著中所指出的，要开展类似的项目，似乎总是不可避免地需要回顾建构主义和技术决定论的长期辩论，尽管在过去几十年里，这一话题已无太多新意。我对自己陷入同样令人疲惫的境地而感到沮丧。我想尝试做的是，关注物质性在不同领域的意义，以及最初是什么促使它们关注于此，首先是将物质转向视为一种策略性行动，其次是打破一些困扰数字讨论的先入之见。

在人机交互中与物质相遇

人机交互作为一门学科，其核心关注点在于交互技术与人类体验之间的关系。因此，从这一角度出发，探讨人们如何通过与物质形态的互动来形成经验和实践，似乎是一个合适的起点。事实上，大约从20世纪90年代开始，人们对移动设备和所谓的泛在计算的兴趣日益增长——泛在计算构想了一个由数字传感器和计算设备增强的日常生活世界(Weiser, 1991; Dourish and Bell, 2011)——人机交互领域的研究者开始对数字与物质在交互设计中的融合表现出浓厚的兴趣(如 Ishii and Ullmer, 1997)。对某些人而言，这意味着一种构想新设备和体验的趋势，摒弃了作为一种隐喻和物理场所的传统"桌面"；对另一些人而言，这意味着对分布式交互体验兴趣的日益增加，这种体验不再局限于"个人电脑"(及其"一人一机"的模式)，而是扩展至多种物体、设备或界面之间的交互。

由这一新方向所开启的可能性，以及对交互设计中传感器和嵌入式计算技术的兴趣，反过来又引发了关于物质和物质性在人机交互和交互设计领域中所扮演角色的重要讨论。这一讨论的边界广阔。米凯尔·维伯格（Mikael Wiberg）和埃丽卡·罗布尔斯（Erica Robles，2010）以瑞典北部每年建造的冰酒店为例，这是一个每年都用冰雪重建、短暂存在但规模庞大的居住空间，倡导基于纹理、基材和尺度的混合数字-物质的美学实践。与此同时，诸如李亚·布克利（Leah Buechley）的 LilyPad Arduino（Buechley et al.，2008）①这样的项目则围绕着与传统计算设备材质截然不同的新材料，提供了构建用户体验的平台。

丹妮拉·罗斯纳（Daniela Rosner）通过使用纱线（Rosner and Ryokai，2008）和陶瓷（Rosner et al.，2015）等材料，展示了在交互设计中采用替代性材料的潜力。这些项目建立在一个理念之上：创造用户体验的材料本身对我们理解和体验其本质至关重要。与这些对象的接触不仅激活了不同的触觉、实体感知和具身技能，还激发了多样化的思考、回忆以及参与方式。因此，类似这样的项目也成为探索手工艺实践与传统工程创新叙事之间关系的有效途径，并揭示了探索新形式的可能性（如 Rosner and Ryokai，2009）。

在哥本哈根信息技术大学，安娜·瓦尔加达（Anna Vallgårda）及其同事一直在开展一项探索计算材料的综合研究项目，试图将交互设计与材料形态赋予的创造性实践相结合，这些实践是许多手工艺实践的基础（如 Bergström et al.，2010；Vallgårda and Sokoler，2010）。他们使用木材、变色混凝土、造型线和纺织品等材料来增强计算对象和交互对象的表现力（如 Dumitrescu et al.，2011；Winther and Vallgårda，2016；Vallgårda，2008）。这一研究的核心理念是理解不同类型材料的特性以及如何将它们组合运用。也就是说，他们不仅仅是在设计一种体验并将其作为一个案例呈现出来，而且试图理解不同的潜在设计材料所具备的特性，并认识

---

① LilyPad Arduino 项目是一种基于 Arduino 平台的可穿戴电子技术。LilyPad Arduino 是一种特殊设计的 Arduino 控制板，它非常适合用于制作可穿戴的电子设备，如服装、配饰等。这个项目的目标是使电子制作更加接近日常生活，让人们能够在服装和纺织品中集成电子元件，从而创造出具有交互功能的智能服装。通过 LilyPad Arduino，用户可以轻松地制作出各种不同样式和功能的可穿戴电子设备，从而探索和发展新颖的交互设计和智能服装。——译者注

到所构建的是"计算复合体"（Vallgårda and Redström，2007）。

尽管这些项目令人振奋，但它们建立在一个本体论基础上，这种本体论预设了数字的先验性，并错误地将其与物质区分开来，然后探讨这两种截然不同的事物如何可能被引入新的协同关系中。我认为，人机交互领域的许多相关学术研究都回避了对物质性的兴趣，转而关注材料及其可能性。人机交互领域以设计为导向的研究关注的是如何通过新材料和将其融入交互的新方法来扩展人们与计算和数字媒体相遇的方式，从而有潜力地创造出更丰富、更有效或更有意义的体验。这种方法并没有将数字性与物质性对立起来，因为它寻求的是一种既是数字的又是物质的新体验，但它确实将物质性与物理性等同，并暗示只有在遇到新材料和新物理实体，比如纱线和腻子、砖块和沙子时，数字性的物质形态才得以表达。从这个角度来看，数字本质上是非物质的，必须通过创造性设计来**使其成为物质的**。同样，可以制造出的物质性也仅存在于互动体验在现实世界中的表现形式，即那些可以触摸、感知、推动、挤压和操纵的事物之中。事实上，维伯格（在其即将出版的书中）认为，人机交互领域朝物质性的趋近，实际上是背离了专注于表征的实践。

这里未曾探讨的是，数字系统及其表征如何可能已经具有物质性，以及这些特定物质性所产生的后果。这一议题超越了界面的范畴，并且正如我们将看到的那样，它可能涵盖网络协议、数字文档格式和软件架构。物质性可能不在于界面本身，但它显然关乎交互以及塑造交互的因素——这些都是人机交互领域所关注的核心问题，即便它不像传统的人机交互领域那样过分专注于设计新事物（Dourish，2006）。上一章中推动图像格式例子的那种表征性物质性仍然有些超出讨论范围，尽管正如我们在那里所见，表征的限制与可能性以多种方式影响着作为人类活动的数字图像处理。人机交互领域对技术系统如何影响人类体验有着广泛的研究兴趣。正因为如此，它在一场重要的讨论中占据了中心地位，这场讨论认为物质性在我们理解数字作为一种文化形态的过程中起着关键作用。而将物质性作为研究主题，也可能需要我们超越将设计仅仅视为终点的理念。

然而，人机交互发现自己越来越多地在与其他关注物质性和人类经验问题的知识领域展开对话。这种对话为思考人机交互领域潜在的替代发展方向提供了可能性。科学与技术研究（science and technology studies，STS）便是其中之一，它为探索信息的物质性提供了几种潜在研究资源。

实践、网络与生命力物质

物质性，即对社会实践物质条件的认知与分析，无疑是科学与技术研究（STS）的关键基石之一。尽管科学与技术研究关注的是科学知识发展、传播和应用的社会过程，但该学科自创立以来，就一直将科学作为一种以多种方式与物质世界进行互动的实践活动来加以关注。事实上，正是这种对实践物质性的关注回应了对科学与技术研究的批评（这种批评错误地认为科学研究中的社会建构主义分析是一种相对主义）——科学与技术研究并非主张"科学真理只是大家都能接受的观点"，而是强调科学事实的确立既需要社会群体的认可，也需要物理世界的验证，而这两者各自都具有独特且难以克服的挑战。

尤其是在科学与技术研究作为一门独立学科的早期阶段，有一条特别重要的研究路径涉及对实验室实践的探索。对实验室科学家日常工作生活的考察（Latour and Woolgar，1986；Lynch，1997），以及对20世纪下半叶所谓"大科学"现象的研究（Traweek，1988；Galison and Hevly，1992）揭示了支撑科学工作实际操作背后复杂多样的物质组合——从粒子加速器、望远镜到化学试剂，再到白板、纸上标记和咖啡杯。对实验及其可重复性的研究（如 Collins，1974，1985）表明，即使是对于确保科学成果可复制性这样的核心问题，也可能建立在无数具体而微小的物质条件之上，这些往往是正式报告或出版物中未能充分展现的部分。这并非当代科学独有的复杂性问题：史蒂文·沙平（Steven Shapin）和西蒙·沙弗（Simon Schaffer）在其1986年发表的影响深远的历史著作中，通过对罗伯特·博伊尔(Robert Boyle)的工作及他与托马斯·霍布斯(Thomas Hobbes)之间争论的研究,展示了管理和操纵物质资源方面的困难自科学诞生之初便存在,并指出将物质置于中心位置乃是现代科学探究模式的有意选择。博伊尔对沙平和沙弗所称的"实验生活"的构建,以及实验和实证的核心作用所催生的集体见证机制,使科学成为一项彻底的物质实践活动。

除了上述经验主义和历史视角的阐述,科学与技术研究领域中的理论与概念发展同样致力于探讨物质性如何在社会世界中发挥作用。这一兴趣的一个显著体现是行动者网络理论(actor-network theory,ANT),特别是它对能动性的理解。行动者网络理论试图从构成社会事务的人、物、人造物、思想和环境之间复杂的相互作用来理解社会现象。在这个过程中,它摒弃了将能动性——行动的能力——视为人类特有属性的简化观点,并指出在实践中,人类的"行为"经常受到各种非人类因素的塑造、激发、约束和要求。行动者网络理论主张一种更为分散的能动性概念,在这种概念中,我们认识到能动性可以被转移给那些能干预世界并在塑造人类行为的过程中发挥作用的物质对象。对于行动者网络理论而言,物质事物能够执行通常由人类完成的行动(例如自动门闭合器),或者可能构建我们的环境,使得某些行动变得舒适或必要,另一些则变得困难或不可能(例如调节交通的减速带),这些事实都表明能动性从人类领域转移到非人类领域,需要用一种比以人类为中心的传统方法更为平衡的方法来加以分析。

当代科技与社会研究深受行动者网络理论的影响,尽管这种影响更多体现为一种宽泛的视角而非严格意义上的理论框架——行动者网络理论的奠基人们通常对此感到相当满意。毕竟,行动者网络理论的先驱布鲁诺·拉图尔(Bruno Latour)曾有名言,行动者网络理论(actor-network theory)只有四个问题:"行动者"(actor)、"网络"(network)、"理论"(theory),以及它们之间的连字符(Latour,1999)。尽管行动者网络理论并非处于理论前沿,但它在试图将人类行动置于更广泛的物质情境框架内的科技与社会研究方法中,影响力依然显著。在某种程度上,这反映了行动者网络理论作为早期科学研究所采用的一种重要分析框架的意义,同时,正如全喜卿(Wendy Chun, 2016)所探讨的,它也表明了"网络"和网络思维在当代文化中的核心地位。网络以关联性为基础进行运作,也就是说,其主要分析策略是建立联系,但同时也强调这些相关元素之间的独立性。如果说行动者网络理论旨在揭示技术科学实践更广阔的情境或环境,那么近年来,科技与社会研究领域出现了一种与(广义上的)环境议题相关的对物质性的新关注。这一领域的许多观点都是在与后人类主义者和非人类中心的人类学家对话过程中逐渐形成的。布鲁诺·拉图尔在这一转变中再次扮演了关键角色,并通过多种方式产生影响。一方面,他呼吁将科技研究从"事实问题"(广义上是对科学事实社会建构的考察)转向"关切问题"(即科学与当代政治热点话题的交汇点);另一方面,他在著作中(Latour, 2004)直接探讨社会与所谓"自然世界"之间的关系问题(我暂时找不到更好的术语来描述后者)。这两方面都可以在诸如劳拉·沃茨(Laura Watts)对奥克尼群岛的能源和物质性研究(Watts, 2014)、马克斯·利博伊伦(Max Liboiron)对污染和塑料的研究(Liboiron, 2013),以及安娜·威洛(Anna Willow)和萨拉·怀利(Sara Wylie)对水力压裂的研究(Willow and Wylie, 2014)中找到例证。

然而,正如我们所见,最初人类学对物质性的考察通常源于一种兴趣,用玛丽·道格拉斯(Mary Douglas)和巴伦·伊舍伍德(Baron Isherwood)的话说(1979),是为了发展"消费人类学",而近年来的研究则更普遍地寻求构建一种能摆脱人类学传统的人本主义(humanism)束缚的人类学理论。在这种努力下,为了理解人类文化如何在与各种非人类行为者的对话和共存中出现,并超越文化与自然的二元对立(如 Kohn, 2013; Tsing, 2015),人类学家发现自己与社会科学和人文科学领域的同行们一道,投身于理查德·格鲁辛(Richard Grusin)所称的"非人类转向"(如 Grusin, 2015; Haraway, 2007),以及其他人所称的"后人类主义"(如 Hayles, 1999)。这一趋势的一个组成部分是有时被称为**新物质主义**

(new materialism)的东西——从哲学视角重新审视人与非人之间关系的本质,这种思考通常由物理学和生态学所驱动(Barad,2007;Bennett,2010;Coole and Frost,2010;Dolphijn and van der Tuin,2012)。

以简·贝内特(Jane Bennett)关于"生命力物质主义"的研究为例,首先回顾一下促成这一理论的多重动因,这将有助于我们更好地理解其意义。其中一个动因是当前全球气候变化与日益增长的环境压力,这些变化的严重程度使得一些人认为我们已经进入了一个新的地质时代——人类世,在这个时代中,人类活动已经成为地球生态系统中最具决定性的因素(如Angus,2016;Purdy,2015)。另一个动因,如前所述,来自当代知识界的各种思潮,它们试图挑战哲学研究中的人类中心主义,即假定人类是唯一的行动者,而将材料、物质和其他物种降格为纯粹被动的角色。它提出一些替代性表述,既承认人类自身的物质存在,同时也在世界范围内更均匀地分配能动性、因果关系和活动。对贝内特来说,这是一个既关乎本体论又涉及伦理学的项目。她主张,我们自身的物质基础以及我们与世界各种元素的共生存在,使得传统上关于人类和非人类分离的说法不再可行。通过详细描绘"超人类集合体"的行动,例如,在大规模停电情况下,这些集合体包括"煤炭、汗水、电磁场、计算机程序、电子流、盈利动机、暖气、生活方式、核燃料、塑料、掌握幻想、静电、立法、水、经济理论、电线和木材",她呼吁建立一个基于"生命力"的全新能动性理论。

> 所谓"生命力",我指的是事物的能力——食物、商品、风暴、金属等,它们不仅能阻碍或阻止人类的意志和设计,还能像准主体或力量那样,拥有自己的轨迹、倾向或趋势。我的目标是阐明一种与人类并行甚至内在于人类的生命力物质性,以探讨如果我们更多地考虑事物的力量,对政治事件的分析可能会发生怎样的变化。(2010,viii)

相比之下,凯伦·巴拉德(Karen Barad,2007)的物质主义哲学植根于尼尔斯·玻尔(Niels Bohr)的著作和思想——玻尔不仅是量子理论物理学家，也是一位探讨量子理论对我们理解现实所具有的意义的哲学家。量子理论的一些思想——或者至少是它的一些修辞元素，如**叠加态**和**不确定性原理**这样的术语——常被用作隐喻框架，暗示知识或身份界限的社会理论在某种程度上类似宏观层面的量子效应。然而，巴拉德的研究项目不同于此，她不是简单地在社会理论和量子力学之间建立隐喻关系，而是深入探讨了量子力学对物质世界和人类经验本质的影响。她的大部分讨论都基于对两位理论家——尼尔斯·玻尔和沃纳·海森堡（Werner Heisenberg）——的区分，这两位科学家的工作促成了所谓的量子理论的哥本哈根诠释。虽然玻尔和海森堡都认同数学模型的重要性——这个模型确定了后来被称为海森堡不确定性原理的内容，涉及我们测量量子系统不同方面的能力——但他们对这一原理的解释却大相径庭。海森堡将其解读为一种认识论论点，即关于我们能知道或测量什么的问题。从认识论的角度来看，量子系统具有一个状态，但我们无法确切地知道这个状态是什么。巴拉德认为，玻尔是从本体论的角度来解读这一原则。按照他的解读，不确定性并非源于测量系统状态的困难，而是因为系统在没被测量时根本不存在任何状态。测量**产生**了它所声称要测量的条件。基于这一点，以及她对玻尔关于量子理论所揭示的哲学方面的大量论文的深度研读①，巴拉德发展了一种能动实在（agential realism）理论。这一理论挑战了传统的因果观念，强调了系统元素之间的相互作用（或**内在互动**）的构成性角色，并探讨了在物质配置中产生对象区分的"能动切割"。

从这一领域的学术研究中，我们或许可以汲取一些经验。其中有两点尤其值得关注。首先，采取物质主义视角并不意味着我们必须将物质或物体视为既定不变的。这里并没有向技术决定论妥协，尽管我们确实注意到技术世界的元素如何可能抵抗我们的意志。然而，遵循巴拉德提出的"内在互动"思维方式，我们必须认识到，技术"对象"——无论是数据库还是网络拥堵——都是在我们与那些被视为信息或数字的事物互动过

---

① 巴拉德用**物理学-哲学**一词来强调玻尔将其工作中的"两面"视为一体。

程中产生的。

第二个相关启示是,我们可以将对信息的物质主义研究看作是对数字集合体(assemblages)运作机制的探索。这里借用了法国哲学家吉尔·德勒兹(Gilles Deleuze)的术语,他的著作激发了新物质主义领域中的许多研究工作。德勒兹的集合体概念超越了不同部分的集合。正如新物质主义哲学家曼纽尔·德兰达(Manuel DeLanda)在其著作《社会的新哲学》(*A New Philosophy of Society*)中所阐明的那样,德勒兹的目标不仅在于削弱政治哲学中传统的个人主义观点,还在于开启新的思考路径,以探讨尺度、依赖关系和身份认同的问题(DeLanda,2006)。对于我们当前的讨论而言,物质主义视角不仅需要我们探究构成技术对象的异质元素的集合,还要求我们审视这些元素在社会技术环境的发展、演变和重新配置过程中,是如何在组合、拆解和再组合的过程中获得或保持其独立身份的。

相较于人机交互或科学与技术研究中的实验室研究,这些视角使我们能够更深入地探讨物质性、物体、体验和实践之间的关系,特别是凸显了物质性如何在生机勃勃且不断变化的实践体系中塑造物体的产生及参与。然而,对于那些可能让我们跳出自身经验来观察这些实践动态和细节的经验研究来说,这些视角提供的基础却略显薄弱。因此,在保留我们从这些领域中获得的见解的同时,我们必须寻找其他途径,探索如何将这些视角融入一种本质上为民族志的方法中。

经 验 性 相 遇

当寻求对实践中的物质性进行民族志调查的正当性时,人们会自然而然地转向人类学,因为民族志是该学科的主要研究手段。加上文化人类学是最早对物质世界产生浓厚兴趣的领域之一,并且在20世纪80年代一个被称为**物质文化**的分支学科在该领域中兴起,因此这一做法可谓具有双重合理性。许多从事物质文化研究的学者都将这一领域的兴起追溯到玛丽·道格拉斯(Mary Douglas)早期对消费人类学的研究,特别是她与巴伦·伊舍伍德（Baron Isherwood）合著的《商品的世界》（The World of Goods，1979）。在这本书中，他们探讨了商品流动如何反映亲属关系和社会包容模式、消费如何传达地位信号，以及当英国男士在酒吧里以大致相同的速度喝啤酒时，团结如何得到体现等主题。

转向物质问题似乎有些不寻常——也或许不可避免——鉴于文化人类学传统上主要关注符号和象征。对文化人类学家而言，文化构成了一张"意义之网"，用吉尔茨（Geertz，1973）的话来说，它关注的是我们作为不同文化参与者所赋予行动、器物和经历的意义体系。文化是一套解读世界的方法，是一面棱镜，透过它我们可以看到世界并感受它的意义。因此，像克劳德·列维-斯特劳斯（Claude Levi-Strauss）这样的人类学家奉行结构主义传统，着手解析神话的结构，以揭示人们内化的用于理解日常生活的意义系统。在这一广泛的传统中，符号和象征是最重要的关注点，即便器物作为关注的对象出现（它们无疑经常如此），研究的关键点也在于它们如何在象征系统中获得意义。

物质文化研究表现出一种尝试，即在文化研究中赋予器物、物品和物质更为核心的身份——不是作为符号的载体，而是作为事物本身。在此，物品的特定属性，如耐久性、重量、昂贵程度、便携性、易碎性，开始在它们参与或融入文化实践的方式中发挥作用。类似地，物品——作为商业交换的元素，作为无处不在的商品，作为手工业产品，作为共同交易的物品，作为社会场景中被忽视的元素，等等——在流通或移动中的模式开始受到关注。这一反转意义重大。正如丹尼尔·米勒（Daniel Miller，2005，1）所指出的，"智慧（在大多数宗教中）被归功于那些声称物质性不过是代表了表面现象，真实却隐匿于其背后的人"。在许多学术领域都是如此，包括传统的文化人类学。米勒等学者认为，这一传统做法是将物体置于一旁，以寻找其背后的"真实"——在不同的语境下，哈罗德·加芬克尔（Harold Garfinkel，1967）将这种做法描述为移除墙壁，以便我们能看到支撑屋顶的是什么。

以对牛仔裤的研究为例（Miller and Woodward，2007，2010）。丹尼

尔·米勒(Daniel Miller)和索菲·伍德沃德(Sophie Woodward)在其文章《牛仔裤研究宣言》(Manifesto for the Study of Denim)中以一句充满挑逗意味的话作为开篇:"本文探讨了像全球牛仔文化这样的主题对人类学构成的挑战。通过使用'显而易见'一词,文章讨论了那些已经无处不在的物品所引发的问题。"(Miller and Woodward,2007,335)当我们从历史(由工作服到反主流文化的象征再到日常服饰)和地理(从美国特有的服装发展为全球流行,并且涉及生产、消费及资本积累的地点)两个维度追踪牛仔裤的演变时,会发现牛仔裤成为理解当代社会的一个窗口。然而重要的是,这不仅仅关乎时尚单品的象征意义,它还触及了耐用性和脆弱性等议题(耐用性体现在与西部边疆生活方式的联系,指牛仔裤可以使用多年;脆弱性则体现在面料和时尚的预期生命周期上)。它涉及染料的选择、可获取性以及褪色模式,它还关乎牛仔布的特性,即这种耐磨、可卷可折的布料比诸如汽车那样的物品更容易在世界各地移动,因此可以扮演如今的那个全球化角色。换言之,这是一个彻头彻尾的物质故事,也是一个符号学故事。因此,关键在于超越物质和符号之间简单的二元对立,认识到两者间错综复杂的联系。这种方法与巴拉德和贝内特一致(尽管源于完全不同的研究路线),承认物质和意义的内在互动与相互构建。正如我们在第一章关于图像格式的例子中所见,这种视角关注的是物质对象的具体属性如何与嵌入其中的实践形式相互交织(interwoven)(请原谅我用双关语①)。这一点对于我们之前所遗留下来的问题尤为有用,因为它为我们提供了一个可以进行实证研究的框架。

在人类学领域内,由这项工作引发的一个活跃且与我的研究目的高度相关的讨论焦点是关于物质与物质性之间的关系。我已提到,米勒是当代物质文化研究的关键人物,他在这一领域的探索体现在对可口可乐(Miller,1998)、橱柜(Miller,1988)和橡胶鸭(Miller,2008)的研究中。然而,米勒还是2005年出版的《物质性》(*Materiality*)文集的编辑——这

---

① "interwoven"一词可用于描述物质对象的属性与实践形式相互交织,也可解释为"编织",前文所述牛仔裤等物质对象通常由纱线编织。——译者注

标志着其注意力从具体的事物转向了物质性。在作出这种转变的过程中，该合集中的人类学家们（以及其他学者）在某种程度上在他们自己的学科内部实践了一种更广泛的知识转向，转而关注物质的性质及其在不同领域中被忽视的重要性。然而，其他人——也许最值得注意的是蒂姆·英戈尔德，他自己在物质对象和物质实践方面的工作形成了一个独特而有影响力的体系（Ingold，2000，2011，2013）——对将"物质性"概念作为研究主题的观点表示出担忧。英戈尔德认为，这恰恰是做物质文化研究原本试图对抗的方向，即从物体本身转向更为抽象的理论。在一篇题为《物质对抗物质性》的文章中，英戈尔德（2007b）试图将对话的方向从讨论对象的物质性转向讨论物质自身的属性。

在人类学的特定讨论语境中，这些都是重要的转向——从符号（symbols）到对象（objects），到物质性（materiality），到物质（materials），并持续推进。但在本书所开展的研究框架下，这个讨论呈现出另一种形式。英戈尔德对物质的辩护，以及他对物质性讨论的批判，均产生于那些无可争议的物质实体——牛仔裤、汽车、石头、芦苇、房屋、黄金、沙子等的现实语境中。然而在数字领域，我们还需要完成更多的基础性工作来奠定理解的基础。尽管我已经并将继续使用**数字物质（digital material）**一词来描述我们的研究对象，但要揭示数字领域如何具体地展现其物质性，即它的物质属性（material properties），亦即我所指称的各种具体物质性（materialities），我们仍需投入更多的研究精力。因此，我们可能会发现自己与英戈尔德持有相似的立场，支持以物质（materials）对抗物质性（materiality）概念，但同时想要超越物质（materials）本身，去探索各种具体的物质性（materialities）。

虽然人类学框架为物质性领域的实证研究打开了大门，但他们对于数字领域的具体讨论相对较少——这一情况正在发生变化，请参见霍斯特和米勒（Horst and Miller，2012）以及平克等人（Pink et al.，2016）的研究。相比之下，在组织社会学领域已出现了大量研究成果，其中**社会物质性**（sociomateriality）这一标签常被用来探讨数字在组织实践中的作用。

从很多方面来看，当代组织社会学对物质性的兴趣源自对组织实践不同解释理论之间的摇摆。历史研究表明，现代组织的出现与支撑其设计和大规模运作的技术形式及其相关安排紧密交织在一起。其中最为突出的是通信技术、大规模运输技术和信息处理技术。举个例子，乔安妮·耶茨详细介绍了组织沟通的核心形式（例如备忘录）是如何与当代组织形式共生发展的（Yates，1993）。系统化的管理模式需要关于过去和当前实践的信息，而这不仅依赖特定形式的文档记录，还进一步依赖特定类型的记录保存技术，如垂直文件（与传统的压印账册和平面存储方式不同，它允许快速轻松地"随机访问"记录）。

在组织开始采用信息技术的早期阶段，一些分析家和学者不像耶茨那样谨慎，他们往往过于轻率地谈论技术可能带来的影响。技术决定论者将变革的核心原因归结于技术本身，认为技术能够加速、转变或重组组织实践和工作流程。虽然技术对社会产生影响的观点具有很强的说服力，但这种观点也容易导致人们将技术视为理所当然，并将技术本身视为推动组织演变与变革的主要动力。针对这一立场，另一些人提出了一种社会建构主义的观点来对抗早期的技术决定论。从这一视角出发的研究者强调了技术物及其应用问题实际上是社会系统的产物。社会建构主义考察了技术发展过程中的社会背景，比如不同技术范式之间的资源争夺和合法性竞争、关于技术干预范围及效果的社会与组织争议，以及评价包括技术方案在内的各种替代方案时所使用的测量与问责体系。根据这一视角，技术本身应被视为一种社会产物，社会过程的影响是先于技术发展存在的，而非仅仅作为其结果。

社会物质性概念在组织科学中兴起，至少部分原因在于它既认可了物质安排的重要性，又避免了过度的技术决定论倾向（Leonardi and Barley，2008，2010）。耶茨的同事旺达·奥尔利科夫斯基（Wanda Orlikowski）可能是组织研究领域内最具影响力的社会物质性分析思维的倡导者，其思想主要体现在一系列她与同事苏珊·斯科特合著的文章中（Orlikowski，2007；Orlikowski and Scott，2008，2014；Scott and

Orlikowski，2012）。奥尔利科夫斯基观察到，组织研究要么忽视了组织生活中的物质环境，要么倾向于将其视为特殊情况。鉴于此，她提出了一个新的研究立场：

> 要超越这些概念上的难题和传统上的路径，需要一种能与组织生活的日常物质性互动的方式，既不忽视它，也不视其为理所当然或特殊情况，同时它也不应仅仅聚焦于技术影响或主要关注技术的使用。这种替代性的视角强调，物质性是组织不可或缺的组成部分，认为社会和物质在日常生活中构成性地交织在一起。构成性交织的立场既不偏袒人类或技术（在单向交互中），也不通过某种相互回应的形式（在双向交互中）将它们联系起来。相反，社会与物质被视为不可分割地相互关联在一起——没有脱离物质的社会，也没有脱离社会的物质。（Orlikowski，2007，1437）

可以看到，奥尔利科夫斯基在这方面的思考深受本书所描述的其他研究的影响，包括巴拉德和拉图尔、萨奇曼和莫尔等科学与技术领域研究者的研究（如 Mol，2002；Suchman，2007）。

奥尔利科夫斯基尤其因其对信息技术与组织生活之间关系的研究而闻名。事实上，正是出于理解组织中信息技术的需求，促使她开始撰写关于社会物质性的论著。随后，她运用社会物质性框架来探讨社会和组织实践如何围绕信息技术产生，并与其"构成性地交织"。例如，她研究了像猫途鹰（TripAdvisor）这样的在线评论平台及其他类似网站在酒店行业中所发挥的作用（Orlikowski and Scott，2014）。因此，或许并不令人意外的是，在组织研究领域内响应号召、专注于探索社会与物质相互作用的学者们，特别容易被信息系统相关的问题所吸引，尤其是虚拟性主题。例如，保罗·莱昂纳迪（Paul Leonardi，2012）的《没有汽车的汽车碰撞》（*Car Crashes Without Cars*）一书提供了对汽车工程师工作的民族志记录，描述了他们参与整个行业向基于计算机的碰撞测试仿真环境转型的过程。他研究了工程师如何在实体碰撞样本和模拟数据之间来回切换，他们如何学会将不同模拟软件包的特点映射到自己的设计流程需求上，以及技术变革与组织变革如何相互交织。通过这些研究，莱昂纳迪揭示了双重物质性的作用——物理上汽车测试的物质性（这与基于计算机模拟的所谓虚拟性存在张力），以及作为组织实践一个方面的技术物质性。

社会物质性视角下的组织研究聚焦信息技术和数字实践是合乎逻辑的，因为在充斥着网络电话（Skype）、智能手机、在线团队和分布式工作的世界中，数字技术对组织生活至关重要。不过，这也伴随着一定的风险：鉴于文化话语中占主导地位的虚拟性和替代性修辞，比如前一章提到的尼葛洛庞帝的观点，人们很容易就将物质和虚拟对立起来，将在线实践视为一种去物质化的形式。贝利等人（Bailey et al.，2012）请人们警惕"虚拟的诱惑"，提醒研究者不要将"虚拟"视为一个独立且同质化的领域。按照同样的道理，我们也要避免将"物质"简单等同于"有形"。正如卡莱尔等人（Carlile et al.，2013）和莱昂纳迪等人（Leonardi et al.，2013）的文集所展示的那样，对于"物质"作为组织研究对象的本质，存在着广泛多样的立场和视角。

在这些不同学科领域中，物质性起到重新评估社会与技术关系的作用，并通过概念研究与经验研究的重组，逐渐消解了学科的关注领域与实践领域之间历来存在的界限。在每种情境下，无论是文化人类学还是组织社会学，它们所关注的具体问题各有差异，并且这些问题的提出均基于各自学科发展中的关切。**物质性**作为一个术语，在不同领域最终指涉的内容有所不同，但物质性转向却代表了一种共同的策略性转变：试图开辟一个空间来考察物体及其属性如何塑造了文化实践。

当我们在数字媒体领域内具体实施这一战略转向时，最终需要转向广义上的媒介研究领域，看看物质性问题在那里如何被探讨，以及对本书的主题有何影响。

传播与媒介研究中的物质性

早期的文化和媒介研究工作主要关注媒介效果。尽管马歇尔·麦克卢汉（Marshall McLuhan）的标志性宣言——"媒介即信息"——暗示了对媒体形式的特殊性和它们所实现的沟通方式的敏锐洞察，但许多人在此说法中看到了一种问题重重的技术决定论。雷蒙·威廉姆斯（Raymond Williams）在《电视》（*Television*）中对此轻蔑地评论道："媒介即信息"似乎在暗示任何特定媒介只能传递一种信息，而电视在资本主义和共产主义社会中的使用却提供了一个明显的反例（Williams，1974）。媒介研究者更多地关注意义和表达的斗争，无论他们像法兰克福学派的西奥多·阿多诺（Theodor Adorno，1991）及其同事那样，把"文化产业"视为一种压迫性的洗脑工具，还是像威廉姆斯或斯图尔特·霍尔（Stuart Hall，1980）那样，将大众媒介视为一种场所，人们在其中进行意义的挪用（appropriation）与创造，而不仅仅扮演着消费者的角色。然而，这些关于媒介与意识形态的论述很少直接触及媒介的物质性。

20世纪80年代，许多作者开始探讨媒介的政治经济学问题，媒介的物质性也开始以所有权、覆盖范围、控制权与集中化等问题的形式显现并引发关注（如Webster and Robins，1986；Schiller，1986，1989）。在曼纽尔·卡斯特（Manuel Castells）这样的理论家看来，从模拟到数字的转变意味着媒介所有权和控制权以一种新的形式变得更加重要，这种权力通过对信息的获取和控制得以行使（Castells，2009）。

在这些学者关注媒介公司、媒介所有权和企业集团的同时，许多媒介研究人员将注意力转向了支持数字媒介分发的基础设施。雷切尔·奥德怀尔和琳达·道尔（Rachel O'Dwyer and Linda Doyle，2012）对租金和资本理论进行了现代解读，探究电信服务领域内各方参与者之间的关联，尤其关注构成现代互联网基石的底层网络设施的所有权的类型。妮可尔·斯塔罗西尔斯基（Nicole Starosielski，2015）则借助全球海底光纤电缆网络,强调了殖民地安置历史的持续影响,以及多种主权形式对电缆铺设地点及数据流动的管控。当然,这些电缆和数据总是位于某个法律管辖范围之内。丽莎·帕克斯(Lisa Parks,2005)也进行了类似的考察,通过分析卫星电视广播的物质基础,指出技术和地理因素未必总与地缘政治版图相契合,卫星信号"足迹"并不受国界所限。

在媒介研究领域,最重要和最有影响力的物质主义思想流派之一与弗里德里希·基特勒(Friedrich Kittler)有关。基特勒的著作以具有挑衅性、涉猎广泛、特立独行、寓意深刻、常常令人恼火但无疑颇具开创性而著称,他的灵感很可能既源自平克·弗洛伊德(Pink Floyd),又来自歌德(Goethe)。其影响力之大,以至于"基特勒研究"如今常常被视为媒介研究的一个独立分支(如 Sale and Salisbury,2015),尽管更常见的是,人们用"德国媒介研究"这一术语来指代基特勒、沃尔夫冈·恩斯特(Wolfgang Ernst)以及其他沿袭该传统的学者(无论是否为德国人)的研究。

借鉴米歇尔·福柯观点的思想,基特勒认为交流和话语的本质(乃至知识与存在的历史)会周期性地中断和破裂。他的早期作品聚焦于**话语网络**——"允许某一文化选择、存储和处理相关数据的技术和机构网络"(Kittler,1990,369)。尽管受到福柯著作的启发,但基特勒的这项工作仍然对福柯思想的局限性进行了重要批判。杰弗里·温斯罗普-杨(Geoffrey Winthrop-Young)认为,从基特勒的角度来看:

> 福柯在巴黎、华沙或乌普萨拉的图书馆里寻找文献,"全然忘记了"这样一个事实:"书写本身,在最终进入图书馆之前,也是一种沟通媒介。"(Kittler,1999,5)在其整个职业生涯中,福柯始终是研究档案和图书馆的思想家,而不是技术的思想家;尽管他对话语体系和效果进行了出色的考察,但他却回避分析将当代话语网络交由现代存储和记录设备处理时会发生的情况。(Winthrop-Young,2011,58-59)

对于基特勒来说,媒介及其制作技术本身至关重要。然而,这不应被视为纯粹的技术决定论。基特勒并不认为技术完全决定了话语配置,而是认为技术引发了一种断裂,这种断裂需要重新配置,**而技术自身也将被纳入其中**。基特勒的研究方法——至少在他的一些著作中——是将各种文本解读为"关于话语通道条件的话语",即对自身生产的技术条件的评论。他将这种分析应用于诸如平克·弗洛伊德的《脑损伤》(Brain Damage)(作为录音技术演变的寓言)和布拉姆·斯托克(Bram Stoker)的《德古拉》(Dracula)(其中留声机频繁出现,并与弗洛伊德的"谈话疗法"有结构上的关系)等不同的文本。

正如"基特勒研究"这一标志所示,基特勒思想的影响既独特又广泛,难以完全阐明。基特勒的著作以及沿袭相同传统的其他学者,如沃尔夫冈·恩斯特(Wolfgang Ernst,2012,2015),通过影响被称为**媒介考古学**的研究计划,最直接地影响了这里所关注的主题。

媒介考古学

如埃尔基·胡特阿莫和尤西·帕里卡(Erkki Huhtamo and Jussi Parikka,2011)所述,媒介考古学的起点源自对"新"媒体(如数字形式、视频游戏、网络媒体等)研究的一种挫败感,因为这些研究通常过于沉浸于自身的新颖性,以至于"对于过往视而不见"。媒介考古学的目标,是通过揭示当代媒体条件在先前的实验性形态中的嵌入,来将其置于历史背景之中。

作为一种兼具理论性与实践性的项目,媒介考古学借鉴了许多重要学者的成果:从福柯那里,它汲取了对思想体系历史和话语制度运作方式的关注;从基特勒那里,它汲取了对媒介生产技术作为学术研究对象的关注,这些技术既是话语的条件,也是话语的主题;从瓦尔特·本雅明(Walter Benjamin)那里,媒介考古学汲取了通过重构审美经验的历史情境,来理解文化、物质形式和感官体验的相互交织。将这些因素结合在一起,媒介考古学家"已经开始构建被压制、被忽视和被遗忘的媒体的另一种历史,这些历史并没有从目的论的角度将当前的媒体文化状况视为'完美'的终点。那些曾经的死胡同、失败者以及从未能成为实际媒体产品的发明，都有重要的故事可讲"(Huhtamo and Parikka，2011)。

他们也确实这么做了。遵循他们对技术辉格主义(technological Whiggishness)的批评，媒介考古学家花费大量时间来挖掘媒介史上的"死胡同"故事，并对诸如暗箱相机(Zielinski，2006，3)、水银延迟线(Chun，2011a)和气动邮政系统(Steenson，2011)等媒介进行了细致且富有启发性的研究。事实上，媒介考古学在很大程度上已经成为一种对已消亡或走入死胡同的媒介的分析。那么，在这样一个学科框架内，我们又如何能为直接研究当代媒体找到一席之地呢？

让我们暂且退后一步，来看看上述引文中胡特阿莫和帕里卡所阐述观点中的各种要素。我们可以从对于媒体"并没有从目的论的角度将当前的……视为'完美'的终点"这一观念开始。这里蕴含了两个重要的观点。第一是承认技术发展是断断续续进行的，不存在任何总体上的规划或指引，也没有朝着设想中的完成点自然进展。第二是我们需要以相似的方式看待当下状况，不将其视为完整或尽善尽美，而将其视为媒介景观中不同元素的多条发展道路上的偶然中转站。

然后，我们可以看看引文中对"从未能成为实际媒体产品的发明"的关注。在此同样需要厘清几个不同的观点：首先，它呼吁我们认识到，无论是失败还是成功的媒体产品，都是设计者、生产者和消费者对各种媒体的希望和期待的具体体现。其次，无论是"已消亡的"还是"走入死胡同的"媒介，与成功的产品一样，都塑造了我们对于媒介是什么和可能做什么的理解和诠释。

在这里，杰伊·博尔特和理查德·格鲁辛(Jay Bolter and Richard Grusin，1999)提出的"再媒介化"(remediation)概念显得极为有用，它提醒我们注意媒介之间如何相互塑造——过去的媒介塑造了我们对新兴媒介的理解(例如，电子邮件消息的运作方式类似书信，包含地址、结束语和签名)，而新兴媒介也让我们以新的方式理解旧媒介(例如，在电子邮件普遍存在的今天，手写信件获得了新的意义)。举例而言，从媒介考古学的角度来看，模拟计算机可能已被淘汰并在很大程度上归入历史长河，但它在我们思考数字计算机的可能性时,仍然发挥了关键作用。

我既重视历史论证,也重视寻求非目的论的解读,但许多媒介考古学文献过于聚焦在"走入死胡同"的媒体上——从自动旗语系统到走马灯,这在我看来似乎有些错位。我们可以认同,研究维多利亚时代那些鲜为人知的投影运动图像的机制确实能带给我们一些关于电影的洞见,但当代的数字投影系统也可以。我们可以响应号召,关注被忽视和遗忘的故事,同时不完全与当前技术脱节;也可以研究当前的技术,而不必陷入辉格主义的历史观①。

为了避免有人觉得我是在指责媒介考古学带有某种蒸汽朋克式的情感色彩,我有必要澄清,专注于死胡同现象有其方法论上的合理性。这一点在托马斯・阿珀利和尤西・帕里卡(Thomas Apperley and Jussi Parikka,2016)对媒介考古学和平台研究之间关系的探讨中得到了明确说明(稍后我们将更详细地探讨这一点)。很多批评都涉及平台研究对近期甚至当代数字平台的考察,认为这种考察存在着仅仅由于历史上的接近性,而过于受制于其商业开发者或其最狂热支持者的叙事的风险。阿珀利和帕里卡指出,媒介考古学对于硅谷的"创造力"炒作和自我宣传叙事持批判态度,这揭示了对本质上仍处于(文化层面上)形成阶段的平台进行历史研究的潜在危险。但他们也没有断言这种研究不可行;相反,他们批评平台研究的倡导者选择的主题和标题过于显眼,缺乏足够的深度。

鉴于媒介考古学致力于通过挖掘已消亡的媒介所承载的另一种历史来重新情境化当代技术,我们在思考数字系统时应牢记一个关键观点:那些看似走入死胡同的技术往往不是被简单抛弃,而是被埋藏在当代系统中。威廉・福克纳(William Faulkner,1951)的名言写道:"过去从未消逝,它甚至尚未过去。"事实证明,他可能已经勾勒出了一幅数字技术的媒介考古学轮廓。就在我写下这些文字时,最新款的苹果手机就放在我

---

① 辉格主义历史观认为历史是朝着自由、进步和民主的方向发展的,通常会以当前的价值观来评价过去的事件和人物。在这种观念下,过去被视为向现代的进步迈进的必然步骤,因此通常会过分强调历史上的成功和进步。——译者注

的桌子上，这款手机不仅受到旧技术的影响，还将它们嵌入其中。例如，它的操作系统包括 FAT 文件系统的实现，这是微软于 1977 年作为软盘 BASIC 编程语言实现的一部分而开发的。尽管这一技术在演化过程中走入死胡同，但它仍然是我们从存储卡中读取数据的方式。苹果手机的网络操作通常是无线的，但它也保留了对最早 20 世纪 80 年代设计的有线网络的兼容。正如福克纳所认识到的，过去仍存在于当下。

软件和表征

媒介研究主要将当代数字媒体置于先前存在的大规模公共媒体基础设施所构成的宽泛历史和政治框架之中，这种做法收效甚佳。事实上，正如第六章和第七章将更详细探讨的，如果我们忽视了数字技术的政治面向，就会失去一些关键洞见。尽管如此，采用物质主义的视角还要求我们寻获一个框架来处理软件和数字表征的特殊性，不仅要考虑到其文化效应，还要考虑我们如何在特定（历史赋予的）方式中与它们相遇。特别是，在深入探讨软件与数字表征问题时，与本书内容最为相关的研究内容可能是一系列松散集结但彼此关联的研究视角集合，这些视角（有时）被称为"软件研究"（"software studies"）。

从人文和文化视角对软件系统进行研究的第一次强烈呼吁来自马诺维奇在《新媒体的语言》(*The Language of New Media*) 中的论述：

> 新媒体呼唤媒体理论进入一个新阶段，其起源可以追溯到 20 世纪 50 年代罗伯特·英尼斯和马歇尔·麦克卢汉（Robert Innis and Marshall McLuhan）的革命性著作。要理解新媒体的逻辑，我们需要转向计算机科学。在那里，我们有望找到新的术语、类别和操作，这些构成了可编程媒体的特征。**从媒体研究出发，我们转向可称为软件研究的领域——从媒体理论到软件理论。**（Lev Manovich, 2001, 48, 原文强调）

马诺维奇认为,程序和数据驱动的系统需要被视为一种新的文化形式——不仅是一种新媒介,而且是一种在其中正在进行文化意义创造的媒介。他将数字媒介登上文化舞台类比于早期电影和视觉媒体伴随印刷品一起问世的情形。正如在20世纪,学者们开始认识到视觉媒体的文化意义,并在广泛的"电影研究"范畴内围绕对视觉媒体的分析、解释和学术批判开展学术实践一样,马诺维奇认为现在(或者更确切地说,当时)需要"软件研究"。

许多人都响应马诺维奇的号召,但他自己的工作展示的是软件研究**可以**是什么,而不是设定或定义软件研究**应该**是什么。因此,当其他人接受马诺维奇的挑战,并将类似的文化分析视角应用于他们自己感兴趣的各种数字对象和现象时,一些命名上的争议接踵而至。不同的人宣称他们自己的工作定义最为准确,包括软件研究、新媒体研究、批判代码研究、平台研究、基础设施研究、媒介考古学,或者就是普通的文化研究。诚然,在这些不同的研究方向之间,我们可以划出有用且有意义的区别,但如果一个愤世嫉俗的读者得出结论,认为如今学术工作在企业化的大学环境中进行,过分强调了这些标签所代表的自我品牌建设努力,我可能也不会反对。在本书中,我将一般性地把文本分析和批判性探究技术应用于软件对象的努力概括为"软件研究",除非有必要提出其他更具体的术语。

在这一领域,英国社会学和文化研究领域的学者们开展了一系列丰富而深入的研究,其中包括马修·富勒(Matthew Fuller)、大卫·贝里(David Berry)和阿德里安·麦肯齐(Adrian Mackenzie)。富勒编纂的软件研究词典是"软件研究"旗帜下广泛兴趣范畴的一个早期体现,并汇集了该领域众多重要思想家(Fuller, 2008)。在其个人著作中,富勒将数字系统置于更广阔的文化背景之中,例如,他探讨了艺术家、活动家以及文化企业家如何在复杂多样的媒体生态中(无论是线上还是线下)找到自己的路径(Fuller, 2005)。贝里(Berry, 2011)的《软件哲学》(*The Philosophy of Software*)或许与软件研究中马里诺(Mark C. Marino, 2006, 2014)所称的"批判代码研究"项目最为相关,该项目关注特定的程序代码物件,并将代码和编码作为嵌入在文化背景中的文本实践加以探讨。阿德里安·麦肯齐不仅是这些领域中一位多产的贡献者,也是一位富有创造性的思想家。他的研究范围极为广泛,涵盖了对程序员、编程语言、代码、算法和技术想象力的探究,同时保持了每种研究对象的批判性视角,凸显它们各自的独特性(如 Mackenzie, 2003, 2005a, 2005b, 2006a; Mackenzie and Vurdubakis, 2011)。麦肯齐的民族志方法不仅提供了对软件本身的深入了解,还揭示了软件实践的全貌。

批判代码研究方法潜力的另一个例证是,尼克·蒙特福特及其同事(Nick Montfort et al., 2012)以一行针对 Commodore 64 型微型计算机和相关设备编写的 BASIC 代码为出发点,展开了对算法艺术、图形表征、数字表征、顺序性和随机性等多个主题的广泛探索。这个程序本身产生了一个无限延伸的迷宫图案,甚至在单行代码(也是该书的标题)中,作者们(以集体的声音撰写)也发掘出探讨迷宫及其历史、视觉和数字的字符编码、循环和迭代、随机性和可预测性、文本生产、纹理创造和数秘学等方面的资源。他们的目标是秉承批判理论的精神,剖析并展示使这个程序在其语境中"有意义"的历史、文化和话语背景,这些背景通过程序本身作为一种人造物的状态得到体现——作者称之为"代码的形式运作与其文化意涵及受众接受之间的根本性关系"(6)。

在这些专注于代码的研究开展的同时,尼克·蒙特福特和伊恩·博戈斯特(Nick Montfort and Ian Bogost, 2009)呼吁建立一个他们称为"平台研究"的语料库,即对特定数字平台的具体物质性进行详细考察,并对平台如何实现特定数字体验进行相应解释。他们的著作,作为麻省理工学院出版社正式出版的平台研究系列丛书的第一部,通过分析雅达利2600 视频计算机系统(VCS),提供了一个有力的例子来展示平台与互动体验之间的相互交织。VCS 是一款家用游戏机,在视频游戏作为一种媒介的发展和普及过程中发挥了关键作用。硬件平台的技术限制,包括视频显示时序和内存方面的考量,显著影响了可以在该平台上玩的游戏类型;反过来,游戏机的成功使其在塑造当时的新兴游戏类型和基于游戏的交互技术发展中扮演了重要角色。蒙特福特和博戈斯特对 VCS 硬件、能力及限制提供了极其详细的说明(这可能比雅达利公司提供给其开发者的指南更为详尽),阐明了 VCS 游戏的视觉、听觉和交互特征是如何根据特定平台条件产生的。通过这种方式,他们主张软件研究应当从不同技术平台的具体技术特性出发并扎根于其中。该系列书后续又扩展到了对其他平台的类似考察,如 Commodore Amiga(Maher,2012)和 BBC Micro(Gazzard,2016)①。

正如阿珀利和帕里卡(2016)在其对平台研究项目的批评中所指出的那样,平台研究最初是在与其他批判人文领域的贡献相对照的情况下清晰地表述出来的(如果曾经被明确表述过的话),特别是与亚历山大·加洛韦(Alexander Galloway,2004)和马修·基尔申鲍姆(Matthew Kirschenbaum,2008)的著作相关。加洛韦的思想在本书后面的章节中有更详细的讨论,他特别关注网络和数字通信,其研究不仅将技术与经济联系起来,还将之与政治、文化和意识形态相联系。他以部署在网络标准中的**协议**这一概念(以保持对去中心化系统的控制)作为出发点,广泛探讨了网络设计运作的文化背景以及网络设计对这些背景的反馈。加洛韦的视角来自媒介研究和传播学;相比之下,基尔申鲍姆是一位英语教授,他对记录技术和通过技术物件进行阅读和写作的意义特别感兴趣。他试图通过对媒体对象本身进行**取证**检查来重拾数字媒介的物质基础,比如编码在磁盘上的数字和模拟信息的模式。他指出,鉴于磁盘在数字媒体分析中发挥的关键作用,它在数字媒体分析中的缺席很让人奇怪。他以磁盘作为研究对象的转向挑战了传统上对数字的理解,即相较于文学分析的传统刻写,数字本质上是短暂和转瞬即逝的。这一领域另一位有影响力的学者全喜卿的工作则介于加洛韦和基尔申鲍姆之间(如 Chun,

---

① Commodore Amiga 是一款由 Commodore 公司生产的家用电脑,于 1985 年发布。它在当时的个人计算机市场上具有重要地位,被用于游戏、音乐制作、图形设计等领域。BBC Micro 是英国广播公司(BBC)在 1981 年推出的一款个人电脑,旨在促进计算机科学的教育。这台电脑在英国的学校和家庭中得到了广泛的采用,成为当时计算机教育的主要工具之一。——译者注

2011b)。和加洛韦相似,她的研究关注技术配置和文化意象之间的领域;与基尔申鲍姆一样,她的学科背景是英语,她关注的是恢复通过技术物、借助技术物和围绕技术物进行阅读和写作的实践。

阿珀利和帕里卡提出的批评主要集中在平台研究试图作为新的研究领域自我区分时所采用的隐含(他们声称)启发式手段,这种手段意在抛弃先前学术话语中有价值的方法和概念——他们称之为"认知门槛"。正如人们所预期的那样,作为媒介考古学领域的学者,他们认为考古学视角可能提供更多洞见,尤其是通过明确展示技术和文化演变的哪些方面或阶段在起作用。尽管他们提出了概念上的批评,但现在要完全确定"平台研究"作为软件研究领域的一个分支究竟包含什么内容,可能还为时过早——正如他们所指出的,支持者们"主要进行平台研究,而不是阐明其方法"(Apperley and Parikka, 2016, 2)。

这一领域中涌现出的大量定义性工作——围绕软件研究、平台研究、媒介考古、批判代码研究等等,无疑显示出某种程度的混乱,但也表明这是一个充满智力兴趣且具有多学科影响的领域。从英语、游戏研究、艺术和文化批评、媒介研究和批判性人文学科中涌现出一大批学者,他们围绕数字化的不同方面展开研究,探讨一系列本身就处于不断变化中的议题。对一些人来说,这可能是一种喧嚣的混乱;但就我而言,我倒是很喜欢这种富有成效的模糊性。

研究的语境

本次探索并不旨在详尽无遗,显然也未能做到这一点。我的本意也不是让读者感到精疲力尽,尽管我可能没有把握住这一点。我应为此致歉。此次探索具有双重目标:第一,从以往和正在进行的关于物质性和数字性的研究项目中找到一套可能对后续章节有价值的理论和方法论资源;第二,明确本研究可能参与的学术对话。

物质主义分析的主题和范围在不同学科领域有所差异,但其代表的策略性举措却具有一定的共通性。它开启了一个全新的空间,让我们得以在一个充斥着技术物件的世界中审视社会与文化生活。在这一空间里,我们能够(实际上,我们必须)认识到这些物件的复杂配置(intractable configurations)及其影响,而不将这些物件置于设计、解释、分配和占用的社会过程之外。也是在这一空间,我们可以超越简单断言事物宽泛的物质性,而开始审视在不同环境中变得重要的特定物质性。这一策略不仅具有概念上的重要性,而且有学科上的重要性,因为它要求我们打破传统上将分析和干预领域分隔开来的界限——技术的、政治的、社会的、文化的、空间的、艺术的、历史的、学术的、行动主义的,以找到反映实际经验复杂性和多维性的新配置,认识到所有这些不同的考量在每个环节都是同时相关的。谈论"物质主义分析"听起来好像是试图将政治、文化和历史搁置一旁,但这完全是一种误解;相反,物质主义分析力求把握特定的节点,在这些节点上,政治、文化、历史(及其他因素)被带入一种特殊且暂时的对齐状态。

在前面几页概述的诸多研究领域中,软件研究为我自身的工作提供了主要背景。当然,考虑到软件研究本身远未形成一个同质化或界定清晰的学科领域,对这一点的说明可能并没有什么特别的意义。然而,从软件研究中,我们可以找到进行同时涉及技术、社会和文化层面探索的依据,力图在代码与数字对象的具体配置中,发现它们在开发和部署过程中所体现的文化环境的表现和引发的问题。我关注的是技术作为表征性人造物和实用工具的双重性质,因此,我的兴趣不在于对代码的文本实践进行更多隐喻性的考察。我很乐意把那些用 Perl 编程语言编写的诗歌的研究留给其他人。在这里,代码的表现形态之所以很重要,是因为它充当了人类理解和机器处理之间的桥梁,其表现形态的时间性、空间性和特定性在并行组织人类事务和数字环境方面发挥了重要作用。

当然,后续的研究工作深受媒介考古学的启发与影响,即便我通常不会给自己的研究贴上这一标签。从媒介考古学那里,我借鉴了一种历史取向,审视技术设备随着时间推移所经历的多重路径,并从历史演进和积累的层面来解读当代环境。非目的论的视角也至关重要,应当认识到,与科学研究中所谓的"强纲领"①一致,对技术成功和失败的叙述需要对称。话虽如此,我在接下来的章节中探讨的技术仍然活跃在当前的数字景观中,尽管正如我之前讨论 FAT 文件系统时所提到的,它们不能被一概而论地视为"全新"。正如从新物质主义的读物中可以预期的那样,我们不能想当然地接受数字系统的身份条件,也不能将它们视为一组特定物体的集合——在技术发展、利用和重新评估的历史模式下,在与贝内特所说的"超人类集合体"的实际相遇中,我们不断放弃,然后重新创建边界、身份和实体。

这种解读当然从来都不是中立的,毕竟,当我们在数据库中"发现"的实体或在大数据中识别的对象通常是人类、社会和文化对象时,数字物质性的政治维度就变得至关重要。在这种支撑人际交流、公民责任和国家运作的各类系统中,表征实践的影响不容小觑。拉图尔提倡转向并参与到"关切事项"的方向上,他既指出了科技研究处理公共重要事务的可能性,也强调了这一责任。因此,当数字物质性与卡尔·迪萨尔沃(Carl DiSalvo, 2012)所谓的"对抗性设计"现场的专业实践和行动主义干预紧密相关时,或者当"虚拟性"修辞和"无摩擦连接"理念与例如"智慧城市"(如 Greenfield, 2014)的实际体验相冲突时,将这些数字对象视为同时具有技术性、文化性和政治性的存在来解读,便能将拉图尔所说的"关切事项"置于聚光灯下。

再次强调,这不是简单地通过将数字对象识别为物质对象来实现,而是通过考察其具体物质性来实现。如皮埃尔·勒莫尼埃(Pierre Lemonnier, 2012)所写:

> 正如我们所展示的那样,"物质性"本身,如果不与物件的某种属

---

① 强纲领(strong program)提出对"真"和"假"的科学理论的研究都应该一视同仁,两者都是由社会因素或条件引起的,例如文化背景和自身利益。人类的一切知识,存在于人类的认知中,其形成过程必然包含一些社会成分。——译者注

性、构成元素及它们制作或物理操控的机械层面关联起来，并解释这些如何与当地的社会实践和想象世界中的某个方面相联系，以及为何会有这种联系，那么它就无法作出任何解释。(128)

59　　塑造我们与数字对象互动并采纳它们的物质属性，那些导致它们转瞬即逝、脆弱不堪或顽固存在的物质属性，必须成为研究的核心。这些当然是代码的属性，但也是数据、系统、协议、配置、标准和结构的属性。最重要的是，它们不是抽象事物的属性，而是实例和实现的属性。即使抽象概念进入视野，它们通常也会作为物质事物本身出现，具有其自身的一系列物质属性。

　　我还认为，这种对具体物质属性的关注要求采取一种基于特定案例的详细实证考察方法，无论这些案例是社会实践案例还是技术对象案例（当然，通常两者兼而有之）。事实上，关注的重点并不是虚拟本身，而是虚拟如何产生（或未能产生）以及它如何得以持续——这是下一章，也是首个主要案例的主题。

第三章
在虚拟中寻找物质性：仿真的案例

2003年，匹兹堡的安迪·沃霍尔博物馆（Andy Warhol Museum）公开展出了一系列被认为已遗失多年的由沃霍尔创作的艺术作品（Heddaya, 2014）。通过与艺术家科里·阿肯赫尔（Cory Arcangel）和卡内基梅隆大学（Carnegie Mellon University）的计算机科学家合作，博物馆成功复原了沃霍尔在早期的 Commodore Amiga 个人计算机上创作的一些数字图像。Amiga 是一种在20世纪80年代深受微型计算机爱好者追捧的设备，于1985年推出，以其先进的图形和媒体处理能力为主要卖点（Maher, 2012）。为了突出这些功能，负责产品发布的公关人员与包括沃霍尔在内的几位著名艺术家建立合作关系，邀请他们使用 Amiga 创作原创艺术作品。2003年复原的图像正是出自这些作品。这些图像被储存在软盘上，收藏于博物馆，多年来一直未被注意和展示。

然而，从软盘中恢复图像的过程相当复杂。Amiga 系列计算机于1995年停产，功能正常的设备极为稀少。更糟的是，沃霍尔使用的是最早型号的计算机，运行的软件从未移植到其他平台。随着时间的推移，计算机系统会老化，而产品线的发展往往导致较新的系统无法兼容旧软件。因此，没有一个现成可用的 Amiga 计算机可供博物馆简单启动来加载和显示沃霍尔所创作的图像。事实上，尽管这些文件在 Amiga 上制作，原则上只能通过该平台访问，但在文件恢复的过程中并未用到任何 Amiga 计算机。这些图像的恢复得益于运行原始版本软件的 Amiga 仿真器——这是一款运行在当代个人计算机上的软件程序,它如此忠实地再现了 Amiga 的行为,以至于原始的 Amiga 软件无需修改即可运行。2003年,唯一能加载沃霍尔作品的 Amiga 是一台虚拟的 Amiga。

仿真器的使用揭示了一个有趣的悖论:一方面,数字化和数字信息通常与保存和档案管理实践相关联。比如,将古代手稿数字化以使其在书写材料逐渐腐朽的情况下仍可访问。或者,在更日常的层面上,有服务承诺通过数字化旧照片、胶片和录像带来"保存"家人记忆。另一方面,这些数字材料所依赖的数字设备本身并非永恒存在,甚至寿命都不是特别长。即使几年前的计算机系统,现在也都已经过时和老化。此外,想象数字媒体具有长久性还需要相当大的信念飞跃:鉴于最早的通用计算机系统在 20 世纪 40 年代才投入使用,因此事实上,目前还没有任何一种数字存储格式的持续使用时间超过 70 年。

针对这种不匹配问题,正如沃霍尔的 Amiga 艺术案例所示,一种解决方案是转向仿真,也就是使用当代数字设备来创建旧设备的仿真器或软件模拟器。例如,我第一次学习编程所用的计算机——Commodore Pet 2001,早已成为博物馆藏品,但通过使用像 VICE 这样的软件程序,我在某种程度上可以重温使用它的体验。VICE 模拟了 Commodore Pet 及相关微型计算机的指令集、软件配置和硬件架构,但可以在 Windows 和 macOS 这样的当代平台上运行。类似地,对于许多历史悠久的老式计算机系统,从高端的大型机和微型计算机(如 DECSYSTEM‑20)到 20 世纪 80 年代的廉价微型计算机(如 ZX81),都有可用的仿真器。此外,许多手机的应用商店中还包含一种仿真器,用于仿真那些深受用户喜爱但早已消失的 20 世纪 80 年代的街机游戏机。

当我在我的 Mac 上加载 VICE 仿真器并使用它来运行为 Commodore Pet 开发的一个旧程序时,是哪台计算机在运行该程序?Mac 提供了计算资源,但旧的 Pet 程序对它而言基本上是不可见的。按照当代说法,仿真技术已经在我的笔记本电脑上制作出一台虚拟计算机。这里的虚拟是一种不在场的存在,它使我们感觉似乎有一个不在场的对象可用。虚拟性的逻辑通常意味着我们的世界充斥着各种各样的"虚拟"对象：虚拟书籍、虚拟组织、虚拟现实、虚拟内存等等，所有这些都具有这种特性。即便不直接冠以"虚拟"之名，我们也能感觉到虚拟化渗透到了生活的其他方面。例如，以数字技术为中介与朋友和亲人沟通，甚至缅怀悼念所爱之人也变成了在线活动（Brubaker et al., 2013）。在这个世界上，至少在人们的想象中，网络购物取代了商业街道或购物中心，书籍、CD 和 DVD 被数字化下载内容所取代，大规模的在线课程取代了传统的课堂教学，纸币和硬币让位于在线交易。作为一个设计领域，虚拟之所以引人注目，正是因为它既复制了世界的某些方面，又提供了重新配置某些方面的机会，这些方面是我们作为设计师原本可能无法企及的（参见 R. Smith, 1986）。

"虚拟"究竟意味着什么？从彻底的数字唯物论立场出发，我们应如何看待虚拟性（virtuality）、虚拟主义（virtualism）和虚拟化（virtualization）？在本章中，我打算通过计算机仿真这一视角来探讨这些问题，因为这是这些问题得以呈现的一个典型场景。从主流话语的视角来看，这是一个双重虚拟的案例，涉及通过虚拟计算机产生虚拟对象；然而，在实践中，这个场景让虚拟性的问题变得尤为明显，或许在此，思考双重物质性而非双重虚拟性会更有启发性。

仿真与计算

尽管**复古计算**——使用仿真器来重现昔日的计算机——可能看起来有些晦涩难懂，但仿真的概念却触及了计算机科学这一学科的核心和起源。计算机科学得以成立的一项基础性成果由艾伦·图灵在 1936 年发表的论文《论可计算数及其在判定问题上的应用》（Turing, 1936）中提出。在这篇论文中，图灵对大卫·希尔伯特（David Hilbert）于 1928 年首次提出的一个开放式数学问题作出了重要贡献。该问题本质上是在询问是否可以定义一种数学语言，使得就该语言中任何陈述的有效性能够给出确定性答案。图灵证明,答案是否定的。在他的论文中,他识别了一类在算法上不可解的问题。也就是说,对于这些问题,我们无法通过检查确定是否能给出明确答案。或许具有讽刺意味的是,尽管图灵论文中的主要信息是否定的,即并非所有问题都能通过算法计算得出,但其影响却是积极的。在识别出一组无法解决的问题的同时,图灵展示了另一大类问题**可以**通过机械方式解决。迄今为止编写的每一个计算机程序都属于这一类别。

图灵的方法是想象出两种类型的机器。虽被称为"机器",但它们不是机械装置,而是数学形式,尽管它们具有明显的机器属性和想象中的组件,如磁带和光学扫描仪①。第一种类型的机器,其配置等同于一个数学函数,因此当机器运行时,其操作会根据该函数产生数学结果——可能是圆周率的数字,网络中的最短路径,或者是数值函数的固定点。图灵设想的第二种机器能够根据它处理的一组规则表现得像第一类机器中的任何一种。这就是图灵所说的"通用机器"(universal machine),现在通常被称为图灵机,图灵在论文中就这类机器展开的数学分析为当代计算奠定了基础。图灵的通用机器的规则集类似现代计算机的软件,它编码了一系列指令,使一个通用设备(计算机)能够表现得像一系列专用设备(如文字处理器、游戏机、音乐播放器等)。图灵的分析揭示了"运行软件"含义中一个常被忽视的方面,用他在论文中的术语来讲,这意味着配置一台通用机器,使其表现得像另一台专用机器。

在这个意义上,所有软件都是某种形式的仿真器。但在传统的技术语境中,**仿真器**这个术语有更狭窄的用途。仿真器是一种特定的软件,它使用一台计算机(通常称为**主机**)来模拟另一台计算机(**客机**)的运行。人们可能出于多个原因想要这么做,其中三个最为常见。有趣的是,它们因不同的时间关系而有所区分。

第一种情况是对往昔的追溯。在这些情况下,就像沃霍尔的例子一

---

① 正如历史学家托马斯·海赫(Thomas Haigh, 2014)诙谐指出的那样,图灵 1936 年的论文并不是针对真正机器的构建,就像埃尔温·薛定谔的研究并非指向猫科动物安乐死技术的发展一样。

样，人们可能希望仿真一台不复存在的计算机，以获取那些已遗失的功能、信息和软件。正如我们所见，人们这样做可能纯粹是出于怀旧之情；但对那些致力于数字资料保存的图书馆员和档案工作者来说，这种仿真形式也使得旧文档和旧软件得以继续存在。随着越来越多的材料以数字形式"诞生"，很多材料可能从未被记录在纸上，这种方式可能会变得愈发重要。如果我们将软件程序视为可能需要与文件、备忘录和其他类似的人类行为痕迹一起进入历史记录的文物，那么仿真可能是实现这一目标的唯一有效手段（Satyanarayanan et al.，2015）。

第二种情况是当前参照的需求。在这些情况下，人们可能想要仿真一种自己本可以拥有但实际并未拥有的不同类型的计算机，或许是为了运行某些仅适用于该计算机的软件。例如，大多数手机软件是在台式计算机上编写的，并且首先通过在这台计算机上运行手机仿真器来进行测试和调试，这是出于便利的考量。类似地，许多使用一台计算机的人可能会运行另一台计算机的仿真器，以便运行特定软件而无需同时维护两台计算机。实际上，这些功能可能会直接被整合到操作系统中。例如，2006年，当苹果公司开始将其计算机设计从基于 PowerPC 处理器转向 x86 英特尔架构时，他们还修改了操作系统，加入了名为"Rosetta"的功能，即 PowerPC 处理器的仿真器。这样一来，使用新款英特尔处理器的计算机用户仍然可以运行他们所拥有的、为 PowerPC 所设计和编译的、尚未移植到新处理器上的软件。

第三种情况由预期条件所标记。在这种情况下，人们可能会仿真一个尚不存在的计算机系统，这在开发新的计算机系统过程中最为常见。通过仿真新计算机的硬件，可以在硬件完全调试完成和面世之前就开始软件的开发。类似的机制也允许软件开发者能为仍在研发阶段的计算机创建新的应用程序。

除了时间维度，还有空间维度上的考虑。通过单一设备就可以仿真许多其他设备。在我的 Mac 笔记本上，我可以运行 VICE，它是我使用过的第一台计算机的仿真器；我可以运行 BeebEm，它是我拥有过的第一台计算机的仿真器；我还可以运行 SIMH，用来仿真我在职业生涯初期为支持一个研究小组而使用的小型计算机。我可以运行 SALTO，这是施乐公司奥托计算机的仿真器（Thacker et al.，1979）。奥托计算机是第一台拥有现代图形用户界面的开创性工作站，我从未亲自使用过，甚至从未亲眼见过它运行的样子①。如果我想重温早期麦金塔的运行体验，我可以访问一个网页，上面运行着用 JavaScript 编写的 Mac 仿真器②。**技术爱好者网站**（Ars Technica）最近发表了一篇对计算机游戏《**空手道**》（*Karateka*）的评测，这款游戏在评测者出生前就已经发布，通过仿真技术为新一代玩家重新呈现（Johnston，2013）。而就在我完成本章初稿时，网上流传着一篇帖子，详细描述了一个爱好者在网页浏览器内 JavaScript 仿真的虚拟 MS‐DOS PC 上启动 Windows 3.1 的全过程③。

虚拟的多样性

仿真器起源于一种被称为**虚拟机**的系统开发方法。这一概念最初由从事编程语言实现的软件设计师和研究者提出，他们专注于创建新的符号体系和系统以开发软件程序。传统上，编程语言需要被翻译成机器指令才能执行，这个过程被称为**编译**。这就给编程语言开发者带来了挑战，因为他们所开发的系统必须能够在种类繁多、通常具有截然不同的指令集和机器语言的计算机上运行。例如，大多数个人电脑和笔记本电脑采用的 x86 指令集与移动电话中常见的 ARM 处理器指令集大不相同，也不同于网络设备和游戏机中使用的 MIPS 处理器的指令集。开发者面临着艰难的选择，要么仅仅支持一两种机器语言（这意味着他们的系统在其他平台上就无法使用），要么不得不费力地将他们的系统针对不同的机器

---

① SALTO 可从 Bitsavers 的软件存档下载，下载于 2014 年 8 月 18 日，http://bitsavers.informatik.uni-stuttgart.de/bits/Xerox/Alto/simulator/salto/salto-0.4.2。
② PCE 是 Mac Plus 的仿真器，可运行 Mac OS 7 系统，2014 年 8 月 18 日访问，http://jamesfriend.com.au/pce-js。
③ Jason Scott，"The Emularity," ASCII by Jason Scott，2015 年 1 月 27 日访问，http://ascii.textfiles.com/archives/4546。

语言重新实现多次。这两种选择都不甚理想。

一种解决方案是设想一台理想化的计算机，专门用于执行用新编程语言编写的程序。程序员将应用程序编译为此虚拟计算机的指令集，随后开发一系列较小的辅助程序，这些程序能够跨不同平台执行或解释该虚拟计算机的指令。这些辅助程序相对容易开发，并且使得大部分系统代码可以跨不同的指令集重复使用。这种理想化的处理器被称为虚拟机——它在系统的某些部分扮演着常规计算机的角色，但实际上并不存在。早期的交互式编程系统如施乐帕洛阿尔托研究中心（PARC）的 Smalltalk-80 系统以及加州大学圣地亚哥分校（UC San Diego）的 p - System Pascal 实现①（Goldberg and Robson, 1983; Overgaard, 1980）率先采用了虚拟机的方法；SECD 虚拟机则是为了支持函数式编程语言的发展而设计的 (Landin, 1964)。近年来，Java 语言的出现进一步推广了虚拟机的概念 (Lindholm and Yellin, 1996)。

虚拟机和仿真机的区别在于，虚拟机是一种想象中的构造，而仿真机虽不在场，却是基于现实（或预期的现实）存在的：存在一台其行为被仿真的真实计算机，仿真可以与其行为进行比较。虚拟机往往简单、一致、易于理解，并且被设计成与软件的预期行为自然契合。相比之下，被仿真的机器可能非常复杂、结构混乱、文档不全，并且其设计初衷是服务于其他目的。更糟糕的是，仿真器不仅要模拟计算机处理器的行为，还需要准确再现内存、存储设备、输入输出设备、网络接口、音频设备等外围组件的功能。

近年来，**虚拟化**这个术语被用来指代一种相关但略有不同的技术架构，在这种架构中，单一物理计算机能够提供其硬件和资源给一个或多个"虚拟"的计算机实例使用。我在此处所讨论的当代虚拟化与仿真之间存

---

① 在计算机科学中，"implementation"或"implement"翻译为"实现"，通常指的是将某种算法、编程语言、软件系统或者工具的概念和规范转化为实际的可运行程序或代码。它包括了从编写源代码、调试程序到最终使得系统或程序能够按照设计要求正常运行的整个过程。此处提到的"p - System Pascal 实现"指的是将 Pascal 语言的 p - System 版本的设计规范转化为一个可运行的系统。——译者注

在两个主要差异。第一,仿真通常涉及两种不同的处理器类型,例如在一台 Macintosh 上运行 Apple II;而虚拟试图实现一种"同类对同类"的效果,即让单个 Intel x86 处理器表现为多个 x86 处理器。第二个相关区别是,由于仿真涉及不同的处理器,它需要一个主动的过程,逐步地随着程序的执行产生虚拟计算机。然而,在虚拟化中,目标通常是通过减少主机系统对虚拟实例上运行程序的干扰来最大化其性能,虚拟化让虚拟实例尽可能地直接在主机处理器上运行软件。因此,虚拟化并不是试图创建一个仿真的处理器实体,而是要在单一处理器平台上同时支持多个虚拟处理器的并行操作。虚拟化经常用于大规模、高性能和云计算系统。例如,亚马逊(Amazon)的弹性计算云服务(Elastic Compute Cloud)是一种虚拟化服务,用户可以通过它在互联网上动态配置和部署虚拟处理器实例。但这个意义上的虚拟化并非本章直接关注的内容,因此当我使用**虚拟化**这个术语时,更多沿用传统的含义,指包括仿真器在内的虚拟性的生成。

再物质化

将仿真置于这一语境中,清晰地揭示了它触及一种含义宽泛的文化逻辑——虚拟性逻辑。虚拟性是数字化论述的核心所在。在修辞层面上,数字现象常常与非数字等同物相对立,同时它们通过置换的概念进一步关联。因此,虚拟物——虚拟书籍、虚拟世界、虚拟组织、虚拟空间、虚拟会议、虚拟社区等等——都是数字精英们所热衷的话题。虚拟性概念标志着某种缺席——**虚拟**的指称就标志着某种看似存在但实际并不存在的东西。虚拟书籍允许我们在没有实体书的情况下阅读,虚拟乐器让我们无需实际拥有乐器就能创作音乐。

人们或许会认为,仿真是虚拟力量的最佳例证。如果软件已经彻底虚拟,那么还有什么比在**本身**就由软件这一虚拟媒介构建的"硬件"(即仿真器)上"运行"计算机更贴切的呢?然而,不在场的这一修辞却转移了我们的注意力,让我们忽略了具体实现仿真器及其所模拟设备的技术实在性。毕竟,仿真器不是简单地创造出一台虚拟计算机——一台虚拟的 Commodore Amiga 或类似的机器。相反,它是在一个主机平台上实现了这台虚拟计算机的存在——无论是运行 UAE 仿真软件的 PC,运行 Bochs PC 仿真程序的 Mac,还是运行 MAME 的树莓派(Raspberry Pi),等等。在此,我想以仿真器为例来探讨虚拟化作为**再物质化**的概念——并非远离物质去创造一个虚拟领域,而是为数字体验提供了一个新的物质基础。

从讨论虚拟化转向谈论再物质化,意味着我们将焦点从不在场问题转向了存在问题。这基于我在前面几章中介绍过的观点,即软件和数字信息有其自身的物质性,这种物质性体现在我们与之交互的过程中。那么,仿真器表现出哪些物质属性?是什么因素限制了它自己的行动?我们如何在仿真器的物质领域和主机平台的物质领域之间探寻这些关系?

在接下来的部分,我将考察在创建有效仿真的过程中遇到的一系列问题。通过这一探讨,我希望阐明实践中的虚拟性实际上可能更适合作为一种再物质化现象来看待,并尝试解答上述部分问题。在此基础上,我们可以退一步来思考虚拟性的概念,将其视为数字景观的一个方面。

虚拟计算机中的物质性问题

数字对象的物质性表征以何种方式挑战了仿真世界中虚拟计算机的概念?在此我将讨论四方面的问题——指令、时序、输入/输出和保真度的限制。

指令和表征

仿真的核心是创造出一个能够运行特定软件的环境。实质上,它所做的正是计算机理应做到的——读取一个程序并执行。为了理解其中的困难,我们需要思考一下程序到底**是**什么。

计算机程序——无论存储在磁盘上还是下载自互联网——都是一系

列指令。这些指令本身不过是数字，每个数字都对应着计算机处理器可执行的一个功能，或是该功能应作用的数据项，或是待处理数据所在的内存地址，抑或是执行流程需要跳转的位置。为什么某些软件需要通过仿真来运行呢？这是因为不同的处理器及其处理器架构（如大多数台式计算机中的 x86 处理器和大多数移动电话中的 ARM 处理器）执行不同的指令。这不仅仅是因为它们用不同的数字代码来编码相同的指令（尽管有时确实如此），更重要的是，不同架构提供了不同的指令集合——这是构成处理器操作目录的基础。这些差异源于处理器可能在硬件层面提供不同类型的功能（例如，某个处理器可能直接支持两个数相乘的操作，而另一个则可能仅支持加法，并要求通过重复加法或位移操作来实现乘法）。再次回顾第一章中关于小程序示例里提到的表征和符号之间的区别：程序描述了一系列操作，但对于实际会发生什么以及如何发生，留有许多未具体指定的空白。

构成程序的指令不仅仅是数学函数或描述，虽然可以这样理解，但也可以将其视为操控计算机运作方式的对象。正如一把插入锁中的钥匙会重新配置锁中的制栓（通常是为了开门）一样，处理器执行的指令会激活处理器的不同部分以发挥作用；钥匙并不简单地**代表了**制栓的配置，同样，指令也不仅仅是对要执行动作序列的简单描述。指令的意义是相对特定处理器而言的。在仿真问题上，这里有两点重要的考虑。首先，如上所述，由于不同类型的处理器具有不同的功能，因此，在一台处理器上有意义的指令在另一台处理器上可能就毫无意义。如果你的处理器不具备两个寄存器，你就不能简单地遵循一条将两个寄存器值相加的指令。这样一来，仿真的问题就不是简单地"找到等效的指令"——根本不存在等效的逻辑，本地资源也不能简单地"替代"被仿真的设施。仿真器通过弥补这些不足来解决这个问题——它明确地介于原始软件和新处理器之间，逐条读取指令并指导处理器以某种等效的方式行动。

指令与特定表征实现绑定的第二种方式——可以说是更复杂的一种方式——在于处理器可能存在漏洞、故障或使用限制，这些是其实现的一部分,但并不包含在数学公式中。因此,为了实现准确的仿真,仿真器不仅需要关注指令**应该**做什么,还需要关注在被仿真的计算机中它**实际**做了什么。迈克尔·希尔茨克(Michael Hiltzik)在其1999年的著作中(Hiltzik, 1999)记录了一个极好的例子,讲述了施乐帕洛阿尔托研究中心开发DEC PDP-10大型计算机"克隆体"(并非完全意义上的仿真)的历史。帕洛阿尔托研究中心的研究人员想购买一台DEC PDP-10计算机,以便运行其他学术研究机构广泛使用的为此计算机开发的软件。然而,PDP-10是施乐公司刚进入的微型计算机市场中的竞争对手,因此公司管理层拒绝批准购买。作为回应,研究人员决定不购买PDP-10,而是自己建造一个版本,与原版足够兼容,能够运行为PDP-10开发的软件。复制PDP-10系统各种元素的任务在实验室成员中进行了分配,其中研究员埃德·菲亚拉(Ed Fiala)被指派负责为浮点数学函数提供支持。在工作过程中,他发现了PDP-10函数实现中的一些小漏洞,并在克隆机上修复了这些漏洞,以保证其正确行为。然而,当克隆机接近完成,人们开始运行为原始PDP-10开发的软件时,他们发现其中一些软件莫名其妙地失效了。调查后发现,某些软件之所以失效,是因为它依赖菲亚拉已修复的那些漏洞。由于软件兼容性是新计算机的关键要求,解决方案只有一个:菲亚拉被要求将漏洞重新编程到他的实现中,使其再次出错,但出错的方式与真正的PDP-10相同。

可见,在仿真中,关注对象不仅是需要转换为适合主机处理器的另一种指令序列,仿真还需要复制和重演指令嵌入其中的整个机制——当我们将指令不仅仅看作计算动作的表示,而是看作机制的组成部分时。

时序

正如我们先前所讨论的那样,关于计算机编程的传统观点是,计算机必须被给予完整且详细的操作说明,这些说明构成了计算机程序,不能有任何细节被省略。在某种程度上,这是正确的;但正如我们在第一章中所看到的,计算机指令留下了大量未言明的内容,而这些未言明的部分在仿真中必须被重新捕捉。计算机操作所花费的时间就是一个典型例子。以 MOS 6502 处理器为例——这种处理器曾驱动了初代 Apple II 计算机及其他许多设备。机器指令序列 A1 4400 表示"从内存地址 $ 4400 处获取内容,将其与 X 寄存器的值相加以生成一个新的内存地址,然后将该内存地址处存储的值载入累加器",然而,它并未指定这一操作所需要的时间。实现准确的仿真不仅意味着执行相同或等效的指令,而且要以一种能产生相同效果的方式来执行。时序为什么重要?因为程序依赖一系列指令执行时所产生的延迟来确保屏幕活动同步,或者在恰当的时刻读取磁盘上的数据,或者在操作超时前处理中断。

这里存在两个问题:一个是尺度问题,另一个是失衡问题。

尺度问题在主机系统和客户系统之间存在显著不匹配时最为明显。仿真的主要用途之一在于前面提到的回溯,即在现代硬件上通过软件重现使用旧有甚至是不再可得的计算机硬件体验。在任何仿真中,用软件来执行与硬件相同的操作都会慢得多,因此,当我们在软件中仿真当代硬件时,性能会显著降低。当然,现代硬件通常比老一代计算机硬件快得多,这意味着在仿真老一代硬件时情况有所不同。很可能,当代的软件仿真器比被仿真的老一代硬件运行得更快,甚至快得多。这有时候是一个优势。例如,在我的第一个研究岗位上,我在 Sun Microsystems 的工作站编写软件,运行施乐帕洛阿尔托研究中心于 20 世纪 70 年代开发的原型研究计算机的定制"野花"架构的仿真器。现代仿真比原始硬件要快得多,代表着显著的性能提升。然而,在一些情况下,这种速度"优势"可能带来严重问题。如果一个仿真的游戏在现代仿真中运行速度比在原始硬件上快一百倍,它可能会快到无法正常玩。

当代计算机系统的性能与所谓的**遗留硬件**(legacy hardware)的性能之间的差异可能很大,但对于仿真器而言,问题不仅在于差异的尺度,还在于计算机系统不同部分的发展速度不一致。例如,随着时间的推移,处理器的速度普遍提高了,而且提高的速率超过了存储系统,因此,虽然现代存储系统通常比老式存储系统更快,但它们的速度增长幅度并不像处理器性能变化那样显著。为了解决这一问题，多年来计算机系统设计师开发了新的计算机架构或系统组件布局，以补偿构成系统的各个组件发展速率的不同。这些相对性能的变化可能会挑战我们在第一章中探讨图像格式时看到的各种权衡策略，因为那些权衡可能明确涉及存储速度和处理器速度之间的预期关系。

现代计算机处理器不仅仅是比旧款处理器更快，而且还拥有更大的缓存，采用了更复杂的流水线技术①，并且可能有多个内核同时运行，以此来更有效地利用相对于数据存储系统而言"过剩"的计算能力。同样地，现代图形处理器能够独立完成更加复杂的处理任务，无需中央处理器介入，这引入了另一种并行处理方式，从而带来了影响性能的又一种架构差异。架构上的这些变化不仅意味着随着系统进步，其操作的不同方面会以不同的速度变快或变慢，也意味着性能特性变得更加多变，不再仅仅依赖一条接一条指令的执行，而是依赖指令序列以及内存访问模式。为了进一步理解仿真中的时序问题，我们还需要记住一点：计算机不仅仅是由处理器组成的，其他组件——外围设备、附属电子设备和非数字组件——都涉及各自的时序考量，这些可能都需要软件来处理。

举个例子，回想一下，在液晶显示屏出现之前，大多数计算机显示器采用的是阴极射线管（cathode ray tubes，CRTs）。阴极射线管的工作原理是在荧光涂层屏幕上迅速地扫描电子束，从左到右，从上至下，快速开关电子束以使荧光涂层上的点发光或不发光。这些发光的荧光点形成了显示画面的像素，由于它们的亮度会迅速衰减，因此必须由扫描电子束不断地"重绘"。这种在电子束和荧光屏要求的时间范围内持续重绘屏幕的需要，再加上对驱动显示所需数据的提供，对早期个人计算机的设计提出了重大挑战——施乐的第一台奥托计算机用于处理显示的时间占运行时间的66%。奥托的首席软件设计师巴特勒·兰普森（Butler Lampson）在

---

① 流水线是一种技术，用于将处理器执行指令所需的各个步骤分解为单独的单元，以便处理器基本上可以"同时"执行多个指令，这些指令处于不同的执行阶段。更为复杂的流水线处理器架构将指令执行分解为更多的步骤，从而创造出更多的并行性，但也需要更复杂的同步机制。

2014 年的口述历史中回忆说，他对这个项目最重要的贡献之一就是将供给显示驱动器数据的代码执行时间从七个微指令周期减少到六个，从而使该过程占用计算机时间的比例从 75% 降至 65%[①]。

对许多微型计算机和游戏系统来说，这一设计中尤为关键的一个环节是所谓的**垂直消隐间隔**（vertical blanking interval），也就是 CRT 的电子束被关闭，并将自己从屏幕的右下方重新定位到屏幕的左上方以开始一个新绘制周期的时间段。许多软件——尤其是像图形游戏这样的程序——会特别关注垂直消隐间隔。原因有两点：第一，当屏幕没有被绘制时，可能会突然有更多的处理时间可用，这为进行更复杂的计算提供了良机；第二，当屏幕没有被重新绘制时，这时是更新屏幕上对象的好时机，这样可以避免因在绘制过程中更新对象而导致的闪烁现象。正如蒙特福特和博戈斯特（2009）在他们出版的《电子束竞速》（*Racing the Beam*）一书中所记载的那样，早期雅达利 VCS 游戏系统的程序员基本上需要围绕电子束的水平和垂直扫描的指令时序来组织他们的整个程序。

因此，在仿真器中需要再现的时序就不仅仅是处理器的时序，还包括像 CRT 电子束这样的模拟元件的时序，更不用说诸如磁盘的常规读写速度或内存的时间性能等特征。换言之，虚拟客机的生成意味着不仅要再现原始机器的数字元素，还要再现所有的非数字组件——这是对顽固存在的非虚拟因素的进一步体现。在这里，我们可以看到虚拟性论点的局限性，该论点认为一个操作在任何一台计算机上执行的难度相同，但实际上，关注的重点是整个计算组件，而其有效性衡量远远超出了程序所规定的行为。此外，仿真的实现既依赖于主机平台的物质限制，也取决于被仿真的客机的物质特性。这里的重点不仅仅在于生成有效的模拟，还需要确保两个平台间物质特性的恰当匹配。

[①] 杰弗里·R.约斯特（Jeffrey R. Yost）对巴特勒·兰普森的采访，2014 年 12 月 11 日，http://conservancy.umn.edu/bitstream/handle/11299/169983/oh452bl.pdf。

输入和输出

仿真带来的最复杂的挑战领域之一可能是输入和输出的问题——涉及如何重现和仿真图像（尤其是声音）的工作方式。这里的问题是我们前面讨论过的一些问题的反映和放大。部分困难在于，输入和输出操作超出了传统数学描述的范畴，而这些数学描述是我们理解计算机的基础。

正如我所概述的那样，计算机科学所基于的数学理论——丘奇-图灵定理——描述了一类可计算函数（基本上是一类可解的数学问题）以及能够解决这些问题的计算机制。所谓的图灵等效机是指能解决该类函数中任何问题的机器或机制。

然而，在实践中我们发现，真正的计算机——我们都在使用的计算机——既**超越**了图灵等效机，又**有所不及**。它们不及图灵等效机，因为抽象的图灵机假定了无限的存储空间。与图灵机那仅存于理论中的无限存储空间相比，现代计算机拥有**近乎**无限的存储空间——但它（显然）并非**真正无限**。换句话说，可能有些函数可以用图灵机求解，但并不一定是我们实际使用的特定计算机可以求解的，这并非因为问题在计算上不可解决，而是由于存储需求无法实现。因此，在这个意义上，当代计算机不如形式化的数学图灵机。但与此同时，当代计算机也**超越**了形式化的数学图灵机，因为它们具有图灵机所缺乏的能力，特别是在与外部世界的连接方面。例如，我们期望今天购买的任何一台计算机都能够播放音乐；然而，播放音乐所需的功能——控制扬声器或耳机连接的电压以使音乐能够被听到——是形式化的数学图灵机所不具备的。图灵等价理论是关于什么可以被计算的理论，但也止步于计算。因此，我们或许能够展示一个图灵等效机如何解码一段（斯特恩所研究的）用 MP3 格式编码的音乐描述，但无法用它来描述音乐的实际播放情况。

播放音乐的输入/输出的案例凸显了计算机系统作为物理实体和文化实体如何超出了计算的数学描述。一台真正的图灵机在市场上不会畅销，因为我们对计算机的需求，如打印文档、网络通信或与朋友开视频会议等功能，完全超出了它的能力范围。这意味着，尽管我们可能会想象图灵定理——毕竟它描述了一种可以模拟其他机器的机器——应该保证仿真是一件简单的事情,但实际上却更为复杂。对于编写仿真器的人来说,让问题更加困难的是,像网络通信和音频视频处理这类功能通常不是由计算机的中央处理器(CPU)执行的,而是委派给了由处理器控制的专门的信号处理硬件。实际上,输入/输出操作通常与处理器的操作并行处理,特别是在现代计算机中,其独立的图形处理器单元(GPU)本身高度并行,通常是比 CPU 本身(在有限领域内)更具算力的设备。

因此,正如我们在其他案例中看到的一样,不同情境之间不存在简单的直接对应关系。仿真并非仅仅是查看每个指令并发出本地等效指令的问题,而是要在所有物质特性层面上复现原始系统的全部行为。

保真度与边界

保真度显然是仿真领域中的一个重要关注点——准确无误地复现被仿真的系统的行为。这种保真度具有实用性,其范围由当前任务所限定,如复活旧软件、恢复旧数据或预测新行为等。然而,在这一界定过程中,我们发现了一个有趣的现象,即我们如何围绕计算体验的定义方面划定界限。被划定在"再现计算行为"范围内的事物显然是暂时的。例如,在内置扬声器出现之前,一些早期的计算机音乐是通过间接手段实现的:将晶体管收音机靠近计算机,并"收听"计算机电路中的电磁泄漏。复现老式计算机的无线电频率发射可能很有趣,但无疑超出了大多数仿真器的能力,甚至超出了我们想象的仿真的概念范畴。复现老一代计算机行为中其他标志性的,通常是感官方面的特性,如键盘的手感或声音、机箱的响声或屏幕的闪烁,常被认为超出了仿真领域的范围,但其他美学考量,如原生字体的重现,则可能被包含在内。

这促使我们反思计算机的边界,或者更有趣的是,反思在这些边界上发生了什么——反思计算机如何融入并存在于一个更广阔的物质和实践生态中。正如我们在第二章中从科学研究和生命力物质主义等视角所洞察到的,这不仅仅是将技术置于社会情境中,而且是认识到这些类别的边界本身就是不稳定的。与数字技术的接触是感官和情感上的，这甚至比它的实用性和认知性还要重要。鉴于复古计算的仿真工作通常由怀旧情绪所驱动，这些感官元素发挥着重要作用。其中一些元素确实属于仿真范畴，比如色彩调色板、声音等等。然而，即便我希望利用这一观点来削弱对虚拟化的解释，仿真仍建立在计算机本质化的基础上——将计算机简化为一组功能和流程，而忽视物理设备的外在形式和内在结构的复杂性，如机箱、接口、架构或端口。这促使我们思考，仿真所捕捉的**究竟**是计算机的哪些方面。

这个问题之所以出现，部分原因恰恰在于计算机操作的其他元素**可以**在某种程度上被模拟或仿真出来。数字模拟可以预测无线电频率的发射。复古计算的努力偶尔会涉及旧硬件、机箱和键盘的复原①。这些并非主流做法，然而，我认为简单地声称这些细节与实际操作无关并不够。或许更有建设性的是，我们可以观察到特定类型的物质表现符合我们对计算机是什么和做什么的理解，即使是在虚拟领域也是如此。这种观点似乎主要根植于软件性能而非人类经验，但在特定情况下，这些边界的灵活性或不确定性凸显了一种实践：某些物质表达被认为是重要的，而其他的则被舍弃。

虚拟化和再物质化

我在此着重讨论仿真的案例，因为它为我们探究虚拟性问题提供了一个特别有价值的视角。按照传统说法，软件是一种彻底的虚拟产品——它生来就是数字化的，完全存在于数字媒介中，其运作完全发生于计算机内部，可以整体从一地传输到另一地；它能够被数字复制，受加密保护，经算法处理。由此，按照同样的逻辑，仿真便呈现出了双重虚拟性：通过使用一段软件来模仿另一段软件的行为，它促成了更加彻底的软硬件分离，为一个原本就是虚拟的对象创建了一个完全虚拟的操作环境。

---

① 例如，可以参考 Retrocosm 博客上的 Retrochallenge 活动，网址为 https://retrocosm.net/2013/07/26/retrochallenge-its-a-wrap，访问于 2016 年 8 月 28 日。

然而，在实践中，这种纯粹虚拟的领域很难找到。仿真的实践似乎不是对虚拟性的追求，而更多是对物质性的深度介入——它涉及两个平台所有具体的物质限制，这些限制虽不在软件系统所标记的范围之内，却对运行软件的实际呈现至关重要。

如果说软件从表面上看是虚拟的，那么在虚拟计算机上运行的软件似乎就具有了双重虚拟性。然而，仿真并非双重虚拟，而是双重物质的：第一，作为客体系统运行的软件不能单纯被视为对一种期望行为的虚拟描述；相反，它是一种工具，用于配置由数字与模拟组件微妙交织而成的原始计算机系统中的物质结构，包括瑕疵、错误、问题、未记录的特征和不可预知的独特性。第二，挑战不在于消除这些物质层面的考量，而是在一种全新的物质环境（也就是主机系统的物质性）中重新实现它们。因此，开发仿真软件的人不仅需要留意原始计算机上处理器、内存和三级存储之间的时序安排，还需要确保这些设置能够有效地适应当前计算机中的相应组件时序安排。这样看来，仿真或许不是创建一个"虚拟"计算机来运行原始软件，更像是将原有计算机在新计算机的环境下"再物质化"。

正如前文在讨论仿真、虚拟化和虚拟机时所提及的那样，仿真所涉及的虚拟性的产生在实践中相当彻底。我在这里描述的仿真是一种相对不常见的现象。然而，以其他形式存在的仿真却极为普遍。例如，微编程是一种技术，其中计算机处理器的指令集并非直接在处理器中实现，而是通过执行更底层的处理器内部指令来生成并实现计算机的指令集。换句话说，微编程是一个比"原始"机器语言更基础的编程层次，甚至令处理器自身的硬件描述也成为某种意义上的虚拟实体。微编程简化了处理器的设计流程，加快了新技术的开发速度，并通过使处理器自身成为虚拟实例，助力在不同平台上实现兼容性设计。

尤为重要的是，所有这些过程可能同时进行。当我们运行一个仿真器（或任何其他软件）时，我们可能正在虚拟化集群中的一个虚拟实例上操作，执行实时的指令集转换，而这一切都是由一个微编程处理器支持的。在这个数字镜像的世界里，人们可能会开始质疑那些看似固定不变的指令集架构究竟代表了什么样的现实。通常我们认为软件程序被编译成针对特定处理器的具体机器语言，但最终会发现这可能只是实现特定计算行为物质性中的一站。从某种程度上来说，问题变成了：作为描述层次的机器语言的相关性或实际效用是什么？仅仅是一种惯例吗？还是制度上的便利？或者是一个劳动分工的支点？从这种深入探讨虚拟性实际生产的实践中，我们可以得出的一个教训是，应当对虚拟与物质之间的界限及其目的保持警惕。

从本章中，我们可能得到的第二个启示涉及数字表征的概念。数字系统是完全表征的；在每个层次上，数字对象都代表、指向或象征其他实体。诚然，我们对于用户交互对象的表征属性已耳熟能详，从视频游戏中的虚拟形象到桌面上的文件和文件夹或手机屏幕上的图标。但是，这种表征贯穿整个软件**堆栈(stack)**或抽象功能层。文件系统中的元数据是表征，计算机内存中的数据结构是表征，构成程序的指令本身也是表征。在这一点上，回顾第一章中出现的简单计算机程序及其所说明的理念尤为有益，那就是：使计算机系统有效运行的很多内容都**超出了这些表征的范围**。表征本身并没有被标注出来。当我们以"读透字里行间"的方式审视程序时，我们会发现为了使程序有效工作需要维持的物质限制、实践惯例以及实现预期。

这里打破的是分层抽象的幻象，即认为软件系统可以通过层层构建来有效建立，每一层都基于下一层添加新的功能。分层的概念在我们谈论网络时应用得最为广泛——我们常说云服务在 HTTP"之上"被定义，HTTP 本身是在 TCP"之上"实现，TCP 建立在 IP"之上"，而 IP 则运行在连接介质的底层硬件通信机制"之上"。这一概念的核心观点是：每一层都在增强（增加了新功能）的同时隐藏（使得系统的上层无需关心下层的细节）。这一观念并不仅限于网络领域，也是计算机科学指令和互操作的基础——处理器指令集可以抽象出实际的架构细节，提供一个硬件"层"，操作系统则在其上提供新功能，该操作系统自身创建了一个新的抽象接口，可以提供给应用程序使用。这些问题我们将在第六章和第七章中再次聚焦。

思考仿真以及在各种表现形式中寻找隐含信息的重要性迫使我们采用一种垂直而非水平的视角——这一视角"穿透"层次，理解使系统运行的机制如何被完全实现。理解一个"层次"的限制如何影响了另一个"层次"的体验——只要这种层级划分依然有意义——是后续章节中反复讨论的核心议题。

我们应该以类似目光去看待其他虚拟产品的生成。尽管本章主要关注通过仿真技术产生的虚拟计算机，但在开篇，我们的视野就已触及更多虚拟实体，比如下载到电子阅读器的虚拟书籍，数字游戏中的虚拟场景，以及在远程协作时我们向远方空间投射的虚拟化身。这些实体同样叠加了数字与平台的物质性，经历了时序的重新配置，并以一种促使我们更新分析视角的方式，展现了抽象层级在实践中的消解。无法从虚拟书中撕下一页的事实不仅仅是对其纸质书本质的一种否定，它反映的是构成不同对象的元素之间的物质关系。

因此，不应将这一论点解读为试图削弱虚拟作为一种体验的重要性，或是轻视它作为一个概念的价值。在当下的语境里，**虚拟**作为一个术语有其特定意义：这个概念的价值体现在它使我们能够作出的区分上，以及在在线与离线体验之间构建的联系上。以"再物质化"为视角解析体验，并非是为了取代虚拟的概念，而是为了凸显其产生的过程。如果虚拟性是一种成果，是部分的和暂时的，如果它不仅是技术手段的结果，也是概念、感知和话语等一系列因素的结果，那么我们的目标就是要能够观察到这些行动的发生，以便能够探究它们发生的条件及产生的影响。

仿真促使我们将注意力转向了微观层面上的物质表现。在此我们的注意力集中在数字电路的时序、平台的再物质化以及机器语言表示的兼容性方面。后续章节将逐渐扩大讨论范围，从坐在电脑前的个体，到围绕数据开展工作的团体和组织，再到大规模数据处理的本质，以及网络的制度性安排。尽管虚拟性逐渐淡出视野，但关于我们与数字互动的物质性质这一基本问题始终存在，我将持续关注。

第四章
组织生活中的电子表格和电子表格事件

上一章中,通过对虚拟性和仿真的探讨,我们获得了一个在虚拟领域内探寻物质性的契机。通过分析虚拟性是如何被创造和实现的,即麦肯齐(Mackenzie,2006b)在代码交互中所称的"实践虚拟性",我们发现很难维持虚拟与物质之间明确的概念区分。虚拟性也是物质的。这并不是说**虚拟**一词没有价值或意义,而是在考察其表现形式时,必须认识到物质性介入其中的方式。

本章我们将转向研究不同种类的数字信息对象在日常生活场景下应用时的具体物质特征。特别是,我将以电子表格为例,探讨这种数字形式如何在其使用者进行数据生成、审查、处理、讨论及日常工作过程中,体现出具体的物质性关切[①]。

电子表格事件

这一场景十分常见(图4.1):一群同事围坐在U形桌子旁开会。他们面向房间前方,那里有一份文档投影在大屏幕上,旁边有人站在或坐在电脑前操作投影。屏幕上的内容是一张电子表格,浅色线条勾勒出网格,记录了已经完成的工作和尚待讨论的事项。会议桌上散落着该表格的副

[①] 本章基于与梅利莎·马兹马尼安(Melissa Mazmanian)和珍妮特·维特西合作起草的未发表文章。

本，有的是纸质打印件，有的则显示在打开的笔记本电脑上。这次会议的目的在于评估备选方案并作出决策，而这张电子表格既是议程也是记录工具。随着会议的进行，电子表格中的网格逐渐被填充；初步提案转化为正式决定，同时电子表格的颜色、格式和标记反映了工作的进展。当会议结束时，这份协作成果便成为整个事件的档案，通过电子邮件发送给组织内的相关人员或存储在网络文件服务器上。

图 4.1　正在进行中的电子表格事件（珍妮特·维特西摄）

具体到每一次场合，细节可能有所不同：也许众人聚集是为了审阅论文反馈并为研讨会或专业会议制定议程；或许是由学术部门成员组成的团队正在审议研究生的表现或规划下一年的教学安排；也许是一群科学家在讨论最近的观察结果，并计划下一阶段的实验；也许是市议会在平衡预算请求。无论细节如何，当我们坐下来面对那熟悉的网格投影在墙上时，大致可以预料接下来会发生什么。

电子表格是一种数字文档形式。但它不仅嵌入财务规划等组织流程之中，还融入了如会议这样的组织生活实践与日常运作里，所以也是一种组织工具。而后者正是本章关注的议题，即电子表格的表现性，或者说更广义的数字媒介的表现性。我特别关注的是作为人造物的电子表格，其物质性如何与会议组织实践紧密交织在一起。

对各种技术如何影响组织生活的研究已不胜枚举。在当代,组织与其信息基础设施紧密相连,以至于关于组织的研究和技术研究几乎难以区分。数据库已经替代了纸质和其他早期形式的记录方式,电子邮件和社交媒体已成为组织成员间分享信息的标准渠道,工作流系统则编码了组织规则与程序(如 Bowers et al.,1995;Orlikowski,1993)。然而,信息技术不仅仅是增强或取代现有形式,它们还创造了新的工作方式。PowerPoint 演示文稿便是其中一个典型例子,已有多位研究者对其进行了深入探讨。在题为《PowerPoint 演示文稿及其衍生效应:体裁(genre[①])如何塑造组织中的沟通行动》的论文中,组织研究者乔安妮·耶茨和旺达·奥尔利科夫斯基(JoAnne Yates and Wanda Orlikowski,2007)展示了 PowerPoint 软件作为一种体裁如何"塑造组织行动者的持续工作"(68)。他们将这款软件视为沟通行为的一种体裁,一种塑造并限制组织工作的组织结构。莎拉·卡普兰(Sarah Kaplan)同样指出,运用 PowerPoint 进行物质-话语工作是制定商业战略的重要环节。也就是说,PowerPoint 既是思考和展示的工具,也是工作的工具,是"知识生产机器的一部分"(Kaplan,2011,321)。但这种软件"机制"并非 PowerPoint 独有,其他商业软件及视觉表达方式也在协作实验室环境中参与知识和社会秩序的构建。此外,我认为,仅仅从"体裁"的角度讨论这些软件可能会掩盖它们在实际应用中为团队完成的具体表现性和实践性工作。这正是休伯特·克诺布劳赫(Hubert Knoblauch,2013)在其关于所谓的"PowerPoint 事件"——围绕数字幻灯片演示而组织的会议和演讲——的研究中所强调的核心问题[②]。

演示软件往往与其他所谓的生产力应用程序(这一术语往往会引起会心一笑)捆绑在一起,出现在如微软 Office 或苹果 iWork 这样的软件包中。电子表格应用程序是这些软件包的重要组成部分。在各种不同环

[①] 在组织行为学和传播学领域,"genre"指的是人们用来交流信息的一种常规化的形式或结构。
[②] 我基本上遵循克诺布劳赫的惯例,使用 powerpoint 一词来泛指演示软件,使用大写的 PowerPoint 来专指微软的软件包。

境的民族志研究中,电子表格及"电子表格事件"(此处沿用了克诺布劳赫的术语)作为核心而频繁地出现不容忽视。电子表格事件不同于演示软件事件,其形态和约束条件与软件的物质性和内容密切相关。

在本章中,我以电子表格为例来研究数字物质性和社会实践之间错综复杂的关系。研究的核心问题在于:电子表格——既作为交互工具,又作为表征系统,其物质性如何塑造、限制和促成人们与之互动的各个方面?我们如何将我们的工作投射到电子表格的形式中,或从这种形式中读取一套规则、限制、潜能和机遇?物质与社会因素如何在电子表格的形式中融合?这一分析受到了组织研究中关于社会物质性的许多富有洞见的工作的启发(如 Orlikowski and Scott, 2008; Kaplan, 2011; Yates and Orlikowski, 2007; Bailey et al., 2012),但考虑到本书的写作目的,我的兴趣点在于电子表格作为一种数字形式所展现的具体表征物质性。我还借鉴了与多位同事合作完成的实证观察,这些观察涉及团队科学中的电子表格使用情况。尽管在此书中,这些材料更多被用作启发性来源而非详尽的民族志分析。作为人造物,电子表格在这类群体的实践中普遍存在;更具体而言,它们经常作为面对面决策的关键协调工具出现,这促使我们注意到其表现性的物质特征。在本章中,我的重点是 Excel 电子表格在组织中的自我呈现:这是一款商业软件和视觉组织技术,伴随并执行探测外行星的大规模分布式航天任务。这种软件之所以对任务执行至关重要,并不是因为它的隐秘代码或自动化扩展功能,而是因为它能使每个任务团队的协调和持续组织得以实现和维持。换句话说,每个团队用于规划的软件和相关的视觉界面是产生团队组织方向不可或缺的组成部分。在这个领域中,软件并不仅仅代表航天器或其能力,而是帮助科学团队履行其组织承诺并形成稳定的社会技术工作模式。

组织中的软件实践

尽管电子表格在组织生活的许多方面都占据核心位置,同时也是个人电脑中的基础软件，但对电子表格及其使用的研究却明显不足。邦妮·纳尔迪(Bonnie Nardi)和詹姆斯·米勒(James Miller)于1991年进行的一项早期民族志研究以电子表格创建为例探讨了终端用户编程(Nardi and Miller, 1991)。他们预见到了电子表格作为一种创造动态内容的方式的重要性，并指出看似个人的编程任务中所蕴含的集体特征，这一点得益于电子表格形式鼓励了修补和适应性使用。然而，电子表格的这种灵活性也引起了人们对错误风险的担忧，特别是考虑到许多组织依赖它们进行数据分析。多篇研究论文已经深入分析了这些错误，并提出了可能的解决方案和检测机制(如Panko and Halverson, 1996)。近期，一个广受争议而影响深远的经济分析案使得电子表格错误的严重性凸显出来。该案例涉及一份经济报告，它作为学术证据支持了欧洲为应对2007至2008年全球金融危机而采取的所谓紧缩政策。这些政策产生了变革性的社会影响并导致政府更迭——而如果批评人士是正确的，这一切可能源于电子表格中一个简单的编程错误，它导致分析出现偏差，并错误地暗示这些政策在过去非常有效，而事实并非如此(Reinhart and Rogoff, 2010; Herndon et al., 2014)。

与电子表格相比，演示软件，尤其是PowerPoint受到了更多的学术关注。埃丽卡·罗布尔斯-安德森和帕特里克·史文森(Erica Robles-Anderson and Patrik Svensson, 2016)的研究显示，演示文稿的影响力如病毒般传播，从公司会议扩散到白宫危机指挥室(White House situation room)[①]和加利福尼亚大型教堂等截然不同的场合。他们将这种现象置于图表和其他信息传播工具的历史背景中进行讨论。在某些情况下，与演示软件的接触可能只是偶然。例如，美国国家航空航天局(NASA)的一个研究委员会(Tufte, 2006)曾指出，演示软件驱动的演示文稿修辞风

---

① "White House situation room"一般翻译为"白宫情景室""白宫战情室""白宫危机指挥室"。这个房间最初设立于1960年代，以应对核战争等紧急情况。如今，这个指挥室用于美国总统及其高级顾问们协调和应对各种国家安全、外交事务和紧急危机。它配备了先进的通信和技术设施，以便于实时监控全球事件，并支持决策过程。——译者注

格是导致"偏差正常化"(Vaughan，1996)的因素之一，这一现象在"哥伦比亚号"航天飞机灾难前夕的项目审查过程中尤为突出。耶茨(Yates)和奥尔利科夫斯基(Orlikowski)以及卡普兰(Kaplan)等人对演示软件更直接的研究为我们提供了宝贵视角，有助于明确本章研究的特定范围。克诺布劳赫(2013)在研究他所谓的"演示软件事件"(即由演示软件而非电子文件驱动的展演场合)时，区分了分析的三个层次：**内部**层次关注幻灯片上的材料组织及围绕其产生的演讲内容；**中间**层次关注演示的整体编排，包括演讲者手势、身体语言的运用，以及演讲者、投影素材和观众三者之间的布局；**外部**层次则关注演示软件事件发生的更广泛的制度背景，探讨诸如正式性、空间布置、会议组织以及演示在会议中的作用等问题。

在这些研究中，学者们都注意到了软件在**实际应用**中的作用，它既嵌入组织体制，也体现在会计、公共表现和参与度的地方逻辑中。尽管演示软件使用了模板和形式化的程序特性，但它并未规定一成不变的使用方式：不同的组织对演示软件的展演有着不同的期望和互动方式，以满足(或者说符合或适应)组织需要。通过将 Excel 作为一个对比案例，我们可以揭示软件结构方面与其在组织使用情境下的实际应用间的一致性。具体到本章案例，则是管理一个大型的、分布式的、跨机构的技术科学团队的情况。我首先讨论了电子表格的历史及电子表格如何作为商业软件通过代码实现，然后概述电子表格在组织实践中被应用的三个方面。

电子表格的组织功能

电子表格的起源如今已成为计算机历史中广为人知的一部分(如 Isaacson，2014)。第一款电子表格程序是 VisiCalc，由丹·布里克林(Dan Bricklin)和鲍勃·弗兰克斯顿(Bob Frankston)为 Apple II 计算机开发。它迅速成为"杀手级应用"，被认为对 Apple II 计算机的成功以及个人计算机作为商业工具的普及起到了关键作用。当时，**电子表格(spreadsheet)** 一词已经存在，指的是会计人员使用的大型纸质文件，用于布局和数学建模，以反映公司的财务状况。布里克林在哈佛商学院学习期间了解到电子表格。作为一个计算机爱好者，他看到了将教授们所用的传统电子表格转化为电子版的潜力。他意识到电子化的电子表格有两大显著优势：首先，由于计算（例如，对数字列求和）将以数字方式进行，因此与纸质系统相比，计算过程更不容易出错；其次，电子表格允许会计师或商业规划者通过输入不同的数字来轻松地探索各种选项，以查看它们如何影响整个系统——这就是早期电子表格营销中特别强调的"假设"功能。布里克林和弗兰克斯顿合作将这一创意转化为了一款实用的软件产品，他们的 VisiCalc 应用程序成为早期微型计算机时代最畅销的应用程序之一。很快，其他具有相同理念的软件系统也相继出现，并最终取代了 VisiCalc，例如 Lotus 1-2-3、SuperCalc，以及微软的初代产品 Multiplan，后者后来被一个名为 Excel 的新产品所取代。

在电子表格软件的多次迭代中，有两个核心概念始终贯穿其中。第一个是**网格**。电子表格呈现为一个广阔的**单元格**网格，由相邻的行和列组织而成，就像方格纸上的正方形。单元格是编辑的基本单位——每个数字、图形或文本条目都被放置在一个单元格中，而这些单元格则被组织成一个由行和列构成的矩形网格。网格是关联、对齐、分组和引用的基础。第二个核心理念是单元格的动态性——某些单元格的内容不是固定的，而是根据**公式**用其他单元格中的值计算出来（例如，计算一列数字的平均值，或将一系列值转换为百分比）。网格的存在为了服务于公式：它提供了一种命名单元格的方法，通过坐标系统，公式能够将各个单元格连接起来。公式涵盖了布里克林最初构想中的两个核心理念——自动化计算和探索，这些都依赖能够根据用户输入的数据计算结果的公式。可以说，公式是推动电子表格设计的核心概念。

因此，网格和公式构成了电子表格的两大关键组织工具。当代电子表格软件包含了许多其他功能，比如高级图形显示机制、集成编程语言，以及与数据库和互联网的连接，但网格和公式的结合仍是电子表格作为数字文档形式的基石。然而，这并不意味着两者总是同等重要，甚至也并不意味着两者会被同时使用。例如，尽管公式是启发丹·布里克林创建VisiCalc的关键灵感来源，但许多电子表格几乎不包含任何计算。在组织生活中观察电子表格，会发现许多情况下并未使用公式，即便有输入的数字，也不是为了统计或计算。随着电子表格软件成为标配办公工具，电子表格被应用于多种用途——有些侧重公式，有些侧重网格。对于许多人来说，电子表格是一个便利的工具，可以保存列表和多种形态的结构化或模式化数据，即使这些数据不需要进行任何计算。在这些应用中，网格——组织模式及其所提供的操作集——发挥了核心作用。

在接下来的内容中，我将以电子表格文档形式的两个特征——网格和公式——作为基础，来探讨这种形式的物质性及它对相关工作开展方式的影响。为使讨论更加具体，我还引用了一些从更大规模的民族志研究中收集的经验材料，其中"电子表格事件"占据重要地位。这项研究是我与几位同事合作完成的，并在其他研究中有更详细的报告（如Mazmanian et al., 2013; Vertesi, 2014b; Vertesi and Dourish, 2011）。大部分细节与本节并不直接相关，不过，一些背景信息会有所帮助。

我们的工作涉及对一个由NASA管理、围绕外太阳系航天器开展的分布式科学合作项目进行的超过四年的沉浸式团队民族志研究。科学家和工程师们所参与的项目规模宏大：从构思、设计、建造、执行到数据收集和分析的整个过程已经持续了几十年，并且仍在继续。数百人参与了该项目，他们带来了众多学科的专业知识，从天体导航到行星地球物理学。

规划航天器活动的挑战类似于分配粒子加速器束流时间或望远镜的观测时间（Traweek, 1988; McCray, 2000），但更为复杂：必须在航天器的工程要求或限制与12个仪器团队对观测时间和资源的要求之间找到平衡。值得注意的是，这种合作本身的组织方式就像一张电子表格，矩阵的每一行代表一种仪器，每一列代表一个学科领域，而科学家大多被归类放置在行列交集处的个体单元格中。

我们在负责航天器任务的工程中心进行了民族志研究，这是NASA的员工们驻扎的合同地点。大多数科学家分布于美国和欧洲的不同机构、大学或研究实验室。每年三次,团队成员会飞往一个指定地点,进行为期一周的面对面会议(项目科学小组会议,Project Science Group meetings,简称PSGs)。在PSGs期间,团队会转换工作重心,或讨论一些全局性问题,或设定任务的战略方向。无论是哪种类型的活动,微软的Excel都是主要工具,使用方法在不同的会议环境中保持不变。

在会议现场,会有一些专门为该场合生成的电子表格,以及一些原本为其他目的(如资助提案和先前的规划)开发的电子表格,通常会被投影到房间前方的屏幕上,吸引与会者的注意力,并为团队的工作提供结构框架。这项工作通常围绕优先级确定和活动计划展开——决定在有限的时间和资源下可以完成哪些科学研究,并确定航天器操作的实际执行顺序。这些电子表格通常不具备高度动态性,它们的工作并不依赖复杂的公式结构和计算。

电子表格形式中至关重要的网格和公式概念,各自体现出了它们自己的物质性。我将逐一讨论。

网　　格

电子表格组织并显示数据项。理论上,这些数据项不一定非要在网格上排列。数据库没有使用网格,文字处理器或笔记应用也没有使用网格。事实上,我们甚至可以想象一种采用了更加自由的布局机制的电子表格应用程序——这可以想象,但很难实现。网格在电子表格的实际操作中起着至关重要的作用。事实上,许多人之所以选择电子表格,正是因为其布局结构符合他们对于列表、表格和数据集合的需求。网格是电子表格形式的物质性的基础。当我们操作电子表格时,很多时候实际上是在处理网格——导航、扩展、插入、删除和合并网格的列和行。

粒度

网格带来的首要影响在于它界定了数据的粒度。在电子表格中,单元格是最小可操作的对象,因此它成为行动的基本单位。对象可以作为组合体进行操作,但操作的便利程度会有所不同。行和列也可以被操作,但不像单个单元格操作那么容易;某些操作可以应用于任意二维块,但这些操作往往更加复杂或受限。非连续块,即由多个不相邻或形状不规则的子区域组成的数据块,通常不可定位、选择或执行操作。

因此,编制电子表格实际上意味着——无论是否明确说出——对数据分析的层次及与数据互动的方式作出承诺,这种承诺不易修订;重新组织数据集映射到网格元素的层级(用编程语言来说,就是**重构**电子表格)几乎是不可能的。当我们不仅仅把电子表格看作数据的存储库,还将其视为分析工具、互动媒介及协作和参与的结构时,我们会发现这些关于粒度的问题可能具有重大意义。丽莎·吉特曼(Lisa Gitelman, 2013)指出:"原始数据是一种矛盾的表述。"她提醒我们注意,在第一个数据项被记录之前,传感系统、科学理论和模型,以及数据收集的制度安排已经产生了影响。电子表格同样体现了对特定行动方案或分析模式的承诺。这一点之所以重要,部分原因在于电子表格往往是数据共享的媒介。数据被共享,很大程度上基于这样的理念:它们可以用于新的目的,并嵌入新的工作系统或结构中。事实上,这首先就是数据的**本质**所在,即它们独立于特定用途。然而,数据所体现的粒度,以及将数据以特定粒度编码到网格中时所允许或限制的数据操作方式,都让人对数据再利用的可能性和界限提出了质疑。

预期性网格

我们在太空项目中观察到的许多电子表格事件都集中在所谓的"航段电子表格"上,用于评估和规划即将开展的任务中涉及的科学活动。在会议期间,电子表格被投影在会议室的前面,由团队成员共同操作,并向同事们展示。然而,一开始,电子表格是以一系列空白的形式呈现的。航段(任务飞行段)横跨顶部的列标题,科学优先级则列在侧边,而单元格本身是空的。管理层的指示是让每个学科工作组坐下来,拿着一份电子表格的副本,填写与他们任务目标相关的内容。随着一周的进展,电子表格被逐渐填满，直到所有团队成员都能展示他们团队讨论的结论。

电子表格一开始并不是空白的(blank)，而是空的(empty)。网格展示出一种有待填充的结构。一旦电子表格有了数据，它同时也就展示了一个结构，用来谈及、辩论和管理这些数据。人们可以从顶部开始逐行向下推进，也可以从一侧开始逐列展开工作，或者被数据中的空白、突出点或数值驱动，但无论以哪种方式处理数据，网格都提供了一个组织结构，暗示了即将进行的工作。

换句话说，网格既**预期**了数据，也预期了行为。在数据方面，网格不仅容纳信息，还显示出更多信息应填入的位置（以及所能容纳的极限）。网格强加给数据的模式是一种可扩展的模式。随着电子表格的填写，空白单元格会促使进一步的数据输入，并展示模式将如何扩展。在行为方面，网格预示了我们将如何处理信息。也就是说，当电子表格作为会议的协调工具时，它揭示了会议可能被组织的结构——逐行、逐列、按某个值的顺序等等。这些预期的顺序预告了接下来会发生什么。

通过这种方式，电子表格凭借其预期属性成为引导讨论的重要工具。它们为对话提供了基础，决定了哪些内容属于讨论范围，哪些不属于。电子表格还确立了共同的基础和工作优先级。因此，电子表格及其形式成为行动的一部分。会议进行时，与会者在房间里走动，并根据他们的讨论内容在空白的预期单元格中添加注释。

预期的一个重要方面体现在间隙这一概念上，即数据之间的空间，这些空间可能是数据将延伸到的空间，也可能是尚待填充的空间。

这种结构属性呼应了列维-斯特劳斯(1955)对神话的结构分析。列维-斯特劳斯采用了一种方法，将神话分解为最小的句子成分，然后将它们排列在网格中以突出其组织结构。在他的方法中，网格所表达的元素之间的关系是分析的主题，而不是个别成分。元素之间的空间承载着意义。此外，网格中的空白——未被代表的元素，未被发现的成分——在结构上变得很重要，在语义上也富有启发性。网格在组织实践中体现的是对完整性的预期，以及使各个元素能够相互关联并有意义的一系列结构关系。

对齐与分离

网格将事物聚拢，但又不至于过于紧密。它使其对齐的同时也实现了分离。它创建了一个交叉点，在这里，单元格、行和列都可以拥有自己的身份，从而拥有了所有权、权威和控制权。这样一来，网格分离了数据，也划分了责任。然而，它也让数据对齐——使它们彼此相邻，或者为了比较和相互参照而排列。例如，电子表格可以在一个组织内流转，不同参与方可以将自己的行或列添加到规定的框架中，这样电子表格就积累了不同实体的观点，同时突出了它们之间的关系（例如，它们如何适配到预先定义的结构中）。与此同时，它还维护着文本元素各自独立的身份与权限。

换句话说，在由不同小组汇聚而成的组织环境中，个人或小组可以"拥有"电子表格、电子表格中的一列、电子表格中的一行，甚至电子表格中的某个单元格，也就是说，为此负责或充当了守门人。

我们的观察结果无疑反映出这类对齐现象。例如，一个航段电子表格可能会在不同小组之间传阅，逐渐被新的数据填充，每个小组负责特定的一列。这些列被结构化为等效的——每一列都以相同方式组织，但彼此独立。更重要的是，尽管它们是相互对齐的，但可以被视为各个小组单独的责任所在。在这个网格中，不同利益、不同群体或不同观点的交集变得清晰可见。例如，在我所在的学术部门处理研究生入学申请时就能看到这一点。一个电子表格出现，其中每一行代表一个申请者，每一列都记录了相关信息，例如，兴趣领域、考试成绩和面试记录。不同的人对不同因素的关注程度不同：有些人更看重考试成绩，有些人更看重推荐信。我们每个人对不同候选人的兴趣程度也各不相同。不同团队负责确保特定数据列的准确性（有些由校园招生流程核验，有些详细记录委员会的工作，还有些则反映了个别教师的行为）。

协作活动不仅是思想或行动的汇聚，也是人、团体和利益的汇聚。对齐（即把事物拉到同一水平线上）和分离（保持个体身份）的双重特性为这一汇聚过程提供了潜在支持。

公　　式

尽管电子表格作为一种数字文档完全围绕网格来布局，并由此产生上述结果，但网格并不是电子表格作为数字形式所独有的特征。电子表格的网格是对印刷或手绘表格的扩展——尽管通常以更灵活的方式——这些表格利用网格来固定和关联纸张、黑板或其他非数字媒介上的数据项。然而，电子表格的第二个关键组成——公式——却有所不同。

公式是计算明确进入电子表格的方式。然而，保持我们对数字物质性的表演性和互动性维度的关注焦点，我希望探讨的是：公式如何成为人们在处理电子表格时必须面对的对象——它们如何影响数字对象的物理形态，限制我们与其互动的方式，并在互动过程中创造出新的结构。

直接数据和衍生数据

我们可以在电子表格中区分不同类的项。有些是直接输入的数字和文本片段，我们称之为**直接（direct）**对象，比如"Paul""2016 年""3.14"。一些直接对象会被公式所引用，也就是说，它们是计算的基础。因此，如果一个直接数据项如数字 14285 是一列数字的一部分，而另一个单元格包含计算这些数字平均值的公式，那么 14285 就成为在公式中被引用的直接对象，并因此产生了另一个值。我们称这类直接对象为**基础（base）**对象，其他的为**非基础（nonbase）**对象。此外，还有另一类由公式生成的对象，我们称之为**衍生（derived）**对象。例如，包含了 14285 那一列数字所呈现出的平均值，也就是计算出来的平均值，就是一个**衍生**对象。这个数值出现在电子表格中，但它是由计算得出的结果而非直接输入的。

厘清了这些术语之后，让我们从几个方面来思考一下这些不同项之间的关系。

首先，电子表格通常被设计成遮掩了直接非基础对象、直接基础对象和衍生对象之间区别的样子，至少从视觉上看如此。如图 4.2 所示，当我查看电子表格网格时,看到摆在面前的数字 1、2、3、4 和 10,我无法判断第五个数字是直接对象(即直接输入到表格中的数字 10)还是衍生对象(用公式将其他四个值相加的结果)。我也无法直观判断一个给定的数字是否正在被用于计算另一个数字。直接对象和衍生对象在视觉上是完全相同的。事实上,在许多方面,我们被鼓励以相同的方式对待它们,即使它们存在的条件、可能改变的模式和可能导致出错的原因都截然不同。这种设计是有意为之的:电子表格旨在模仿纸质文档,其中所有的数据和对象都具有同等的地位。然而,就构成电子表格显示在屏幕上(或打印在纸上)的物质基础而言,比如脆弱性、稳健性、持久性等等,这里存在着相当大的差异。

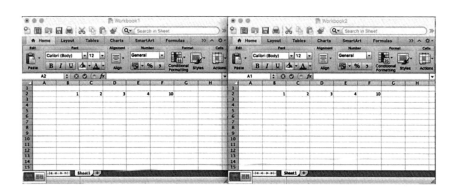

图 4.2　包含直接对象和衍生对象的两类表格的对比

注:在其中一个电子表格中,数字 10 是一个数字文本。在另一个中,它是计算的结果。两者没有直观的视觉上的区别。

第二个考量点在于元素如何从一个类别转移(slip)到另一个类别。具体而言,任何对象——无论是直接对象还是衍生对象——都可以随着电子表格的发展而转变为基础对象。无需预先标示出要从旧值中派生新值的意图,也不需要对旧值做任何处理来使其成为基础对象。在这方面,电子表格与大多数传统编程语言形成了鲜明对比,后者在结构上区分了不同类型的数据及其关联方式。这一点在考虑电子表格发展动态和轨迹时尤为重要,即电子表格如何从单纯的数据集合演变为一种通用工具。

数据对象总是潜在地具有抽象性质,其在动态计算系统中的角色并不是固定的,甚至一开始也不是确定不变的。

此外,基础对象和衍生对象之间的关系不是一对一的:一个基础对象可以产生任意数量的衍生对象,而单个衍生对象可能依赖多个基础对象。因此,微小的变化可能带来深远的影响——这种影响甚至可能并不直接可见。当我们将这一点与关系模式的视觉不可见性结合起来时,我们会发现电子表格的物质性,包括其脆弱性或稳健性,以及对变化的响应性,对用户乃至电子表格的设计者来说,都是难以衡量或评估的。更糟糕的是,正如纳尔迪和米勒(Nardi and Miller,1991)所记录的那样,实际上,电子表格可能没有任何常规意义上的设计者,它通过缓慢积累的修改和定制而逐渐形成。

动态性与内容

衍生值带来了另一个问题,这次的问题不仅仅涉及电子表格中不同元素间的结构关系,还更多地涉及电子表格在其活跃状态下(即在电脑屏幕上)或存储状态下(即在磁盘或其他存储介质上)可能呈现的不同形式之间的关系。再次回想那个只包含数字 1、2、3、4 和 10 的简单的电子表格。我之前提到过,我们无法从视觉上分辨出这两个版本:在一个版本中,所有数字都是直接值(我们称之为变体 A);在另一个版本中,数字 10 是衍生值(我们称之为变体 B)。由此可以推论出,当电子表格被保存成文件时,在屏幕上显示的数字 1、2、3、4 和 10,在变体 A 中会以某种方式同样出现在文件中,而在变体 B 中,数字 10 本身并不一定出现在文件里。举一个简单但颇具说明性的编码例子,存储在磁盘上的变体 A 大致是这样:

cell(0,0)='1';cell(0,1)='2';cell(0,2)='3';cell(0,3)='4';cell(0,4)='10'

也就是说,它包含了对每个单元格中内容的直接描述。然而,在变体 B 中,文件则必须表达为类似这样的内容:

cell(0,0)='1'；cell(0,1)='2'；cell(0,2)='3'；cell(0,3)='4'；
cell(0,4)=formula(sum(range(cell(0,0)：cell(0,3)))

这里，屏幕上出现的数字 10 不会出现在文件中，因为文件中出现的是对生成该数字的公式的引用，而非数字本身（见图 4.2）。

这一点特别重要，因为它颠覆或质疑了我们对电子文档本质的预期。关于文档数字化迁移，以及在线与离线存储库相对特性的讨论（如 Bannon and Bødker, 1997；Trigg et al., 1999；Riles, 2006）经常强调，可搜索性是数字文档的一种属性，它能显著影响文档的功能和用途（在不同的情况下可能是积极的或消极的）。同样，文档理论家（如 Levy, 1994）在探讨个人和组织如何处理、评估、理解或使用文档（无论实体的还是数字的）的问题时，一直关注着固定性和流动性问题。那么，在我们这个极为简单的例子中，可以再考虑一下这两个问题。由于数字 10 本身从未被记录在文档文件中，因此它是不可搜索的（要么根本不能，要么极其不易）——无论怎样查找文件，都无法找到 10 这个数字。搜索它的唯一方法是在计算引擎本身的框架内，也就是说，你可以加载电子表格并在其中搜索到数字，但你不能像谷歌（Google）那样跨多个电子表格搜索，以找到含有数字 10 的那张表格。此外，我们应该如何理解电子表格中数字 10 的固定性？一方面，它极其短暂——从未被存储，每次加载或处理文档时都会被重新计算，而一旦文档被保存、卸载或应用程序窗口被关闭，它便消失；另一方面，它又与数字 1、2、3、4 一样稳定，因为它由它们生成，只要这些数字保持不变，那么数字 10 也保持不变。

就我们对物质性更广泛的研究而言，这里的重点是，数字和非数字电子表格的不同物质性并不只是在一系列维度上的简单变化，比如可搜索性的强弱、稳定性的高低、流动性的多少。数字和非数字电子表格的物质性**根本无法对齐（simply do not line up）**。我们固然能够将两者进行对比，并讨论它们对特定行为的响应能力或支持特定实践形式的能力，但当我们试图描述它们各自的特性时，很快就会发现语言的局限性，这恰恰揭示了每种形式所独有的物质性特征。

记录与连接

电子表格还有一组我们尚未审视的物质性。电子表格具备了迄今为止我们分析过的所有特定属性——基于网格的结构、由公式驱动的动态内容、能够在会议室前被展示并在电子表格事件中"实时"操作的能力。但它们同时也是数字文档，作为数字文档，它们与其他数字文档共享一些关键特性，尤其是与存储和复制相关的特性。与所有数字文档一样，电子表格可以被保存、命名、存储、版本化、通过电子邮件发送和复制。它们可以上传到网站，也可以下载到 U 盘。

这些电子表格属性的平凡性使它们很容易被忽视。事实上，关于它们本身，可能已乏善可陈，但如果关注它们作为组织工具与电子表格的其他属性在实践中相互交织的方式，又会找到有趣的话题。

电子表格能够被存储、传输和复制，这意味着用上述方式使用的电子表格——在会议中作为工作文档的电子表格——也可以离开会议现场。它们以多种方式实现这一点，以服务于不同目的。当然，在很多情况下，它们作为活动记录，记录会议中实施的工作过程的结果。作为活动的记录，它们具有很强的结果导向性——它们不记录辩论、立场或分歧，也不表达暂定一致的程度。如果说会议纪要记录了过程，那么电子表格就是记录了结果，而在结果导向的组织中，这往往会使会议纪要显得多余。作为活动记录的电子表格的物质性重新构建了我们对如何追踪事务发展的认知。

除了作为活动的记录，电子表格在一些情况下还可以同时充当协议记录。再次想想太空科学会议的例子。作出这些会议所需要完成的各类决策——在有限的机会面前确定科学规划的优先级——是一个可能充满压力的过程。尽管合作者们同属一个大团队，但他们也有各自的优先事项和职业发展需求。使用仪器 A 收集数据意味着不能使用仪器 B 收集数据，但操控仪器 B 的人也需要收集数据来完成他们的工作、开发他们的模型、在期刊上发表文章，并在自己的职业生涯中取得进展。关于哪种科学更"好"以及谁的工作"值得"优先考虑的决策，毫无疑问是一个复杂的问题，在任何类似情况下都是如此。这样一来，电子表格不仅作为活动记录，还作为达成协议的记录发挥了作用：既然已经记录在电子表格中，那就按照这个执行。

这使我们关注到电子表格在会议中生成的另一组关键属性，这些属性或许与电子表格作为记录的关系不大，而更多地与其作为模板的功能有关。作为可以被存储和检索的数字文档，电子表格不仅在空间上（在人、地点和组织之间）流通，也在时间上流转。事实上，许多甚至大多数电子表格都不是从零开始创建的，而是通过修改之前的电子表格而生成。或许我们今天执行的过程与去年相同，那么我们可以从去年的电子表格着手。也许我们今天执行的流程是基于上个月流程的结果，那么我们可以拿出上个月的电子表格，看看它是否能为我们接下来的工作提供结构框架。

这样，我们就可以区分不同的轨迹。一种轨迹是电子表格和类似物件如何被纳入验证、审计和执行决策的过程之中，本质上是从一个过程转移到另一个过程，例如从决策过程流转到评估过程。我们在对太空科学的研究中看到了这方面的例子，即在规划过程中生成的电子表格随后转变为"可追溯性矩阵"，这是项目规划和管理中经常用到的工具，用于确保责任得到履行和目标得以实现。因此，电子表格的网格结构使文档的形式与任务的形式——步骤、时间线、操作流程等等——对齐这一事实意味着，该结构可以成为新型组织文档的基准，通过连续的转化过程，电子表格可以轻松地从一个过程（或过程的一部分）流转到另一个过程。

另一种略有不同的轨迹是电子表格成为先前行动的记录，从而允许该行动被重复执行。尤金尼娅·卡奇阿托里（Eugenia Cacciatori, 2008, 2012）记录了组织生活中的此类案例。Excel 电子表格充当先前组织决策的"记忆对象"，然后成为下一步操作的模板。文件成为记录，记录成为模板，模板成为常规，常规成为流程。

当然，数字文档成为捕捉并强制执行规律的模板这一观点并不仅限于电子表格。我曾经合作过的一家公司使用 PowerPoint "幻灯片组"作为其主要的文档格式，用于从项目提案到员工评估的各种场合。这些幻灯片通常不会真正被"演示"——没有人会站在房间前面逐条讲解要点，但 PowerPoint 演示文稿这种广为人知的形式结构化了信息收集和录入的方式——直接、有力，并通过幻灯片和要点组织起来，这些要点可能在之后被提取或重新排列。

尽管幻灯片也能发挥同样的作用，但作为数字材料的电子表格特别适合这种用途，因为它具有这样几个特性。

第一，再次强调网格的中心性，只是这里讨论的方式与之前我们所遇到的有所不同。我们已经了解到网格如何提供对齐、预期和协调，但它也是一种使结构独立于内容之外而变得可见的手段。也就是说，网格是电子表格这种形式产生的基础——此处是排序后的表格，另一处是摘要，这里是计算的均值，那里是总和。电子表格包含数据，而它所包含的方式是结构化它们，使它们易于理解并与可能的需求和用途建立明确的关系。这使得从实例中分离和提取跨案例通用的结构变得更加容易，并将某次过程中产生的电子表格转化为重现该过程的工具。

第二，公式的作用也不容忽视。公式表达了数据项之间的约束和关系，而不依赖具体的数值。它规定"这个单元格应始终包含该列数据的平均值"，无论实际的数据项是什么。公式编码了未来性，将可变的事物（数据项本身）与不可变的事物（单元格之间的关系）区分开来。

既然我们从未明确**需要**使用公式，那么可以问一下，为什么在某些场合我们会使用公式。为什么要使用公式来计算平均值，而不是直接手动计算并输入数据？为什么要使用一个公式来求两数之和，而不是直接写下它们的和？为什么要使用公式来计算数据项的出现次数？方便显然是一个原因，尽管有时输入公式比输入明确的数字更复杂。避免错误可能是另一个原因，尽管在公式中也容易出错并难以追踪到错误的源头。但第三个或许也是最重要的原因，是我们预期原始数据可能发生变化。我们想要的不是一个数字,而是一种确保这个数字始终保持最新状态的方法。使用公式将电子表格从单纯的数据项目录转变为可操作的工具——从一组文本和数字的集合转变为一款应用,可以用来反复达成某种目的,适用于不同情况和不同数据集。对公式的使用是一种表达,它表明了即使电子表格的内容发生变化,它仍然能够继续发挥作用,从而在文档形式内部产生稳定性。

公式和网格

可见,公式和网格是电子表格形式的具体物质性的来源——它们的粒度与稳定性、可传递性与流动性、动态性与交互限制。这些物质性反过来塑造并制约着电子表格在组织、机构或社会环境中用于执行工作、实现集体目标、生成一致性和完成任务的方式。作为一种表达方式,电子表格承载了对特定结构的承诺,这种结构不仅创造了一种看待数据的方式,也创造了一种处理数据的方式。

电子表格的替代形式

当我们将电子表格作为嵌入基于演示的会议中的数字材料加以谈论时——就像我前面描述的那样,值得探讨这样一个问题:"为何选择电子表格而非其他工具?"也就是说,如果我们把这些会议的配置与可能的替代方案相比较,即设想除了电子表格以外,还有哪些物件可能成为会议的核心,或许我们就能识别出配置中哪些具体特征至关重要,以及这些特征所传达的信息。当然,与此同时,正如我们所见,电子表格存在于数据表征的生态系统中——其中不仅有替代形式,还有与电子表格类似但关键性不完全相同的、在组织和机构实践中流通的平行形式。再次强调,思考替代方案并看到电子表格的独特属性,对于理解实践物质性尤其有用。

电子表格而不是幻灯片。 如克诺布劳赫(2013)所述,这类大型会议的主要支撑技术之一是与会议室和投影设备相配套的演示软件。这类演示已经成为商业、学术和科学环境中司空见惯的标准做法,因此电子表格的存在反而成为一个显眼的不同,值得我们深入研究。当然,由幻灯片风格的演示软件所主导的会议与由电子表格所主导的会议之间的最根本的区别在于电子表格的可塑性。一些演示软件(如通常以全屏模式运行演示文稿的 Adobe Reader)完全不支持文档的更新或编辑,其他演示软件(例如微软的 PowerPoint)则区分了"编辑模式"和"演示模式",在演示模式下,文档保持不变。我们所描述的会议侧重于文档编辑,使用电子表格则凸显了会议的目的不仅仅是传达信息,更在于审议讨论,以及会议核心文档不应仅仅是生成的,而是在会议过程中得到实质性的转化与完善。

电子表格而不是文字处理器。如果目标仅仅是专注于编辑而非展示,那么人们或许会想到可以使用其他编辑工具,比如文字处理器(甚至是在编辑模式下运行的幻灯片风格的工具)。大多数文字处理器都有我们所观察到的那种编辑表格和网格的功能(它们不具备传统电子表格的自动处理或公式功能,但如前文所述,这些功能在支撑这些会议的电子表格中并不会经常用到)。然而,电子表格能够处理的表格通常比文字处理器或演示工具所能轻松管理的更为庞大和复杂。此外,电子表格提供的对网格的具体操作——拆分、窗口化等等——都是电子表格软件特有的功能,而文字处理器或演示软件并不具备这些特性。这表明,无论是数据的复杂性还是交互的特殊需求,都特别支持电子表格软件的应用,而非其他替代工具。

电子表格而不是白板。如果会议的核心在于以网格形式来组织数据,并且要求数据可编辑、可更新,那么可以想象,根本无需电子工具,教室前面的一块黑板或白板,甚至是一张大幅的墙面挂纸就已足够。这种方式允许预先准备表格,随后填充,并(在白板或黑板的情况下)随着讨论的进展进行修改。这里再一次凸显了电子表格处理复杂性问题的优势,就像上文中将其与文字处理器比较时那样。而电子表格与白板的对比还凸显了会议的另一个重要方面，即它所产生的不仅仅是一组决策，还有一个用以表达这些决策的可分发、可存档的实体。换言之，电子表格在会议之前和之后都具有生命力——它可以在会议之前被人们准备、共享并集体创作，也可以在会议之后存储、归档、通过电子邮件发送或以电子方式分发。虽然文档是会议的核心，但它的生命周期延伸到会议之外，将会议与组织生活的其他方面相连接。

离线电子表格而非在线电子表格。 最后，尽管我在前面笼统地提到了"电子表格"，但我和同事们所观察到的会议都使用了一种特定的电子表格软件包——微软的 Excel。作为微软办公软件套件的一部分，Excel 是一款在 Mac 和 PC 平台上广泛安装和可用的领先软件产品，因此它（而非如苹果 iWork 套件中的 Numbers）成为电子表格的首选可能不足为奇。然而，仍然有必要考虑 Excel 相对于其他替代方案的优势，其中最引人注目的替代方案之一是基于云服务的电子表格功能：这些电子表格被托管在服务器上，支持分布式小组之间的协作。在我们观察到的基于电子表格的会议中，与会者通常会在自己的笔记本电脑上打开同一电子表格的副本以便于查看。由此可以想象，由在线服务器托管的电子表格将会是一个更方便的工具。在线电子表格将提供主文档的"实时"视图，并自动保持同步；不仅便于多人查看，还允许多人同时编辑，从而多人可以同时更新文档；此外，它还能自动归档，而且比 Excel 文档的使用场景更为广泛，后者可以在 Mac 和 PC 端编辑，但在平板电脑和手机等移动设备上则不一定（有时甚至无法查看）。然而，Excel 在这里提供了一个关键功能——单点控制。作为单用户工具，投射在会议室前方的 Excel 配置了一个围绕单个电子表格的空间，该表格仅由一人编辑。在线电子表格可能允许任何人编辑，但这样做就将文档的控制权从代表团队集体观点的单个人开放给了团队中的多名个体或利益相关方，他们各自可能对事情的发展都有着自己的见解。换句话说，在线电子表格允许多人查看和编辑——这经常被标榜为其核心优势——在此却成为一个劣势，因为它分散了整个团队的集体注意力和集体声音。

电子表格的物质性

在上一章中，关于仿真的讨论围绕着是什么让这些表征在特定系统中有效。在那里，不同表征系统之间的关系，例如，仿真计算机和被仿真计算机的程序，或者连接程序及其执行的系统，在阐述表征物质性及其与实践系统（如编程和系统设计的实践）的联系方面非常有用。在本章中，表征和实践之间的联系再次成为焦点，尽管在电子表格的情况下，行动的尺度和涉及的术语有很大不同。在这里，表征行为是由终端用户而非程序员实施的，事实上，终端用户是软件设计的主要焦点。在这里，这些行为也必须嵌入其他形式的专业或工作实践中，例如行星科学家的工作，以及会计师、管理者、评审员、教授或其他使用电子表格来完成任务的人的工作。在这里，我们看到了集体过程——无论是群体聚集在一起的过程、通过组织协作而链接起来的过程，还是通过专业实践联系起来的过程——发挥了更显著的作用。在这里，我们看到了一种新兴的、协作式的实践形态有了更大的发展空间——这种实践形态没有预先形式化，而是根据需要发展出来的，伴随着人们摸索如何利用技术来满足自己的需求而逐渐形成。表征仍然是图景的中心，但图景本身发生了显著变化。新的物质约束变得重要，但数字作为物质的基本理念大体保持不变，只是被带入了这个新领域。

第三章对仿真的讨论特别关注使数字表征发挥作用的技术，而在本章中，我们的注意力更多地转向了围绕数字材料的人类和组织实践。我力求凸显我们如何与数字材料共事，以及我们如何在它们的能力和潜力与我们的需求和期望之间搭建桥梁。有时，这是一个弄清这些能力和潜力的过程，也是修正（或发现新的）需求和期望的过程。两者都并未完全预先确定。随着时间的推移，我们自己的需要和诉求也会发生变化，但即使是固定不变的软件系统，也能以新的方式被应用，嵌入新系统，部署于新网络，与新组件配对，这意味着软件系统本身也具有高度的可塑性，即使不依赖终端用户编程(Nardi，1993)。数字的物质性有助于为特定类型的人类和组织实践的出现设定条件，但并不完全定义它们，也并不总是一成不变。

电子表格这一案例也为我们提供了一个研究起点，开始拆解和记录具体的物质性。我的目标不是编纂一份关于物质性的清单，而是找到一种有用的分析视角，帮助我们洞悉在人与技术相遇的过程中，不同类型的物质性如何显现及有何影响。正如开篇所强调的，我的目的不是简单断言，"看，数字是物质的"，而是要揭开特定的数字形式具有特定物质属性的方式及后果——不是简单地将其称为物质的，而是要分析其表现出的物质性。我们已经观察到了几个方面：粒度，在电子表格最初设计时基本上是固定的；引用的动态性和它如何影响应用程序的响应性，以及屏幕上显示内容与存储内容之间的关系；对象形式的可变性，以及这如何影响我们对数据的固定性和流动性的期望；不同类型的集体引用的聚类，这关乎复杂问题如何被映射到一个网格中的策略；可传输性，这不仅是数据的关键特征，也是责任和记录如何被传递的关键特征；对齐，作为维护独立数据对象及其引用对象之间关系的工具；等等。在分析人与电子表格的互动时，这些具体的物质性变得可见并富有意义。它们共同揭示了当我们采取物质主义的立场来看待数字时，哪些因素才是我们应当关注的核心。

在下一章中，我将从类似的角度来研究另一个技术组合——数据库。与电子表格一样，数据库也是一种通用形式而非具体的应用程序，尽管同样与电子表格相似，也有一系列惯例适用于它们。与电子表格不同的是，数据库通常几乎不为终端用户所见，它们嵌入在信息处理过程、网络服务后端以及其他地方，作为基础设施隐藏于终端用户视野之外，至少在它们发生故障之前是如此(Bowker and Star，1999)。数据库可以被视为我们当代数字生活的核心技术，因此，它们的物质性可能塑造的范围超出了表面所能看到的。

第五章
非关系数据库：数据库技术的物质性演变

如果说上一章探讨的电子表格向我们揭示了表征物质性可能与社会实践交织的方式，那么数据库则以更为全面深入的形式展现了这种交织。数据库不像电子表格那样直接引发用户的关注，很少有人与其直接互动。但与此同时，数据库作为核心技术，支撑着众多系统并隐藏其后：从电子商务网站到大学教学安排，从博客平台到在线图书馆。在我撰写这段文字时，我的电脑上开着 27 个浏览器标签，其中至少有 18 个是由数据库支持的网站。数据库传送我们的电子邮件和税务文件，将地图发送到我们的手机，将陪审团传票发送到我们家门口，并追踪我们的快递包裹和航班动态。

因此，数据库就不仅仅是一种被广泛应用的技术，它们还是企业、政府机构及其他组织与我们联系的基础，或许也是我们彼此之间以及我们与周遭世界相处的方式。随着记录保存日趋数字化，我们愈发将世界理解为、讨论为、思考为和描述为一种可以在数据库中编码和表示的事物。当数据库成为编码世界各个方面的工具时，世界在我们看来就越来越像是一系列"数据库化"的机会。正如迈克尔·卡斯特尔（Michael Castelle，2013）所指出的，我们所参与的数据库化的形式正是我们与组织生活的结构和模式交织的形式。

从软件研究领域早期形成阶段开始，数据库就一直受到研究者们的关注。回顾第二章提到的内容，列夫·马诺维奇（2001）在《新媒体的语言》中分析了新媒体形式，数据库在其中占据了中心位置。马诺维奇提出，数据库是 21 世纪的核心文化形式，就像小说之于 19 世纪，电影之于 20 世纪。在将电影作为一种文化形式加以讨论时，马诺维奇所指的，电影不仅仅是重要的媒体类型，他论证的是：影片或电影所关注的视觉性、叙事性、蒙太奇、叙事情节、线性、观点等等，都是我们"解读"媒体的文化或象征性手法。同样，当他提出数据库正在成为一种新的文化形态时，他的意思是数据库激发了文化创作中对形式、美学和结构的一系列新的考量。

从电影形式到数据库形式的根本转变，是从叙事性和线性到关系性的转变。数据库本身没有固有的叙事结构，数据库中的对象也没有自然的顺序性。数据库所提供的结构是一种关联——对象与其属性之间，对象与对象之间，如此等等。马诺维奇关注的不是媒体本身，而是它们的符号形式。例如，他引用彼得·格林纳威（Peter Greenaway）的电影作为类似数据库的例子，但他特别使用数据库这一概念来解析"新型"媒体（或称为数字媒体）的形式。因此，在他的分析中，超文本和视频游戏都是由数据库驱动的形式。超文本放弃了传统的线性文本，转而通过链接提供了一种更自由的形式来探索元素间的关联。视频游戏则打破了叙事序列，并依赖游戏世界中动作与反应之间的关联。这些都是马诺维奇分析框架下数据库形式的例子。

在探讨数据库的历史及结构时，马诺维奇有意将"数据库究竟是什么"的问题搁置一旁。他更关注形式而非机制，强调收集与关系性是数据库的关键要素，无论它们以何种方式实现。马诺维奇的论述集中在数据驱动媒体的抽象形式上，而不是数据库表征的物质性。尽管如此，他的论点仍具有很强的说服力，支持了一种认真探讨数据库本质及功能的物质主义研究。如果我们不仅将数据库视为文化和美学创作的构建工具，还将其视为深深嵌入组织、机构和国家过程中的存在，那么作为表征工具的数据库的本质，包括其能力、不足和局限，就显得尤为重要。因此，这成为本章的主题。

恰逢其时,就是在这一探究领域,我们正处在一个特别有趣的技术文化的时刻。因为近年来,人们对数据库功能、基础设施布置和信息实践之间的关系进行了一些根本性的重新考量,这使得更进一步探讨关联性媒体的概念如何在具体的数据库概念和数字形式的特定物质性中得到扎根的问题变得尤为合适。这种变化部分源于大规模网络数据平台的开发和部署(如 DeCandia et al.,2007),也得益于对所谓大数据技术日益增长的兴趣(如 Alsubaiee et al.,2014)。考察数据库形式的具体物质性揭示了一系列历史细节,这些细节有助于为关于数字媒体的广泛讨论提供背景,并且阐明了当代转变、错位、中断和演进(shifts, dislocations, disruptions, and evolutions)的重要性[①]。

以此为背景,本章有三个目标。第一,我将探索数据库形式的具体物质性,正如马诺维奇及其他学者所探讨的那样。也就是说,我将展示数据库形式中体现的特定类型的关系性如何受到历史和物质条件的影响。第二,我将探讨一些当代发展,在这些发展中硬件平台的演变、数据库技术和媒体体验紧密交织在一起,一方面是为了说明基于媒介物质性的论点的相关性,另一方面是为了记录在网络化的大规模数字媒体背景下出现的一种略有不同的模式,这种模式对我们来说越来越熟悉。第三,我将通过这个案例来扩展迄今为止关于数字物质性影响的更广泛的论述,将讨论从交互层面扩展到数字媒体形式如何与制度行动相交织的问题上。

数 据 库

数据库这个术语经常被含糊地使用。这不仅仅是对马诺维奇分析中该术语"黑箱化"或延迟解释的抱怨,实际上,在技术领域内,这个术语在不同的时间点也有不同的用法。仅在技术领域内部,我们就可以区分出三个层次来理解这一术语的使用。

[①] 这种方法与马诺维奇随后发展的分析形式是一致的,尽管他主要关注的是涉及当代数字媒体生产的应用程序,而不是核心基础设施如数据库技术(Manovich, 2013)。

第一层次是简单的数据集合。在非正式用语中，术语**数据库**有时仅用于表示数据或信息的积累，或许与术语**数据集（data set）**同义。然而，作为技术术语，"数据库"不仅仅是对数据量的度量。

第二层次是在计算机科学中的定义，即数据库是一组数据，至关重要的是，这组数据遵循共同的方案进行编码和组织。正如我们将看到的，数据库可能采用不同类型的方案或结构来组织它们的数据，包括记录结构、树状结构和网络结构。将数据按通用格式排列，使每个数据项都适用于一套通用操作——数据项可以被排序、比较、整理、分组、汇总、处理、转换和关联，正是因为它们采用了同样的格式。在这个层次上，数据库由两个部分组成——数据本身以及描述其组织方案的信息。

第三个常见的**数据库**用法是指实现数据格式和数据之间关系的软件系统。在计算机科学中，这些系统被更正式地称为数据库管理系统（DBMS）。像 Oracle 数据库（通常被称为 Oracle）、FileMaker Pro 和 MySQL 这样的软件系统就是数据库管理系统。也就是说，它们为程序员和终端用户提供了描述数据格式和根据这些格式处理数据集合所需的工具。

总之，数据库管理系统实现了数据库，即组织了数据集合。**数据库**这一术语有时被用来指代这三个层次中的任何一个，但区分它们既有用又重要。特别是，被纳入数据库并通过数据库管理系统实现的通用数据格式值得更多关注。

数据格式与关系模型

数据库开发的主要挑战在于确定数据项或数据对象的通用格式。例如，如果数据库要编码人及其财产信息，那么我们应该如何表示人，如何表示他们所拥有的物品，以及如何表示两者之间的关系？

这一问题的某些方面会根据不同的数据库和应用而有所不同。例如，保险公司表示人及其财产的方式可能就与搬家公司不同。而数据建模问题的其他方面更具有一般性。不同的数据库管理系统和数据库技术提供了不同的表示风格。挑战在于：找到一种方法，既足够全面以处理各种不同的应用程序，又足够统一以能够用相同方式处理每一个程序。

当代数据库系统中最常见的方法被称为关系模型，自20世纪70年代以来被广泛使用（Codd，1970）。在关系系统中，数据被组织成表格。表格的每一列都用来编码特定类别的信息。例如，表中可能有一列用来记录某人的姓名，另一列用来记录其社会保障号码。表的每一行都编码了数据项之间的关系（这就是**关系**这一术语的由来）。例如，一行表达了姓名"约翰·斯密斯"（John Smith）和社会保障号码"123-45-6789"之间的关系，另一行则表达了姓名"南希·琼斯"（Nancy Jones）和社会保障号码"987-65-4321"之间的关系。关系数据库可能包括许多不同的表格，这些表共同将不同的数据项相互关联起来。例如，在同一个数据库中，一个表可以将姓名与社会保障号码相关联，另一个表可以将社会保障号码与年份和税务申报相关联，第三个表可以将年份与总税收相关联。这种模型具有许多有用的特性。第一，它足够灵活，可以在单一通用数据模型内适应各种应用程序。第二，它允许定义一些跨多个表的操作（如插入新行、删除行、查找具有特定值的所有行、更新行中的值等）。第三，它对应于一种数学描述（关系演算），可以用来分析特定操作的属性。第四，它支持一组优化方法（数据库规范化），已被证明可以提高系统性能。

自20世纪70年代关系模型被引入IBM颇具影响力的System R以来，它已成为商业和独立数据库技术中的主导模型（Astrahan et al.，1976）。与此同时，结构化查询语言（Structured Query Language，SQL）作为一种与关系模型协同设计的可编程数据库访问和操作符号，同样已成为数据库编程传统而正式的标准。考虑到IBM在20世纪70年代同时涉足硬件设计、软件生产和计算机服务业务，IBM引入关系模型的事实对我们接下来的讨论非常重要。但在继续这个话题之前，我们应当注意到，尽管关系模型成为主流，但它从来都不是唯一的解决方案，从而将其置于更丰富的背景之下。替代方案是存在的——有些早于关系模型，有些则是后来开发的。简要考察这些替代方案将有助于我们更好地理解关系数据处理的物质性。

关系模型的替代模型

为了进行比较，让我们简要地考虑一下关系数据模型的替代方案。这里的目的不是详尽无遗地列举所有可能的模型，而是概述一些替代方案，以便探讨在实际系统中出现的不同形式的具体物质性。我将重点关注三种模型：层次模型、网络模型和属性-值模型。

在层次模型中，基本结构不像关系模型中的表格，而是一棵树（尤其是计算机科学中常见的倒置树，即树的"顶部"或**根部**只有一个单一对象）。对象以树状结构连接，看起来很像家谱树。每个数据对象可能是多个其他对象的**父对象**，而这些子对象又可能成为其他对象的父对象。树是一种递归数据结构，因为每个子组件——归属于任何给定数据节点下的元素集合——本身也是一棵树。树结构支持一系列操作，包括在树中上下移动、移动和合并其**分支**，以及在子单元上执行搜索。正如关系数据模型没有指定放置在表中的对象之间的特定关系一样，分层模型也没有指定"父/子"关系所隐含的关系。它可能描述部分/整体关系（例如，在系统进化树中，生物体被组织成种、属、科等），也可能描述机构关系（如组织汇报关系树或学术导师与研究生的关系树）。

网络模型进一步放宽了限制（见图5.1）。在网络模型中，数据对象在任意结构中通过链接相互关联，链接可能有多种**类型**。例如，一种链接可能是"IS-A"（是一个）链接，它连接了表示某物的对象与表示该物所属类型的对象。举例而言，"克莱德（Clyde）是一头大象"这一陈述可能在数据库中通过"IS-A"链接来编码，该链接将"克莱德"这一对象与"大象"这一对象相连接，后者可能与表示其他大象的对象有类似的链接。同时，它还通过"HAS-A"（有一个）连接到代表"尾巴""象鼻"和"皮肤"的对象，结果形成的是一个由相互关联对象构成的网络，可以通过描述对象和对象类别之间关系的链接来导航。与分层模型类似，链接没有预定义的含义。正如数据库程序员会创建一系列与他们正在工作的特定领域相匹配的对象一样，他们也会在建模过程中开发一组合适的链接类型。

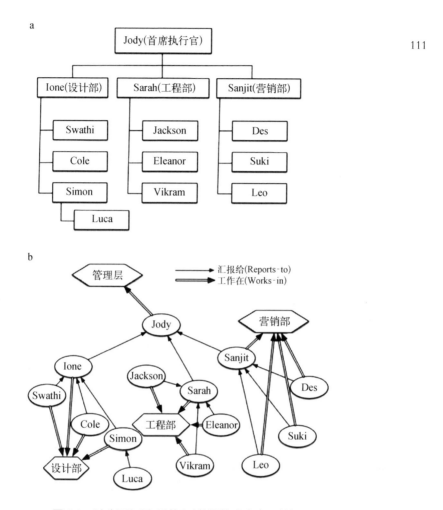

图 5.1 以分层(a)和网络(b)数据格式来表示数据

网络模型放宽了层次模型的链接约束,而属性-值系统则进一步放宽了这些约束。属性-值系统由一系列无序且非结构化的数据对象组成,每个对象都有一组属性(这些属性本身也可能是无序和非结构化的)。例如,一个人可能具有描述其国籍、出生日期和居住城市的属性,一辆车可能有描述其颜色、品牌和型号的属性。显然,这种做法与关系模型中使用表格来组织对象属性的方式类似,但在属性-值系统中,属性与特定对象直接关联,而不是存储在一个用于保存多个对象数据的表格中。也就是说，在属性-值系统中，每个人不仅可以有不同的属性，还可以有**一套**不同的属性。这适用于各种物品可能在不同情境下使用的情况。例如，我可能认识很多人，但我对不同人的了解取决于我遇到他们或与其相处的情境，因此我对学生的属性记忆与对同事、朋友或服务人士的记忆不同。属性-值方法非常广泛，在略有差异的情境中，它有着不同的名称：它也被称为"实体-属性-值"和"键-值"。尽管名称略有不同，但核心思想是一样的。

这些表示和储存数据的方法大多早于关系模型。事实上，推动关系模型发展的动机之一就是希望开发一种统一的方法，能够更彻底地分离抽象数据模型和特定机器表征，这一点被认为是网络模型存在的问题。此外，科德（Codd）努力将他的关系数据库系统建立在一个可以进行数学推理的代数基础之上，这使其在高性能和高可靠性应用场景中极具吸引力。然而，替代方法仍然存在，特别是在人工智能研究等领域，它们被视为更"自然"的方法，可用于模拟人类知识实践。事实上，层次模型和网络模型现在更可能出现在人工智能教科书中，而不是数据库教科书中，而属性-值机制被认为是人工智能研究的基础性内容，以至于它们被整合进像Lisp编程语言这样的基础架构之中（Steele and Gabriel，1993）。

在这些替代形式之间的关系中，我们可以找到第一条线索，说明表征模型的具体物质性如何要求对马诺维奇关于数据库作为文化形式的论点进行更深入的阐述。马诺维奇对数据库的分析主要基于抽象描述与具体数据项之间的关系这一基本要素，这显然是数据表征的主流模型（即关系模型）的一个特征，但并不是数据库本身的固有特征。这种关系更具体地根植于特定类型的计算平台，而不是一般的数字领域。随着这些平台的变化，他的分析基础也会随之变化。但在考虑这些变化之前，让我们来考察一下关系模型的一些具体物质性。

关系数据的物质性

与其他类型模型相比，关系模型的一个关键特征是它在数据库的结构和内容之间创建了分离。数据库的结构——在技术上称为模式（schema）——定义了一组表格和表格的列，以及每一列将包含的数据类型（如数字、日期和文本项）。数据库的内容是实际存储在每个表中的数据，即构成每个记录的数据项。定义或构建数据库就是设置数据库模式的过程，随后使用数据库则是添加、删除、更新和搜索构成其内容的数据记录的过程。这种分离既是在时间层面，也是在空间层面。它在空间层面，因为数据库模式与数据被分开表示；它在时间层面，因为必须在输入任何数据之前设置模式（也因为在许多情况下，一旦数据被输入，模式就很难或不能更改）。

相比之下，在层次数据库和网络数据库中，结构和内容之间没有分离：在这些模型中，数据项之间直接关联。在关系模型中，数据项之间的关系由数据库模式定义。而层次数据库、网络数据库以及属性-值系统（通常）不会将结构具体化并将其作为一个独立的问题来管理。

结构与内容之间的分离使关系数据库获得了许多优势。首先，这种分离意味着数据库操作变得统一，因为它们都将符合预定义的结构。其次，它允许系统优化数据库性能。由于系统预先知道将要处理的数据类型，因此可以采用专门用于特定结构的高效算法，而不是灵活但低效的算法。

结构和内容之间分离的重要性在于它们各自的可塑性存在根本差异。内容是无限可塑的，事实上，这正是数据库最初的意义所在。数据库的开放性、灵活性和可扩展性体现在符合模式要求的内容上。然而，模式本身则要僵硬很多。尽管大多数关系数据库都提供了允许在数据库结构中添加或删除列的机制，但这种变化非常受限，并且会使现有数据内容失效，从而进一步限制了它们的使用。

数据库作为一种通用形式——无论是作为工具、研究产品还是协作平台——的一个特点是其暂时性（provisionality）。马诺维奇赞扬了数据库相对于电影和文学形式对叙事的抵抗能力。他认为，由于用户可以自由地在数据库中穿梭，这就为多种不同的叙事可能性打开了大门。除了这种叙事上的暂时性，数据库还提供了档案上的暂时性，因为数据库可以被扩展和修改，其内容能够持续更新。实际上，我们通常认为数据库是动态且不断发展的，而不是固定不变的。例如，在前一章中，我们看到电子表格比数据库更容易被纳入间歇式的归档模式中。然而，叙事和档案的暂时性主要与内容相关，而关系数据库的结构则相对难以改变。因此，数据库具有暂时性，但这种暂时性是有界限的。它是开放的，但这种开放性仅限于最初设定的结构条件。它邀请新用户加入，作为查看者、编辑者和贡献者，但模式的结构在很大程度上定义并约束了观看、编辑和贡献的条件。

因此，当我们考虑数据库形式的物质性时，我们需要根据第一章中提到的原则来进行思考：数据库完全由比特组成，但这些比特并不等同。有的比特更容易改变，有的比特更加重要，有的展现出更大的灵活性，而有的则更固化。数据库不仅仅是比特的集合，就像飞机不仅仅是原子的集合一样。如果说数据库具有可塑性、可扩展性或可修改性，那么它之所以如此，并不仅仅是因为它在计算机中表现为电信号或磁盘上的磁性痕迹；可塑性、可扩展性和可修改性也依赖特定约束条件的维持，正是这些约束条件使得**这一特定集合**的电信号或磁迹能够作为一个数据库来运行；在这些约束条件的框架内，新的物质性需要得到承认。

关系数据物质性的重要性不仅限于其结构形式，这些结构形式也伴随着特定的程序性要求。事实上，对数据进行编码的能力和对这些编码进行操作的能力是关系模型的两个不可分割的方面。正是在数据库处理领域，我们发现了当代数据库物质性转变的根源，因此，接下来我将转向探讨处理关系数据的问题。

处理关系数据

关系数据库以表格形式对数据进行建模。表格中的单个条目，类似于打印表中的一行，描述了数据项之间的关系。对这些表的基本操作包括更改数据项、插入新关系（即在表中添加一行）或删除关系。然而，我们在应用程序中想要执行的许多任务往往涉及多个数据库操作。例如，将钱从一个银行账户转到另一个银行账户,这可能涉及改变表格中两个不同关系的值(描述发起账户余额的关系和描述目标账户余额的关系)。这类多步骤操作存在潜在问题,因为从应用程序的角度来看,如果操作在中途被中断,或者同时有其他操作被执行,可能会导致不一致的情况(例如,在某个时刻资金会同时存在于两个账户中,或者同时在两个账户中都不存在)。为了解决这些问题,数据库设计了一种机制,将主要操作聚合成**事务**(transactions)。事务将基本操作打包成不可分割的逻辑单元,与应用程序中的具体操作相对应。

传统的关系数据库在执行事务时遵循所谓 ACID 属性。ACID 是事务处理中四个基本属性的缩写,即原子性(atomicity)、一致性(consistency)、隔离性(isolation)和持久性(durability)。它们是关系数据库事务处理系统必须遵循的属性:

原子性意味着事务以一个不可分割的单元得以执行——要么完全被执行,要么完全不执行。

一致性意味着数据库在每个事务执行结束时(也因此在执行任何其他事务之前)处于一致状态。

隔离性意味着每个事务的执行如同它是系统中唯一正在执行的事务。换句话说,任何事务的执行都是独立的,或者说与其他并发执行的事务是隔离的。

持久性意味着一旦事务完成执行,其影响就是永久的。用户可以选择更改数据,但数据库内部的任何操作都不会撤销已经提交的事务。

ACID 属性最早由詹姆斯·格雷(James Gray,1978,1981)定义,并已经成为数据库实现的基石。随着新的执行模型和软件架构的出现,保持 ACID 属性确保了依赖数据库功能设计的应用程序的一致性和有效性。虽然 ACID 不是唯一的数据库一致性机制,但它的应用最为广泛,尤其适用于高可靠性的应用程序。

ACID 属性描述了关系数据库系统中事务执行时所遵循的约束条件。通过这种方式,它们建立了关系数据模型(在科德看来,它以其普遍性和数学基础为特征)与更注重算法和性能的处理模型之间的联系。尽管在提及传统数据库处理时,"关系型"和"事务型"这两个术语几乎可以互换使用(因为几乎所有关系数据库都是事务型的,并且几乎所有事务型数据库都是关系型的),但它们强调了系统的不同方面。

卡斯特尔(Castelle,2013)指出,事务处理是组织实践和技术系统之间的重要纽带,并有说服力地提出,这是解释关系模型成功的一个重要因素。我在这里对事务处理模型的关注点在于它如何将关系模型与特定的执行环境及其物质安排联系起来。

关系数据处理的物质性

正如我之前提到的,关系模型是由 IBM 的研究人员开发的,并首次在 IBM 的软件产品 System R 中实现。System R 之所以引人注目,有多个原因:它引入了现今广泛用于关系数据库系统的编程语言 SQL 的第一个版本,并展示了关系模型可以被高效地实现。从很多方面来看,System R 可以说是当今大多数数据库系统的先驱。

然而,IBM 不仅仅是一家软件供应商,它还是一家具有影响力的硬件开发商。IBM 不仅向客户销售和租赁其硬件设备,同时提供计算机外包服务。数据库服务是 IBM 业务的重要组成部分。因此,当 IBM 掌握了新的数据模型和事务处理框架时,它也能够进一步发展其计算机架构,以提高执行关系数据库事务的性能,并定义用于评估数据库系统的基准和衡量标准。

实际上,我们可以合理地认为,对 ACID 属性的识别和定义促进了数据库领域的发展,或者至少推动了所谓的"ACID 体制"的发展,这一体制涵盖了支持高事务吞吐量系统的软硬件开发。ACID 属性为关系数据提供了一个处理框架,并将每秒事务数作为系统性能的衡量标准。此外,它们也为硬件功能(如缓存行、存储系统接口等)的发展设定了背景,这些功能的价值通过它们对基准测试的影响来评估。数据库行业最初采用了一项源自 IBM 内部的性能基准(称为 TP1),从而使得关系数据模型、ACID

处理框架、为高效执行而设计的硬件，以及基于标准化模型评估事务处理性能之间形成了相互促进的关系。

在 ACID 制度中，我们看到了高度交织的社会物质配置在发挥作用。高性能数据库架构被设计用来充分利用最新的硬件和机器架构开发成果，而硬件设计是为了支持数据库软件实现的需求。同样，数据库系统的开发是为了满足商业和企业应用程序的需求，而这些需求又是在数据库系统的能力与可能性基础上形成的。如果我们将数据库通信和集成的成本视为"交易成本"——罗纳德·科斯（Ronald Coase，1937）在其经典论文中将其描述为市场经济中组织结构形成的基础之一——的一部分，那么数据库技术的物质配置，即硬件平台的架构及其与适当设计的软件系统结合时提供的能力，就可以被视为嵌入组织生活和商业安排的基本结构之中。科斯指出，在市场交易中除了商品和服务的基本价格之外，还存在其他成本。例如，如果我想请外部机构来清洁我的房子，我必须使我的房子对第三方来说变得"可打扫"，比如将易碎物品与普通家居用品分开（这需要时间，因此需要花费金钱）。或者，如果要将旅行安排委托给旅行社，我需要详细说明我对航空公司、飞行时间、首选路线和停留安排的偏好。基于此，科斯表明，决定某一特定职能（如律师事务所的文件管理、大学的餐饮设施或政府机构的信息技术支持）应由内部提供还是外包给市场的关键，在于实际提供该职能的成本与让市场处理所涉及的交易成本之间的关系。在高度技术化的操作中，数据库互操作性无疑是一个重要因素。这不仅因为建立两个数据库间的兼容性涉及交易成本，而且当职能分散在两个或更多不同的数据库系统上时，还可能涉及丧失 ACID 属性或监控这些属性的额外成本。这意味着我们可以看到计算机系统结构与使用这些系统的组织之间存在着一种双向互动的关系。

变化的物质性

因此，"数据库"这一在软件研究发展中已占有理论界注意力的概念需要被拆解。数据库比比皆是，不同的数据模型有着不同的限制，并以不同的方式适应不断演进的硬件平台。

当前是一个特别有趣的时期来探讨这个话题，因为许多相关要素正处于重新评估的过程中。虽然关系模型一直存在替代方案，但最近在商业模式、应用需求、数据库技术和硬件平台方面出现的具体且协调一致的变化，正在重塑数据库，凸显了从物质层面解读数据库实践的重要性。两种趋势促成了这一变化：一是分布式处理在互联网服务中的应用，二是对大数据应用日益增长的兴趣。

我们可以通过思考性能问题来理解这一点。数据库性能的提升需要哪些条件？一个条件来源于软件，通过开发新算法和数据结构来优化数据库处理。与此同时，硬件的进步也非常重要，因此另一个来源是新型处理器设计带来的更高性能，以及符合摩尔定律所描述的持续进步，至少直到最近仍是如此。第三个来源是改进的内存和输入/输出架构，它们能以更高的速率在存储系统和处理器之间传输数据。

然而，近年来最显著的性能改进与某种形式的并行计算有关，即同时执行多个操作的能力。一些最早的并行计算机引入了同时对多个数据项进行操作的功能。从20世纪70年代开始，商业化的**矢量**(vector)或**数组**(array)处理器被优化用于以相对可预测的方式处理大量数据，通常应用于科学计算中（例如信号分析或物理现象模拟），这些场景下大量数据需要经历相同的处理步骤。不过，这类技术对于数据库处理来说并不直接适用。相反，数据库技术更多依赖能够同时执行多个独立指令流的并行形式。

这些并行性的形式通常根据数据流之间共享其他资源的程度来区分。在最小级别上，单个处理器可能拥有多个可以同时工作的功能单元，通常用于整数或浮点数学运算。在这种情况下，所有资源都是共享的，甚至包括指令流，但不同指令的不同部分可能会同时执行。在下一个级别，**多核处理器**——包含多个"核心"或独立子处理器的处理器——共享计算机系统的所有资源，包括内存、缓存和输入/输出设备，但可以同时执行多个指令流或程序。几乎所有的现代个人电脑和智能手机都采用多核处理器。再往上一级别的并行阶段，多个处理器可能通过共享总线连接到同一内存。而在更高级别，多个处理器可能各自拥有自己的内存和总线，但连接到相同的存储设备（例如磁盘）。

随着并行处理程度的加深，系统中并行元素之间共享的资源越来越少。这种趋势的最终形态被称为**"无共享"**（shared-nothing）架构，在这种架构中，计算机系统由一系列通过网络连接的独立计算机组成。无共享架构在不同领域出现，但其主要驱动力是支持可能有数百万松散连接的全球用户同时使用的网络应用程序的需求。相比之下，数据库并不是人们采用无共享架构的核心应用领域之一，尽管事实上，"无共享"这个术语是由数据库研究员迈克尔·斯通布雷克（Michael Stonebraker, 1986）在一篇早期文章中首次提出的，该文章指出了这种架构在数据库设计中的优势和挑战。

在网络发展的早期，通常由标准台式计算机组成的大规模无共享集群被证明是一种有效的方式来解决这些应用程序的需求，因为它们可以（通过简单地添加或移除计算机）来轻松扩展或缩减规模，并且非常适合同时为大量用户提供服务。

当然，挑战在于如何协调这些设备的操作，并能够编程使它们协同工作。2004年，谷歌工程师杰弗里·迪安（Jeffrey Dean）和桑杰·格玛瓦特（Sanjay Ghemawat）发表了一篇描述谷歌软件服务基础的编程模型的文章（Dean and Ghemawat, 2004）。这种机制被称为 MapReduce，其本身并不是一个惊人的创新，但在特定背景下，它已被证明具有极大影响力。这里的背景包括对与之兼容的分布式文件系统的同时期描述（Ghemawat et al., 2003）、谷歌自身高度可见的成功，以及与谷歌及类似服务相关的硬件平台的转变。谷歌在硬件方面的策略并不是依赖高性能的主机系统，而是利用大量中等性能的计算机，通常是标准的个人机。许多其他公司也采用了这种方法。MapReduce 提供了一种编程模型和基础设施，允许计算任务在这些大规模且可变的计算集群之间分布和协调。可以说，至少对于某些类型的应用程序而言，像 MapReduce 这样的系统提供了高性能的计算平台，而无需进行巨额的高性能硬件投资。然而，细节决定成败，特别是在这里提到的"某些类型的应用程序"这一点上尤为重要。

MapReduce 机制的核心在于将问题分解为两个步骤：**映射（map）**和**规约（reduce）**。**映射**步骤将单个大型计算任务转换为一组可以独立完成的较小任务，每个任务产生一个单一结果。**规约**步骤则将这些独立的计算结果汇总合并成一个单一的解决方案。在 MapReduce 编程模型中，程序员面临的挑战是如何将问题编码为映射和规约操作。例如，为了找出在某文档中出现频率最高的词组，我们可以将主要目标映射为一组并行任务，每个任务都会计算单个单词的出现次数，生成一个单词计数的数组，然后通过规约步骤选出我们感兴趣的最频繁出现的单词。再比如，如果要统计一个城市中美甲店的数量，可以将城市划分为一平方英里的区块，同时统计每个区块内的美甲店数量，最后汇总这些结果。通过这种机制，我们实现了某种程度的可扩展性，即根据数据集的大小，任务可以在不同规模的普通计算机集群上执行。

然而，这一成就也伴随着一定的代价。其中一个代价是对应用程序的支持差异。有些任务更自然地适合 MapReduce 模型，而其他任务可能需要牺牲某些功能才能适应该模型。例如，用于统计城市中美甲店数量的方法不能直接应用于道路数量的统计，因为道路可能会跨越区域边界，这意味着当任务分解涉及空间分布时，各个决策并非完全独立。另一个相关的问题是系统内可实现的一致性程度。基于 MapReduce 且依赖众多小型计算系统独立但协调操作的系统，可能无法达到 ACID 规则下所要求的一致性水平。这里的一个关键问题是，在执行规约阶段之前，处理每个映射任务的单元之间没有通信。

MapReduce 至少在两个方面产生了深远的影响。首先，它是支撑谷歌自身服务（包括网络搜索、邮件、地图、翻译以及许多人日常所依赖的其他服务）的基本机制。其次，它对其他公司也产生了重大影响。例如，MapReduce 模型的开源实现 Hadoop 已被易贝（eBay）、脸书（Facebook）、葫芦网（Hulu）和领英（LinkedIn）等众多互联网公司采用为核心基础设施。

　　与 ACID 属性相似，MapReduce 是更大系统中的一个组成部分，但它封装了一套更为复杂的计算配置机制。作为一种编程模型，MapReduce 与特定的硬件配置风格紧密相关（即灵活扩展、由中等性能且相互连接的计算设备组成的集群），并因此也与一种特定的数据存储方法相联系。在与 MapReduce 架构相关的集群计算或云计算模式下，传统的关系型数据存储作为应用元素常常被大规模非正式组织的数据对象集合所取代，这些数据对象通过广泛的关联连接在一起。如果银行账户是在 ACID 环境下管理数据的典型示例，那么脸书的照片集就是关联存储的一个典型示例——这是一个大规模的、"标签化"数据对象的非正式集合，在这里对一致性的要求相对较低（即使两个用户看到"保罗的照片"集合时出现短暂不一致，通常也不会造成严重问题）。同样地，正如 ACID 体系一样，我们发现技术能力和商业用途之间存在着错综复杂的关系，这种关系不仅受到计算机制造商开发的硬件平台的影响，还受到了像亚马逊、Rackspace 和 SoftLayer[①] 这样的服务提供商所提供的商业计算设施的影响。Hadoop 这类软件使得跨可扩展计算节点集群部署计算服务成为可能；结合虚拟化技术，这些系统让可扩展的集群资源能够作为商品服务进行销售，同时促进了新硬件配置的商业生产力；而这些服务的存在又催生了新的云计算应用程序的发展，这些程序以分布式访问、低集成度以及松散一致性为特点。再次强调，这些趋势互相影响，并且与特定类型用户体验的兴起密切相关，例如社交网络和即时更新通知服务的普及——这些都是所谓的"Web 2.0"的基本框架。

　　那么在 MapReduce 的世界中，数据库会发生什么变化？正如我们所见，关系数据模型及其支持的基于 ACID 的事务执行模型与大型计算平台共同演化，但 MapReduce 属于一种替代平台，这个平台由异构的商用

---

① 本书中一些服务商、公司或系统没有通用的中文译名，因此保留英文原名。

处理器集群组成,并通过网络互联。在这种本质上去中心化的系统中,维护严格的 ACID 属性就变得非常困难,因为 ACID 所需的一致性与 MapReduce 集群计算的大粒度并行处理通常是不兼容的。对此出现了两种应对策略:第一种是构建数据存储平台,它们模仿了一些传统的执行模型,但在某些约束上有所放松,就像 Spanner(Corbett et al.,2012)这样的系统,稍后我将更详细讨论。第二种则是完全摒弃关系/事务模型,这一做法促成了诸如 MongoDB、FlockDB、FluidDB 等一系列替代性数据管理平台的产生,以及 Silt(Lim et al.,2011)和 Hyperdex(Escriva,Wong and Sirer,2012)等研究产品的出现。这类系统通常被称为非关系模型(NoSQL)数据库(如 Cattell,2010;Leavitt,2010;Stonebraker,2010),这表明它们明确地定位为关系-事务型数据库的替代方案(因为 SQL,即结构化查询语言,是编程关系-事务数据库的标准方式)。

因此,尽管 MapReduce 作为一种新的平台架构的编程模型引发了数据库技术的重大创新和变革,但这绝不意味着一切都限于 MapReduce 本身。这些新的数据库平台有助于在一类新的硬件架构上的有效和高效的实现,但它们并不一定需要这些特定的硬件架构。相反,它们实现了一种不同于关系模型的替代方案,这种方案可以在广泛的潜在平台上实现。它们不再与特定的硬件配置绑定,而是体现了在表现力、效率和一致性之间的权衡取舍,并提出了一套全新的标准来评估数据管理工具。通过重新审视这些权衡,它们也支持了一系列新类型的应用程序,在这些应用中,响应速度、分布式特性、非正式操作以及用户互动的重要性得到了提升。

我们在这里看到了三个独立的问题交织在一起。第一是大规模计算机硬件的替代架构的出现。第二是数据管理的替代方法的发展。第三是一系列采用不同方法处理终端用户数据管理需求的新应用程序的兴起。这三个方面相辅相成,彼此促进发展,但没有一个可以单独被视为主导因素——这构成了一种阿多诺意义上的"星座"。对这个星座的物质解读关注的是它的具体属性,正是这些属性塑造了表征实践和数字数据的表现形式。

非关系数据

"非关系数据库"(NoSQL database)这个术语——一种带有价值倾向的行业术语,并不指代单一的具体实现或概念模型,而是指一系列设计,这些设计以不同方式回应了对关系型方法感知到的问题。这些问题可能是概念性的、技术性的、实用性的或经济性的。针对不同的问题,设计者们提出了不同的解决方案,因此在概括这些设计时应当保持谨慎。然而,把这些设计放在一起考虑时,我们可以看到一些模式,这些模式既体现在对关系模型替代方案的动力上,也体现在这些替代方案的形式上。这些模式开始揭示表征技术和表征实践之间的关系类型,这是我们研究和讨论这一主题的最初动机之一。

推动非关系数据库发展的主要考虑因素之一是需要将它们方便地整合进 MapReduce 框架中,该框架在松散耦合的独立计算机集群上实现,而非紧密耦合或单体式架构上。开发人员也在寻找更贴近当代编程语言(尤其是面向对象语言)惯例的数据模型,以及放宽一致性约束以换取(在并行处理中不必须紧密协调时)更高性能的处理模型。这些考虑因素相互并不独立。例如,在松散耦合的分布式系统中,事务一致性所带来的处理成本更高,而面向对象的数据模型和编程框架经常应用于基于云和 Web 2.0 风格的编程系统(这些系统本身通常建构在基于集群的服务器上,而不是大型主机上)。

非关系数据库数据管理的最常见方法之一是属性-值系统(有时也称为键-值系统)。在关系模型中,基本元素是表,它描述了数据项之间的关系;而属性-值系统则是围绕数据对象构建的,这些对象通常直接表示了建模领域中的元素(如人员、页面、应用程序或照片)。每个对象都关联着一个非结构化的数据值集合,其中每个数据值都与一个标识符或**键(key)**相关联。因此,如果我想将自己关联为某个特定数据对象的所有者,我可以使用键"所有者"将值"Paul Dourish"与该对象关联起来。当然,这与我们在讨论前关系模型时看到的基本属性-值模型是相同的。这种模型在很大程度上被关系数据库取代,但在新系统架构背景下,它再次变得有趣起来。

预期的交互模式是程序会获取一个对象并查找与键相关联的值（例如，查看哪个值代表对象的"所有者"）；在不知道键的情况下查找特定值是否与对象关联通常是低效的，甚至不可能实现。在这种情况下，核心的数据库操作包括向对象添加新的键/值对、更新与对象关联的键对应的值，或者检索与对象关联的键对应的值。在某些实现中，键和值的配对直接与对象关联，如上所述；在其他实现中，可能没有锚定对象，而只是一个非结构化的键/值对集合。

这样的数据库中可能存在很多对象，但通常没有正式的结构将它们组合在一起。同样，通常也没有正式的结构去描述哪些键与哪些对象相关联。尽管特定程序可能采用约定的俗称（例如，使用"所有者"键），但键和值通常直接与对象关联，而不是在对象必须遵循的模式中定义。在这个意义上，数据是"非结构化"的，因为没有正式的结构规定或限制可以与对象关联的键。

这种布局具有许多特性，能够满足上述特定需求。由于对象相对独立，可以相对容易地分布在计算机集群的不同节点上；同样，键/值对之间也是相互独立的，因此也可以进行分布。此外，对每个对象的操作也是独立的，可以在多台机器上执行而无需过多协调。因此，在 MapReduce 框架下，属性-值系统可以通过多种较为简便的方式进行管理。操作可以"映射"到对象上，或者"映射"到键上，在这两种情况下，都可以利用 MapReduce 方法以较低的成本执行操作。对象和键的相对独立性也为利用分布式资源的复制策略提供了一个便利的起点，尤其是在那些读取数据比写入数据更频繁的应用程序中。Dynamo 系统是由亚马逊公司设计并用于其网络服务应用的一个分布式属性-值系统，它是遵循这种模型运行的非关系数据库的早期且有影响力的示例（DeCandia et al., 2007）。

虽然属性-值系统是非关系数据库中的一种常见方法，但其他方法也试图在不断发展的技术环境下保留更多关系模型及其提供的数据一致性和可靠性保障。例如，谷歌的 Bigtable（Chang et al., 2008）是一种内部开发的基础设施，为谷歌的许多应用程序提供数据库服务，并且部署在谷歌的分布式基础设施上。为了充分利用这种环境并提供高可用性，Bigtable 数据库分布在多个服务器上。Bigtable 提供了表格格式，但不提供传统的关系数据库模型。它没有提供事务处理功能来将数据库操作聚合成更大的块以维护 ACID 属性。此外，考虑到局部性问题（即数据如何聚类）和存储问题（数据是否足够小以便存储在主内存中以加快访问速度，还是必须存储在磁盘上）的重要性——这两个问题在传统数据库系统中通常被明确隐藏起来不让应用程序和开发者直接处理，Bigtable 为应用程序开发者提供了控制这些方面的机制。

后续系统 Spanner(Corbett et al.，2012)的设计者明确地将注意力转向了恢复在 Bigtable 开发过程中所丢失的传统关系数据库元素，包括事务一致性和关系表（或其变体）。此外，他们还列举了 Spanner 相对于 Bigtable 的一个优势，即使用类似于 SQL 的查询语言。这种查询语言类似于 IBM 的 System R 中引入的查询语言，并且随着时间的推移，已经发展成为国家标准(ANSI)和国际标准(ISO)。

对事务语义和基于 SQL 的语言的推崇，反映了另一种深层次的物质性，这超出了当前讨论的直接范围，即特定的标准、期望和概念模型与编程系统如此紧密地交织在一起，以至于尽管软件的灵活性和可塑性备受推崇，但某些接口因被普遍使用而几乎成为固定不变的标准。在这里，关系型数据库和键/值数据库方法的可替代物质性，以及它们带来的后果，更值得我们关注。

从数据库到大数据

与非关系数据库、MapReduce 技术以及分布式网络服务的发展并行，大数据作为技术、商业和科学的范式，对当代数据库技术的研究和实践产生了巨大影响(Kitchin，2014；Boellstorff et al.，2015)。**大数据**既是一个营销术语，又是一个技术术语。显然人们可能会质疑其定义所依据的标准（数据需要多大才能被称为大数据），但作为一种范式，我们确实可以识别出一些关键特征来辨别其在当代的表现形式。大数据通常涉及对大规模、动态性和不断发展的数据集进行信息处理和模式识别，这些数据集通常反映了人类和自然系统的实时记录——信用卡交易、投票模式、健康数据、气象事件、化学传感器读数等等。支持者通常使用"三个V"——数据量（volume）、多样性（variety）和速度（velocity）来描述大数据系统操作的数据集①。**数据量**是大数据系统最显著的特征，即它们涉及处理大量数据。但重要的不仅仅是数据量。**多样性**反映了数据项可能是不同类型这一事实。大数据系统通常整合来自不同来源的多样化数据，而不是整合统一的记录。最后，**速度**涉及数据生成的速率。在很多方面，这是最重要的考虑因素。大数据系统在许多情况下不是处理数据集，而是**数据流**——实时产生的数据项序列，这些数据项可能接连不断地快速到达。例如，如果想要实时响应信用卡交易数据（以便检测潜在的欺诈交易）、股票市场交易数据（以便分析交易模式）或高速公路交通传感器数据（以便管理进入高速公路的车辆流量），那么我们立刻可以看到，数据可能会极速到达，并且处理这些数据不能依赖仓储和离线分析。

正如我们在讨论驱动非关系数据库发展的压力时所见，大数据系统的特征对传统关系型和基于 SQL 的数据库系统的基础构成了压力。随着数据量的增长，快速扩容的需求也逐渐产生，这意味着与上述网络服务案例类似，大数据技术通常也采用无共享硬件平台（这种平台不依赖大型共享存储或共享内存，就像 MapReduce 算法开发的集群）。然而，尽管许多网络服务可以使用定制技术构建，但这些技术在更具探索性的数据分析形式中效果不佳。因此，早期的大数据系统开发人员经常发现自己在寻找类似 SQL 提供的系统化查询和数据处理机制。像脸书的 Hive 或雅虎（Yahoo）的 Pig 这样的查询工具在 MapReduce 系统上提供了类似 SQL 的数据管理

---

① 在讨论大数据时，**真实性**（veracity）有时也被作为第四个 V 来强调数据潜在的不确定性或不准确性。博尔斯托夫（Boellstorff）及同事（2015）提出了"三个 R"的概念，而德博拉·卢普顿（Deborah Lupton）则提出了"十三个 P"的概念（参见"The Thirteen Ps of Big Data," *This Sociological Life*, May 11, 2015, https://simplysociology.wordpress.com/2015/05/11/the-thirteen-ps-of-big-data）。在数据领域，人们自由地在字母表中创造新术语。

语言。根据我在加州大学欧文分校研究这些问题的同事们的说法,"超过60%的雅虎 Hadoop 作业和超过 90%的脸书作业现在来自这些更高层次的语言,而不是手写的 MapReduce 作业"(Borkar et al., 2012, 46)。

基于这些经验,他们一直在开发一个名为 AsterixDB 的系统,这代表了数据库科学领域对大数据问题的一种回应(Alsubaiee et al., 2014)。AsterixDB 的开发者区分了大数据处理系统的两个方面——分析/计算引擎(通常由类似 Hadoop 这样的批处理 MapReduce 引擎提供支持)和存储引擎(例如非关系数据库系统)(Borkar et al., 2012)。他们指出,正如我们所见,这些系统通常协同运作,但他们也观察到它们的不匹配是效率低下和缺乏灵活性的根源。毕竟,传统的数据库技术将存储和处理结合为一个整体;而大数据系统的架构风格则通常将那些独立设计且目标不同的组件结合在一起,它们之间的分离意味着系统一部分的效率提升不一定能够传递给其他部分。

鉴于重新整合这些组件的必要性,他们开发了一个新平台——他们称之为大数据管理系统(big data management system,BDMS),而不是数据库管理系统(DBMS)。这个系统旨在支持多种不同的查询和存储范式,但同时实现紧密集成,并直接支持流数据和存储数据。

与非关系数据存储的兴起一样,像 AsterixDB 这样的设计反映了传统数据库的表征物质性与现代平台、应用程序和架构之间的冲突。重新组织软件架构以更好地匹配存储和处理需求,以适应架构安排和大规模数据集的特性,这指向了数据库及其实现的具体物质属性。

数据库物质性

鉴于我们的原则是不仅要关注广义上的物质性,还有那些塑造表征实践并反过来被表征实践所塑造的具体物质属性,那么在非关系数据库和相关新方法的兴起过程中,哪些属性至关重要?这里,我将讨论四个关键属性——粒度、关联性、多重性和收敛性。

粒度

正如我们在前一章的电子表格案例中所见,粒度涉及系统内被关注和操作对象的元素大小,因此也就涉及它们可能代表的实体。这里,粒度的重要性似乎再次凸显。关系数据库涉及在三个不同的尺度上进行操作——数据值、关系和表格。SQL 控制语言中的不同命令将直接作用于这些不同尺度的实体(例如,UPDATE 指令作用于数据值,INSERT 作用于关系,CREATE TABLE 作用于表格)。这些之所以重要,是因为表征策略——现实世界中社会的或物理的对象或现象在数据库符号和比特流中如何表示——会对在特定数据库中执行操作的难易程度产生影响。举例而言,如果标量排列的方式让我们能够轻松地将街道和房屋作为系统中的独立对象来处理,那么构建分析邮政路线之类的系统就变得相对容易。但是,如果一个房屋必须始终以几间房间的集合形式来表示,那么分析供暖系统变得更容易,但分析产权就变得困难。

这些考虑部分是编程艺术的一个方面,反映了构建数据库的设计选择,但它们受到底层技术的表征可能性和物质性后果的制约和影响。因此,作为表征和符号问题,粒度是一个直接关联数据库技术实现的具体方面(如缓存大小、内存结构、查询计划生成和编程语言集成)与数据库表征"范围"(包括它们可能表示世界中的哪些对象、可以实现何种形式的一致性、可以与哪些动态事件的时间性相关联,以及它们更新的难易程度)的考虑因素。关系数据库主要关注关系,即数据值之间反复出现的结构性关联,而非关系数据库则倾向于关注对象;关系数据库建立了数据值、关系和表格之间的层次结构,而非关系数据库倾向于在单一粒度级别上运行,即使它们提供聚类机制,也是为了让程序员能够控制系统性能的某些方面,而不是作为一种表征策略。

关联性

与粒度的物质性问题相关的是**关联性**问题。不同的数据对象如何聚集和关联?是什么将它们捆绑在一起并允许它们可以作为集合而不是单个对象进行操作？在此，我们再次观察到关系模型和非关系模型方法之间的差异，这种差异对于那些数据库支持的技术的表征和操作具有重要影响。在关系系统中，数据对象通过数据值中的特定模式进行关联。这种关联有两种主要形式。第一种形式出现在表格内部，通过根据表中一个或多个列中存储的值将对象聚集在一起来实现。例如，我们可以使用SELECT语句来识别所有薪水超过80 000美元的经理，或者查找所有由麻省理工学院出版社出版的书籍，或者查找在特定日期之间进行的所有星体观测。在这些情况下，我们会搜索表格并查看特定的列，以找到哪些记录(关系)将被返回以供进一步处理。第二种形式是使用数据值跨多个表格聚集数据。在这种情况下，人们通常使用关键特征将关系整合在一起。例如，如果我有一张表格将人们的姓名与他们的社会保障号码相关联，另一张表格将车辆的车牌号与车主的社会保障号码相关联，那么我可以使用社会保障号码创建一个新的合并表格，将人们的姓名与他们的车牌号码相关联。再如，如果一张表格将产品的通用产品代码映射到价格，另一张表格将通用产品代码映射到超市的销售数据，那么我可以使用通用产品代码将价格与销售数据链接，从而找到结账时的总"收入"。在此，数据值的模式被用来跨不同的表链接和关联记录。

然而，大多数非关系数据库实体的属性-值系统在很大程度上以不同的方式运行。在此类系统中，存在两种截然不同的关联形式。

第一种形式是将特定值与数据对象关联。这与数据库关系的关联方式类似，但有一个关键区别——这里的值直接属于特定的对象，而不是作为一个抽象关系的实例出现(这与关系模型中的情况不同，关系模型将数据及其在模式中的一般描述分开)。键和值(可能类似于关系模型中的列名和数据值)彼此紧密关联。而不同的值(类似于相关联的值)即使是针对同一个基础对象，也松散关联。这种不同的排列形式导致了数据分布和一致性的不同模式(见下文)，并影响了这些数据在特定实现中的移动方式(包括它们在不同节点甚至不同数据中心之间的迁移方式)。

第二种形式是在属性-值系统中描述一个基础对象如何链接到另一

个对象。在某些系统中,与键关联的值可以是指向另一个对象的指针。这允许对象"链式"相连——形成一种将第一个对象与第二个对象、第三个对象、第四个对象等依次关联起来的模式。这让我们想起了之前讨论的**网络化**数据模型。实际上,属性-值系统经常用于构建这样的网络,因为它们与关系系统相比有另一个关键区别——它们没有作为数据结构抽象描述的模式。网络结构自然地映射到基于网络的应用程序的交互模式上,包括社交网络应用程序;然而,对于需要跨数据项汇总、排序和聚合信息的分析应用程序,它们提供的支持却较弱。再次强调,与其他很多情况一样,问题的关键不在于特定操作是否可行,而在于在特定的编程环境中,这些操作是否高效、便捷和自然。在关联性问题上,与其他物质性考虑一样,数据存储的结构和符号属性涉及对特定处理模型和信息系统开发与部署环境的承诺,这揭示了技术基础设施与社会环境之间的关系。

多重性

数据库被用于协调分布在世界各地的任务和活动,性能提升变得至关重要,计算机系统越来越多地被构建为多个处理单元的集合。伴随着上述趋势,数据库设计者越来越依赖复制技术,即创建数据项的副本,并将其存储在不同位置,以便更快地访问。数据复制特别适用于那些读取频率远高于更新频率的数据。虽然更新这些复制的数据比更新集中存储的数据需要更多的工作量,但对于频繁访问的数据来说,能够在多个地方同时获取这些数据是非常有益的。

正如我们所见,数据模型(例如关系模型、网络模型和层次模型)是一种将日常世界的各个方面编码进计算机系统的符号策略。复制,作为一种数据库系统试图优化其性能的方式,是在数据模型提供的结构内产生的。因此,可以复制的不是"关于我的银行账户的信息"或"与我的书相关的文件",而是表格和关系,或者任何对数据库有意义的数据对象,而不是对用户有意义的数据对象。

在探索粒度和关联性问题时,我们实际上是在探究数据对象如何在系统内部变得"活跃"。根本上,我们关心的是数据库既要作为一种表征形式,也要作为一种有效的实现形式。也就是说,数据库不仅是人们用来表示和推理世界的一种符号系统,同时也是一个指导和组织计算机系统运作的工程产物。数据模型具有双向指向性,这正是数据物质性如此重要的原因。

多重性使我们将之前对粒度的关注扩展到了考虑不同表征形式如何适应不同的实现策略,包括多种复制策略,进而适应系统性能的不同方法。在这里,我们再次发现"数据库"不仅仅是一个形式上的构造,它同时也是一个具有特定表现形式的具体对象,这些表现形式使其在特定使用情境中特别有效。**多重性(Multiplicity)**——在多个表现形式上协调一致地操作的能力,这些表现形式从另一个角度来看是'相同'的——体现了对具体性以及与不同数据库结构方法相关的各种约束的关注(Mackenzie,2012)。

特别是,多重性的处理方法涉及分区的机会,即系统能够作为多个独立实体短暂或长时间运作。一个简单的例子是,即使你的计算机暂时与网络断开连接,数据库仍会继续运行(这意味着至少在一段时间内,你自己的电脑上和服务器上可能都存在数据的副本——这些副本可能需要稍后合并)。使用云服务的用户对于这些副本所带来的同步问题非常熟悉(稍后将详细讨论)。总的来说,这表明数据建模的粒度,也关系到我们访问数据的粒度,甚至是我们所遇到的数字实体的特性(例如,一个笔记本电脑是否看起来是一个独立于它连接的服务器或云基础设施的设备)。

多重性及副本管理通常被视为数据库的一个纯粹的"内部"特性——一个实现上的细节,通常对系统的其他部分、界面和功能没有影响,也常常被隐藏起来。同时,它还被视为独立于底层数据模型所暗示的符号表征系统(因此也无法用该系统来描述)。尽管如此,这些物质层面的考虑仍会在交互中"渗透"出来。

收敛性

多重性问题引出了数据一致性的问题,而一致性问题又进一步引发了收敛性问题。在分布式数据库中，收敛性描述了临时不一致性（例如，当数据库的一部分已更新而其他部分尚未更新时所产生的不一致性）最终是如何得到解决的。也就是说，不同的更新路径最终如何收敛到一个一致的结果。我们可以将其视为多样性和分歧的稳定化或规范化，能够实现收敛的数据库是指那些最终能将局部不一致性整合为一致整体的数据库。

从物质主义的角度来看，收敛性有两个方面特别值得考察。第一个是有限一致性的问题，以及数据库与使用它们的软件系统之间的关系；第二个是收敛的时间性问题。

有限一致性指的是特定系统能够容忍一定程度的不一致性。例如，在一个银行系统中，账户余额通常需要绝对一致，但客户名称拼写中的小错误可能是可以容忍的，至少在短期内如此。因此，如果客户在自动取款机（ATM）进行转账操作，那么这些详细信息必须立即且一致地在系统的其他部分更新；但是，如果他与柜员交谈以纠正拼写错误，那么在当天营业结束前将这些信息传送至中央系统就足够了。

软件系统通常结合了一个用于存储的数据库系统和一些管理应用程序具体细节的应用程序特定组件。例如，一款电脑游戏可能依赖一个记录了关于对象和地点详细信息的数据库，然后依赖一个实现游戏规则的应用程序特定组件。当我们谈论有限一致性时，我们通常讨论的是这两个组件之间的关系。数据库组件中的不一致性可以在多大程度上被应用程序逻辑所容忍？这两个组件之间的边界在哪里？它们之间的分离又有多严格？

传统的关系数据库系统凭借其事务语义为这些问题提供了一种解答。事务语义确保任何不一致都不会对数据库之外的组件（包括其他软件）"可见"。用户或软件客户端请求数据库执行某些操作，而数据库在执行这些操作时保证了可观察的一致性。换句话说，一致性的保证也意味着在数据库与其他组件之间保持分离。组件之间的通信通道狭窄。当我们开始允许有限一致性时，我们也将在某种程度上"开放"数据库的某些操作给外部审查，并拓宽通信通道。这对软件系统的其他方面产生影响，包括编程语言的选择、生产环境以及软件组件在不同地点的物理分布。应用程序逻辑和数据库功能的耦合度越高，选择的自由度就越受限。

收敛的时间性——数据一致性的时间节奏和动态变化——进一步展示了数据库中物质性和实践的交织。在最基本的层面，我们必须关注数据传播时间和网络延迟，这是数据在数据中心内的多个节点之间分布，或在不同的数据中心之间分布带来的结果（甚至在一个表面上"单一"的计算机的不同组件之间。这样的计算机总是由许多组件构成，包括从寄存器到磁盘的存储系统层级，各自都具有不同的时间特性）。更抽象一点，我们必须关注解决冲突所使用的算法的计算复杂性，这些算法本身依赖数据的结构方式。但也许比简单的"需要多长时间"这个问题更重要的是"收敛的时间性如何与使用的时间性相关"。例如，为交互用户提供服务的应用程序通常比计算机性能慢（因为大多数系统可以在人类眨眼间执行数千次操作）。尽管如此，我们可以观察到，当数据库在社交网络应用中提供标记照片服务时，与在多人游戏中以每秒三十帧的速度渲染三维对象时，它们在时间动态上有着根本的不同。

此外，数据库解决冲突的时间性意味着有时候从用户的角度来看，时间似乎会倒流。也就是说，为了实现收敛，系统可能需要撤销从用户的角度来看已经完成的冲突操作。换言之，收敛不仅仅要解决不一致性的问题，而且要以一种显然合理的方式来完成，这种合理性可能受到人类用户的时间逻辑的影响；同样，这个过程的时间性必须与用户的实际体验和其他相关的外部活动相协调。

与前面讨论过的其他属性一样，收敛性问题塑造了不同元素如何组合以形成系统的可用选择，并突出了构建这些元素的约束条件。在时间和结构上，收敛性凸显了不同组件之间的耦合性质，包括数字系统与外部世界的耦合。因此，它对任何关于"数字系统如何运作"或"数据库做什么"的简单解读都提出了质疑，暗示特定的数字表现形式——为物质安排所塑造，又反过来促成了物质安排的形成——必须在其具体特性中被理解。

物质性结果

在前一章中探讨电子表格为我们提供了一个机会,让我们了解到表征物质性是如何为组织行为的演变提供一个框架。数据可以被操纵的具体形式反过来决定了我们围绕这些数据所能进行的讨论类型以及它们可以被用于何种目的。简单说"它存储在数据库中"或"数据库跟踪我们的数据",未能捕捉到当代信息环境的复杂性或现实情况。数据库的操作方式塑造了其作为管理手段或控制形式所包含的内容。

当然,与电子表格相比,数据库更加灵活,并且通常不作为用户界面直接可见。然而,它们作为计算机化管理工具的核心角色意味着它们的物质性更为重要。例如,布鲁贝克和海斯(Brubaker and Hayes, 2011)记录了在网络环境中,人类身份的各个方面如何映射到数据库结构上,以及这些映射带来的后果;海姆森等人(Haimson et al., 2016)特别关注了与性别身份转变相关的问题,以及当数据库的约束条件影响我们与机构的沟通或影响彼此之间的自我呈现方式时所带来的问题。类似地,柯里(Curry, 1998)从丹尼斯·伍德(Denis Wood, 1992)关于地图如何被用于说服、传播、塑造理解和加强权力的研究出发,展示了地理数据库如何因其自身的表征承诺同样具有偏见和存在问题。一系列广泛的关注点——从数据驱动的**审计文化**作为一种责任导向的组织管理形式(Strathern, 2000),到当今对大数据和统计机器学习带来的机遇的兴趣——使数据库在个人、组织和公共生活中的许多领域日益占据中心位置。正如我们应对"原始数据"一词声称的客观性保持警惕一样(Gitelman, 2013),我们也应该关注数据库基础设施作为表征工具的含义。数据库技术的物质性塑造了可以实现和想象的"数据库化"类型。因此,数据库拥有一种指向两个方向的非凡力量,向内延伸至架构内部,向外扩展至社会、系统和服务。

一方面,我们可以看到硬件平台和数据表征系统之间存在着相互构成的关系。计算表征的本质在于其**有效性**,也就是说,它们可以被操作以得到特定的结果。这种有效性依赖表征和操纵这些表征的物质工具之间的关系,后者即计算引擎(计算机和处理器)和存储引擎(磁盘和内存架构)。反过来,它们的结构也通过物质化的方式实现:在构建计算资源时,我们需要关注物质层面的考量,包括电力、空调、尺寸、结构和分布。我们在开篇章节中就已经提到的冯·诺依曼架构——自 20 世纪 40 年代以来计算机系统的基本设计原则——将处理数据的运算元件与记录数据的存储元件分离开来,转而强调了处理和存储之间的联系。同样,**互连**问题,即计算机系统中不同元素如何相互连接,可以说是过去几十年高性能计算机设计中的核心问题(Hall et al., 2000; Al-Fares et al., 2008; Greenberg et al., 2008)。我们在此看到的是,塑造这些架构要素的考虑因素,包括诸如电信号的传播距离和密集排列的计算元件所需的散热要求等"纯粹物质的"元素,都与可以实现的数据表征方案紧密交织。

另一方面,我们也看到了数据表征方案——连同它们的种种限制——在它们所提供的服务应用中扮演着类似的相互构成的角色。有效的表征和数据存储能力暗示并支持特定类型的应用程序功能,而应用场景则为基础设施的发展,以及基础设施服务向工具包和框架的转变提供了具体背景。特别是,Web 2.0 的兴起与一系列新形态的数据存储和操作服务相关联,这些服务舍弃了传统高性能关系数据库的 ACID 属性,在实现基础设施的替代性方案面前,优先考虑响应性而非一致性。

我们关注的稳定性、一致性和粒度等问题涉及数字系统的内部运作,但鉴于这些系统被用来模拟、监测、控制和解释世界中的实体,这些问题也可能"外溢"。数据库通常是我们每个人与我们所打交道的机构之间的中介点,因此,数据库的特征,包括其运行的时间模式和结构模式,开始在这些机构的运作方式以及它们对世界和我们的理解中显现出来。在米勒(Miller, 2003)所称的"虚拟时刻"中,(数据库中的)世界模型突然开始驱动而非仅仅记录人类现象,这样一来,模型的物质性通过模型驱动机构行为的方式而变得可见。如果组织只能根据它们拥有的数据来行动,那么数据库的限制，包括其表征能力、动态性和覆盖范围的限制，也就成为对现实世界行动的约束条件。正如鲍克和斯塔尔（Bowker and Star, 1999）全面论证的那样，无法被测量和被记录的现象也就无法让人对其采取行动。因此，举例来说，要推动对艾滋病的研究，必须先让艾滋病成为一种可用于死亡率统计的类别。数据库本身在前台中可能不可见，但其结构所产生的影响却至关重要。

前一章关注的电子表格通常可见并且会投影在会议室的屏幕上，而数据库往往隐藏在视线之外。接下来两章将聚焦的网络协议更是难以察觉，同样，这些网络协议作为表征系统，其物质性对于我们如何沟通、分享信息以及相互连接有着重要的影响。

第六章
互联网路由的物质性

2013年7月,位于洛杉矶市中心的一座不起眼的办公大楼创下了当地房地产交易的新纪录。这座大楼名为威尔希尔一号(One Wilshire),这个名字有些误导性,因为它虽然位于威尔希尔大道与南格兰大道的交汇处,但其街道地址实际是在南格兰大道上。当它以超过4.3亿美元的价格易手时,它创下了市中心核心地带每平方英尺房地产价格的最高纪录①。人们可能会认为,如此高价一定是因为这栋大楼拥有豪华的设施、壮观的视野或处于黄金地段,但事实并非如此,至少按照常规标准来看是这样。不过,大楼的大理石大堂安保台上的公司名录暗示着这座大楼与众不同之处,因为上面列出的公司无一例外都是电信服务提供商——威瑞森(Verizon)、科瓦德(Covad)、Level 3电信等。它是全球联网最密集的大楼之一。

对于一栋35层高的建筑来说,威尔希尔一号大厦入住的人数非常少,但它绝非空置。其空间几乎完全被数据中心、计算机服务器机房、共置设施和网络设备所占据,其中高速网络主干对这座建筑的运作至关重要,可以说不亚于其建筑支撑结构。该设施的关键资源和存在意义在于位于四楼的"交汇机房",这是一个充满压迫感的空间,里面装满了被锁在设备笼里的电信设备,并通过上方密集交错的亮黄色单模光纤电缆连接在一起。威尔希尔一号的交汇机房是一个主要的互联网连接点,也被称

---

① Roger Vincent, "Downtown LA. Office Building Sells for Record $437.5 Million," *Los Angeles Times*, July 17, 2013.

为互联网数据分组交换站(IPX，internet packet exchange)，这是美国最为密集的交换站之一。像威尔希尔一号大厦这样的建筑是日本电信电话公司(NTT)、美国电话电报公司(AT&T)、英国电信集团和Level 3电信等公司的数字网络相互连接的物理场所。在这里，数字信息从一个运营商的网络流向另一个运营商的网络：这就是互联网中"互联"发生的地方。

威尔希尔一号大厦是我在前文中所提到的网络世界"纯粹物质性"的一个实实在在的象征，它生动地展示了在线实践的"虚拟性"实际上扎根于占据真实空间、消耗自然资源并通过特定路径铺设的物理电缆连接起来的服务器之中。数字通信基础设施的这种纯粹物质性已经在许多富有洞见的学术研究中被深入探讨和审视，包括本书第二章简要记录过的一些内容。例如，丽莎·帕克斯(Lisa Parks, 2012)从卫星足迹的角度探讨了空间性和地域化，这些卫星实现了全球通信(并且具有明显的地方性)；妮可尔·斯塔罗西尔斯基(Nicole Starosielski, 2015)研究了在海底蜿蜒穿越的电缆网络，以及沿着这些线路流动的资本、专业知识和人员；史蒂文·格雷厄姆和西蒙·马文(Steven Graham and Simon Marvin, 2001)讨论了不同的网络和基础设施如何带来城市空间的不同体验，他们称之为"分裂的都市主义"；而卡齐斯·瓦尔内利斯(Kazys Varnelis, 2008)则从网络基础设施的表现形式(特别提及威尔希尔一号)的角度考察了洛杉矶。

与前几章中我对表征物质性的兴趣一致，我在本章的目标不仅仅是对纯粹物质性进行分析，而是要深入考察存储在服务器上并通过线路传输的数字形式的具体物质性。在本章及下一章中，我将互联网视为一个具有历史和技术特定性的对象——不仅仅是一般意义上的网络，而且是一个具有独特技术表现和约束条件的特定社会、文化和经济基础。这需要我们关注当代互联网布局所基于的具体协议。尽管像亚历山大·加洛韦(Alexander Galloway, 2004)这样的作家已经详细探讨了网络协议的政治性，还有其他人如米尔顿·穆勒(Milton Mueller, 2010)撰写过使这些协议得以产生并维持的制度安排，但我在此考虑将协议视为一种物质，需要与我们在威尔希尔一号大厦这样的地方遇到的纯粹基础设施物质性相匹配并被理解。

在这一章,我特别关注互联网路由这一主题,即允许数字数据穿越复杂、异构和动态的互联网,并且分发实现这一穿越所需信息的协议和机制。需要强调的是,我的关注点是互联网**路由**(routing)的物质性,而非互联网路由器(routers)或互联网路径(routes)的物质性。也就是说,本章关注的不是物理基础设施本身——不是电缆、服务器、交换机、建筑等,而是它们发挥作用的过程。

这些都不是静态的元素,为了本章的目的,我采用历史视角,突出了不同时期互联网发展中对问题和可能性的不同认识。通过观察协议、网络拓扑和组织安排随时间推移的演变,我们也得以窥见网络所嵌入的机构的演变和发展。这表明,尽管我们轻率地将"互联网"作为一个单一对象来提及,但实际上它并不是一个固定不变的事物——它是一个不断演变、发展、适应的事物,并且需要在其特定的历史背景下进行理解;它是一种在某种层面上开放和去中心化,在另一层面上又高度集权、等级分明和受到管制的事物。

互联网传输和路由

尽管我们通常会很随意地谈论"互联网"或者"网络",但**互联网**(internet)、**互联网协议**(Internet Protocol)和**网络互联**(internetworking)这些术语实际上指向了一个更为复杂的现实:看似单一的互联网实际上由多个网络组成。事实上,这正是互联网技术的核心所在。互联网的关键特征在于它提供了一种让数据在多个不同类型的网络之间移动的方式。我们所说的互联网是一个由多种网络组成的集合,包括大学校园的局域网、商业提供商运营的长途网络、移动服务提供商维护的蜂窝网络以及家庭中的Wi-Fi网络等。这些网络通过某种方式连接在一起,使得数据能够轻松地从一个网络传输到另一个网络。

互联网是一个**分组交换**(packet-switched)的网络。这意味着从一个节点到另一个节点的消息会被分解成小单元，或者说是**数据包**。来自网络不同点的数据包可能在共享网络链路上同时传输，并保持各自的独立标识。这种方式的好处在于，它比将链路专门用于特定主机之间的传输更高效地利用了网络资源。

互联网也是一个基于**数据报**（datagram）的网络。数据报服务是一种特定的分组交换方式。在数据报服务中，每个数据包都携带自己的信息，并且被独立传送。这意味着网络可以单独地将每个数据包传送到其目的地，而不必考虑之前到达的数据包。

大多数数据报网络在设计上就默认不提供可靠的数据传输服务。它们并不保证按发送顺序将数据包传送到目的地。例如，为了避免特定链路上的拥塞，一些数据包可能会通过一条间接但负载较轻的路由发送，这就导致它们不按照顺序到达。此外，不可靠的数据报网络甚至不能保证数据包一定能够送达；所谓的"**尽力而为**"服务意味着网络会尝试传送数据包，但可能会失败。最常见的原因是高流量链路上出现拥塞，这时网络节点可能不会存储所有等待传输的数据包，而是简单地丢弃（删除）该数据包（通常还会向源主机发送通知来告知这一情况）。法国研究网络 CYCLADES（Pouzin, 1975）是第一个探索数据报服务的网络，在这种服务中，可靠性由主机而非网络本身负责。

这就是 TCP/IP 协议中的分工，这些协议可以说是互联网的核心特征。尽管它们经常被统称为 TCP/IP，但实际上它们是两种不同的协议：TCP（Transmission Control Protocol，即传输控制协议）和 IP（Internet Protocol，即互联网协议），它们被设计用于协同工作。IP 提供一种不可靠的数据报服务，只承诺尽力将数据包从源头送到目的地。TCP 利用 IP 服务来传送数据包，但引入了额外机制对数据包进行重新排序和重新组装，检测丢包并请求重传，从而在 IP 提供的不可靠服务中产生出平滑可靠的传输服务效果。并非所有应用程序都需要 TCP 提供的复杂服务，有些应用程序直接建立在 IP 服务之上，应用程序根据它们的需求选择最适合它们的服务层。

数据包

网络可能看上去并非探究表征物质性的最佳领域,但正如数字系统设计中的大多数其他领域一样,表征和形式的操作至关重要且普遍存在。

图 6.1 展示了通过 TCP/IP 发送的数据包结构。图中展示了数据包**头部**,它存储有关地址和处理的信息。数据包的实际内容是底部的**数据**部分。网络协议的**分层结构**——顶部是面向应用的服务,下面是 TCP,它运行在 IP 之上,再下面可能是以太网,在实际传输中表现为一系列封装编码的形式。在这种情况下,一个特定的以太网数据包将按照以太网标准进行格式化,然后包含一个有效载荷,该有效载荷按照 IP 标准进行格式化,而该有效载荷本身又包含一个按照 TCP 标准格式化的有效载荷,以此类推。因此,如果图 6.1 中的数据包是网络请求的一部分,那么数据部分本身将按照超文本传输协议(HTTP)的协议标准进行格式化。

	0		8		16		24		32
IP 头部	版本	互联网头部长度		服务类型		总长度			
	标识				标志		分片偏移量		
	生存时间			协议		头部校验和			
	源IP地址								
	目的IP地址								
	选项							填充	
TCP 头部	源端口					目的端口			
	序列号								
	确认号								
	数据偏移	保留		紧急 确认 推送 重制 同步 完成			窗口大小		
	校验和					紧急指针			
	选项							填充	
	数据								

图 6.1 TCP 和 IP 数据包头部格式

注:一个 IP 数据包的前 4 位(左上角)表示 IP 协议的版本,数据包根据该版本来进行编码。接下来的 4 位说明 IP 头部长度(IHL),以 32 字节为单位。随后是用 8 位表示服务类型,16 位表示数据包总长度,以此类推。这个表的前 6 行是 IP 头部,包含在每个互联网上的 IP 数据包中;接下来的 6 行(以"源端口"开头)是 TCP 头部,当 IP 数据包携带来自 TCP 编码流的数据时,包含这些信息。

这幅图展示了 TCP 和 IP 的头部，表明该数据包属于一个通过 IP 协议传输的可靠 TCP 数据流的一部分。这里没有必要详细解释头部中每个字段的具体含义，重要的是这些标准所编码的格式和结构的概念。标准规定了信息呈现的顺序及解释方式，并提供了相关参数的编码。它们还对各种字段的大小设定了限制，尤其是那些指定地址的字段，这些限制不仅明显可见，而且具有重要的后果〔由此产生了 IP 地址耗尽的问题——里彻等人（Richter et al.，2015）〕，也包括那些指定数据包长度、端口、分段细节等的字段。虽然 IP 和 TCP 头部中的选项部分长度**可变**，但其他每个元素的大小都是固定的。

不同的字段展现出不同类型的变异性。例如，**版本**字段是 IP 数据包中的第一个字段。在每个数据包中编码版本信息，使得同一网络可以同时支持协议的不同版本，因为该字段指明了处理数据包时应遵循的协议版本。然而，协议的版本更迭极为罕见。在互联网的大部分历史中，几乎所有的网络数据包在版本字段中都只有一个数字：4。自 1983 年 IP 部署于 ARPANET① 以来，IPv4 一直是互联网协议的标准。尽管到了 20 世纪 90 年代中期开发出了新的版本 IPv6，但在 20 年后的今天，这一新版本仍未被广泛采用②。虽然人们常抱怨技术变革的速度令人目不暇接，但事实证明，互联网上的某些事物确实变化得非常缓慢。除了版本字段，其他字段对每个数据包而言可能就是独一无二的了，或者甚至在数据包传输过程中就会发生变化（例如，TTL 字段，即**生存时间**字段，它会记录并倒数数据包已经通过的网络段数，用于避免数据包陷入无限循环）。

这呼应了之前的一个观察：一切都由比特构成，但并非所有比特都同等重要。TCP/IP 头部空间的某些部分至关重要（例如地址信息），而其他部分则很少使用或根本不使用（例如，主要用于实验的**标识**字段，以及完全未被使用的**填充**区域，它们即便存在，也仅仅用于确保后续数据块

---

① 即阿帕网，本书保留英文形式。
② 版本 1 至 3 是被广泛部署的 IPv4 的实验性前身。版本号 5 被分配给了实验性的互联网流式传输协议（Internet Streaming Protocol），该协议从未被设计为 IPv4 的替代品。

从 32 位边界开始）。

　　大多数关于 TCP 和 IP 的技术描述基本上只是聚焦在描述层级——头部格式以及它们如何被用来确保信息的顺畅流动和及时传递。然而，这种描述完全遗漏了内容层面，也就是人类可能关心的那部分。内容通常是一段数据，其大小受到某种协议的限制。例如，一个 IP 数据包的最大长度可达 65 000 字节，但以太网规定单个数据包不得超过 1 500 字节，因此通过以太网传输的 IP 数据包会被分割成更小的单元。在某些情况下，一个数据包的内容可能仅包含一个字节，比如远程输入文本行中的一个字符。这样一来，作为传输效率的一个度量，头部大小与有效载荷大小之间的比例就变得重要。在拨号上网还是连接网络的主要方式的时代，"头部压缩"技术非常必要。因为如果不压缩，大量的可用带宽会被用于传输与数据包头部相关的管理信息(Jacobson, 1990)。

　　这进一步引导我们探讨协议表示形式的物质性，即它们在"线上"(在无线连接的情况下，则是在空中)的表现。数据包的传输速率取决于所使用的传输介质和适配器。通常，数据包是以比特为单位逐个发送的，每个比特占用一定的时间。由于信号在不同介质中的传播速度不同，数据包会在介质中"扩展"。它们的长度不仅可以用字节来度量，也可以用毫米来表示。虽然数据包的物理长度一般不是设计时考虑的因素，但在某些情况下，如反射或"回声"引起干扰时，它可能就会成为一个重要的考量因素。网络协议不仅在其表示形式上具有物质性，在实际传输过程中更是如此。

路由

　　TCP 的设计重点在于确保可靠传输，而 IP 面临的挑战则是如何将信息从源头传送到目的地。**路由**(**Routing**)是指 IP 数据包从源头传输到目的地的功能，或者更准确地说，是从源计算机连接的网络传送到目标计算机连接的网络，这一过程跨越了不同的网络。数据包从一个网络传输到另一个网络可能需要穿越多个其他网络，这些网络可能类型不同，可能由不同的管理机构所拥有和运营,而且可能存在多条路径或路由可供选择。在这种模型中,单个"网络"是指某种数字介质的一个独立覆盖范围,因此它可能相当小。例如,一个普通的美国家庭网络通常包含三种不同的网络——一个无线网络(Wi-Fi)、一个有线网络(Wi-Fi 路由器连接到的网络)以及另一个构成宽带调制解调器与服务提供商之间连接的"网络"(可能是通过电话线或电视电缆)。从你的笔记本电脑发送出去的任何信息,都必须首先经过这三个相互连接但各自独立的网络。同样地,互联网基础设施内部也存在着许多这样的网络。我在位于波士顿的公寓里写下这些文字时,Unix 的 **traceroute** 工具显示,发往我先前在澳大利亚墨尔本的学术休假地点的流量要穿越 20 多个网络:它首先经过康卡斯特公司在马萨诸塞州、纽约、伊利诺伊州、科罗拉多州和加利福尼亚州的网络,然后接入 Zayo 通信公司运营的网络,再连接到代表澳大利亚学术研究网络联盟运行的 Telstra 网络,在穿越新南威尔士州多个站点后抵达维多利亚州,最终到达墨尔本大学。路由就是指数据包正确地通过这些不同的网络连接被引导至目的地的过程。互联网路由依赖三个关键概念——网关、路由表和网络地址。

  网关(也被称作路由器)是路由的核心组件。网关实际上是一台同时连接到两个或更多网络的计算机,能够接收来自一个网络的数据包,然后将其重新传输(或**路由**)到另一个网络。例如,家用宽带调制解调器既连接到了家庭网络,也连接到了服务提供商网络,因此可以充当网关,将数据包从一个网络移动到另一个网络。当它在本地网络上接收到旨在传输到更广泛互联网的信息时,就会通过连接服务提供商的链路进行重传,之后该信息会被另一台路由器接收到并继续转发。大多数笔记本电脑和台式电脑如果同时连接到多个网络,都能充当网关角色,但大多数网关实际上是专用设备(比如家里的宽带调制解调器,或者在更大规模上,由思科或瞻博网络等公司制造的路由器)。因此,网关可以将数据包从一个网络路由到另一个网络。而为了做到这一点,它需要有关网络如何组织的信息。

第二个关键要素是网关为了成功地路由数据包所需的信息。一般来说，这些信息通过网关中的**路由表（routing tables）**来表达。路由表包含将目的地与网络相关联的列表，可以看作是一系列规则，比如："如果你看到一个目的地为网络 X 的数据包，就将其发送到网关 Y。"当网关接收到一个数据包时，它会查找这些规则，以确定它所连接到的哪个网络应该接收它。需要注意的是，这类规则并不意味着网关 Y 直接连接到网络 X，而可能只是通过 Y 可达的另一个网关离网络 X 更"近"一步。换句话说，TCP/IP 中的路由是去中心化的。不存在一个完全知晓网络拓扑的中央管理机构，也没有任何一个单一的点可以直接到达所有网络。相反，数据包在经过每个网关时作出了一系列独立决策，从而穿越网络，就如从波士顿到墨尔本的这 20 个"跳转"。数据包根据路由表从一个网关传递到另一个网关，这些路由表将它引向更接近目的地的方向，直到最终被传递到其目标主机直接连接的网络。

这就引出了我们对网络地址的第三个关注点。如果路由表需要存储互联网上每个主机的路由信息，那么它们将会变得异常庞大。因此，路由表记录的是通向网络的路由而非单个主机的路由。这就要求必须找到某种方式来识别和命名网络。一个典型的 IP 地址（如大家所熟知的四字节数字 128.195.188.233）标识了一个特定的主机，但这个地址的部分内容被视为对该主机所连接的网络进行编号。网络编号的具体机制将在后面详细讨论，但目前来说，重要的是要认识到路由表并不记录每个单独主机地址的路由，而是记录通往网络的路由（例如，128.195.188.0 是主机 128.195.188.233 可能连接到的网络）。

考虑到以上因素，接下来我们将深入探讨路由分析的另一层面，即管理路由信息分发的协议。

路由协议与网络结构

高效的互联网路由，依赖路由器能够获取有关本地网络拓扑结构的信息。然而，正如我们所见，互联网的去中心化特性意味着不可能存在一个单一的信息源来全面描述互联网的结构。路由就像在没有地图的情况下寻找道路，它基于当前可用的最佳信息作出的局部决策。正如路由决策是以去中心化方式作出的一样，这些决策所依赖的信息共享也是去中心化的。路由器会定期交换有关可用网络连接和路由的信息，以更新彼此的路由表。路由协议规定了关于网络拓扑结构和可用路由的信息——路由器存储在其路由表中并用于作出路由决策的信息——如何在网络中传播。

不存在一个普遍通用的路由协议，不同的协议针对特定需求而存在，在不同的历史时期也各有其主导地位。这里我将探讨三种协议——路由信息协议（Routing Information Protocol，RIP）、外部网关协议（External Gateway Protocol，EGP）和边界网关协议（Border Gateway Protocol，BGP）。这些协议构成了某种历史进程，尽管不是严格的分期，因为所有这些协议在不同的环境中都持续存在。不过，就我们这里的讨论而言，它们提供了理解表征物质性与制度安排相互交织的不同方面的切入点。

路由信息协议

路由信息协议是互联网路由协议的先驱之一，也是最广泛部署的协议之一。它在20世纪80年代和90年代的广泛采用，并不是因为其在技术上的优势，而是因为它被集成在随4BSD Unix系统一同分发的名为"routed"（发音为"route-dee"）的软件中，这款软件在学术界颇为流行，后来又被太阳微系统公司（Sun Microsystems）的 SunOS 等衍生系统所采用。实际上，在一段时期内，该软件是协议唯一可用的规范：没有正式的描述或定义，只有实现的行为。路由信息协议不仅是早期用于交换互联网路由信息的协议，它还继承了一个更悠久的历史遗产：路由信息协议是施乐公司网络服务（Xerox's Network Service，XNS）协议套件中路由信息协议的一个变体，而网络服务协议套件本身体现了最初由施乐的

Pup 和 Grapevine 系统所发展出的思想（Oppen and Dalal，1981；Birrell et al.，1982；Boggs et al.，1980）。Pup 和 Grapevine 是在位于斯坦福大学校园仅几英里远的施乐帕洛阿尔托研究中心开发的，而 TCP/IP 的发明者之一温顿·瑟夫（Vinton Cerf）在 20 世纪 70 年代初就曾在斯坦福大学任教。Pup 的设计者们参加了瑟夫主持的研究会议，这些会议为成功的互联网奠定了重要基础。在投身于 Pup 项目之前，他们已积累了大量早期 ARPANET 设计的宝贵经验〔例如，罗伯特·梅特卡夫（Robert Metcalfe）为麻省理工学院和施乐公司的计算机开发 ARPANET 接口〕。因此，在这些不同群体和不同技术发展中有着大量的知识交流（见第七章）。

运行路由信息协议的路由器会周期性地（在最初设计中为每 30 秒一次）向已知的其他路由器广播其路由表的描述。路由信息协议路由器提供的信息本质上是它自己对网络的看法，也就是说，它描述的是从它自己的视角看到的网络。路由信息协议在它所发布的每条路由中提供了两部分信息：目标网络和**跳数（hop count）**。因此，路由信息协议中的路由通告大致相当于一种声明，表示"网络♯54 离我有 3 个网络的距离"。跳数——为了到达目的地所需穿越的路由器或网络段的数量——被用作距离的近似度量。有些网络可能很快，有些则较慢；有些可能覆盖的距离长，有些则较短。然而，这些区别并没有体现在跳数中，跳数提供了一个粗略但直接的决策基础，用于判断最高效的路由。使用跳数还有助于路由器检测并避免可能因两个路由器相互通告到对方的路由而产生的线路循环。

路由信息协议的消息格式分配了 32 位来记录跳数，理论上它可以表示的数据范围从 0 到超过 40 亿，但实际上它只使用了从 0 到 16 之间的数字。16 这个值表示"无限"跳数，用来标记网络不可达。因此，在仅通过路由信息协议通信路由的互联网中，其宽度不能超过 15 个网络，也就是说，一个数据包不能被路由跨越超过 15 个网络段，除非采取其他措施。实际上，这就意味着路由信息协议主要适用于那些规模较小的网络，这些网络通常使用不同的路由协议进行连接。"互联网"的全球覆盖是基于这些特定条件实现的。

由协议设计带来的跳数限制是表征物质性影响或制约更广泛技术体系发展的一个方面。此外，至少还有另外两方面对网络的发展构成了显著限制。

第一个方面，协议要求路由器之间定期交换路由信息。这一信息在网络中的传播对网络的运行至关重要，在一个不断变化的网络中保持信息的最新状态意味着路由信息可能需要定期更新。然而，网络规模在不断扩大，路由表也随之增长，其结果是，网络容量中越来越多的部分被用于交换路由信息，特别是如果路由表的更新频率高达每 30 秒一次（这是路由信息协议的典型更新间隔）。换句话说，路由协议的具体实现不仅包括协议结构本身的表征限制，还包括协议在物理线路上以不断增加的信号量表现出来的方式。

第二个相关方面在于互联网路由器本身，它们必须存储有关网络路由的信息。路由器通常比主机计算机的容量更有限，它们所包含的用于存储路由信息的空间也更为有限。随着网络的扩展，网络路由表也会随之增长（至少在没有其他缓解设计的情况下，这些设计我们将稍后讨论）。因此，路由表必须被视为一种数据表征，它们消耗了网络路由器和网络本身的容量。

路由信息协议的局限性意味着它早已不再被用作广域网路由协议。例如，15 跳限制在当代互联网中是不可行的。但这并不意味着路由信息协议已经完全消失，它仍然在某些有限的部署中使用，比如作为一个所谓的内部协议，即可能在通过其他协议（如稍后将讨论的那些协议）连接到全球互联网的小型网络内部运行的协议①。我们或许可以从一个广为人知的叙事角度来解读路由信息协议（至少在其初始设计上）未能支持现代网络规模的失败，即"成功灾难"（success disaster）——一项技术成就如

---

① 事实上，RIP 的最新版本，即 RIPng，是为 IPv6 的最新版本设计的。IPv6 作为 IP 协议的后续协议，在撰写本书时仍未得到广泛部署。RIP 似乎注定会以某种形式持续存在很长时间。

此显著，以至于超出了其创造者预想的极限①。类似的叙事也常用于描述互联网地址问题：随着越来越多设备接入网络，曾经被想象得非常充裕的地址资源如今变得极度短缺。在此，我的目的并不是讲述这类故事，因为它们具有目的论特征，我希望避免这种倾向。相反，我使用路由信息协议案例，首先是为了说明存在一系列关于网络运行的理念，即使协议本身已淡出历史舞台，这些理念依然存在。其次，将其作为基准，通过与后续发展的对比，更清晰地展现这些理念的持续性。我们可以通过观察后来的协议如何引入新的网络组织理念来达成这一目的，这些新理念是对早期协议感知不足的回应或反映。

外部网关协议与自治系统

路由信息协议是互联网路由信息协议的早期形态，但在广域（而非局域）网络中，更复杂的路由协议已经成为规范。追踪这一系列协议的演变过程，也为理解路由问题及路由需求的变化，以及网络互联的制度背景演变提供了线索。其中，外部网关协议是这一制度发展中的重要组成部分。

与路由信息协议一样，外部网关协议的核心也是一种路由器之间共享路由信息的机制；同样，跳数也被用来作为衡量距离的粗略标准。但与路由信息协议不同，外部网关协议能够表达超过 15 跳的路由。外部网关协议表达的是对特定目的地的"距离"，这个距离是相对于特定标识的网关而言的（而不是默认从发送路由器开始计算）。此外，该协议在功能上也比路由信息协议更为齐全，尤其是在主动网络管理和行政管理方面。例如，它包含一个明确的组件，用以识别新的邻近网关并将其进行轮询。相比之下，路由信息协议中的这种结构则留给了配置来设定。

官方的外部网关协议规范发布于 1984 年（Mills，1984）。外部网关协议取代了之前的所谓"网关到网关协议"（Gateway-to-Gateway Protocol,

---

① 温顿·瑟夫和罗伯特·凯恩（Vinton Cerf and Robert Kahn，1974）在其开创性论文中提出了 TCP/IP 架构和协议，其观点广为人知："网络标识的选择（8 位）允许多达 256 个不同的网络。这一规模对于可预见的未来似乎已绰绰有余。"

GGP），后者实际上是路由信息协议的一个紧密变体。正如其名称所示，外部网关协议被明确设计为一种**外部**路由协议，即旨在支持网络之间而非网络内部的协调。内部与外部路由规则的区别反映了在不同机构支持的基础设施（如1981年开始运营的CSNET和1985年投入使用的NSFNET，详情见第七章）迅速发展时期，随着互联网的出现和发展而积累的经验。局域网往往具有不同于长途网络的特性，包括更快的传输速率；同样，它们的用户通常是从事研究的计算机科学家，可能需要能够实施不同的路由策略并部署不同的路由技术以满足本地需求。这促使网络开发者以略微不同的方式构思互联网，重点在于赋予不同的组成网络以自主权。

对自主权的关注引出了外部网关协议在制度层面（即使技术上未必如此）最为重要的创新之一，即"自治系统"（autonomous system，通常缩写为AS）概念的引入。一套**自治系统**由一组网络和主机组成，它们受控于单一管理权限，通常是特定企业或机构的网络，如麻省理工学院、脸书或美国国务院。自治系统的拥有者是那些可以控制其网络并制定使用政策的人。一个自治系统通常比一个技术网络大得多，因为它包含了许多受单一管理权限管辖的网络和计算机。自治系统对于网络的价值在于，它们允许路由协议在不同的层级上运行。这里可以识别出两个不同的问题：一是在自治系统内部管理路由和路由信息的机制，二是在自治系统之间管理路由和路由信息的机制。外部网关协议处理的是自治系统间的路由问题，它定义了路由信息如何在自治系统之间共享和分发。其他协议（或在静态配置网络的情况下，可能根本没有协议）则决定路由信息如何在自治系统内部移动。由于这些系统本质上是自主和独立的，每个自治系统都可以自行决定分发路由信息的最佳方式。

我们应当注意到的是，自治系统不是一种纯粹的技术安排，而是一种制度安排。它由行政权威的界限来定义，指的是一个身份根植于社会和制度安排的实体。在外部网关协议下的路由是一个社会技术事务，路由不是在网络之间定义，而是在自治系统之间定义。在当代互联网中，自治系统有中央机构分配的编号（即 AS 编号），路由关注的对象就是这些自治系统编号。像路由信息协议这样的协议关注的是如何将信息从一个网络移动到另一个网络，而像外部网关协议这样的协议关注的则是如何将信息从一个自治系统移动到另一个自治系统，也就是说，从一个制度实体传送到另一个制度实体，或者从一个行政领域传送到另一个行政领域。这种互联网与其说是一个网络的网络，不如说是一个机构的网络(Gorman and Malecki, 2000; Malecki, 2002)。

因此，外部网关协议的预期目的和常规用途与路由信息协议有所不同。路由信息协议并不限定特定的使用形式，尽管其自身的限制条件决定了它可以在哪些条件下部署；而外部网关协议则被专门设计用于连接自治系统，相应地，它也就被设计为遵循特定的惯例，即哪些路由应该被宣告，哪些不应该，这些惯例并没有直接编码在协议中，而是假设管理员会意识到并遵守它们。实际上，通过对所定义的管理区域提供支持的形式进行**管理**是外部网关协议的一个特点，而这点在路由信息协议中根本不存在。

外部网关协议还有一个重要的制度特性，即它仅支持层次化的网络拓扑结构。外部网关协议区分内部网络与外部网络，或者说网络边缘与网络核心，并被设计为在网络核心中运行。这种由核心来连接其他网络的层次结构是外部网关协议设计的核心，并导致了网络中心化的层次或树状结构的出现。虽然这种集中化形式在早期互联网的构建中是作为一种实际的管理现实而产生，但它显然与去中心化、分布式网络的关键理念相悖。在分布式网络中，信息可以从一个点到另一个点通过多种路径传输，从而在网络损坏或拥塞时确保鲁棒性。网络中心化作为技术和制度安排的结果是一个我将在后面进一步探讨的问题。现在，我将要首先介绍外部网关协议的后续版本，也是当下主要的路由协议——边界网关协议。

边界网关协议、无类别域间路由（CIDR）和策略路由

外部网关协议基本上已被淘汰。在本书撰写之时，互联网上主要使

用的路由协议是其继任者——边界网关协议。顾名思义,边界网关协议是一种外部路由协议,是应用于自治系统"边界"上的路由器,这一概念沿袭自外部网关协议①。边界网关协议在多个维度都比外部网关协议更为成熟,包括能支持更多样化的网络拓扑结构,以及支持网络管理。

边界网关协议目前发展至第四版(有时称为 BGPv4 或 BGP4,但在此我将简称为 BGP)。每个版本都在协议及其支持实施的配置中引入了新的特性,正如我们在外部网关协议中所见,这些特性将表征物质性、组织优先级和制度约束交织在一次。接下来我将讨论其中两个特性。

边界网关协议、无类别路由与地址耗尽的政治问题。1993 年,互联网路由方式经历了一次变革。一种名为 CIDR(发音为"cider"),即无类别域间路由(Classless Inter-Domain Routing)的新模型被提出。它扩展和构建在运行了已经有一段时间的**子网路由惯例**之上,但将其作为适用于整个互联网的新路由模式的基础加以采用(Fuller et al., 1993)。无类别域间路由旨在解决一个日益严重的问题,即互联网路由器尤其是核心路由器上的路由表规模问题。大量网络的存在导致路由表不断膨胀,带来了三个后果:首先,每个路由器的存储需求显著增加,超出了以往的想象;其次,筛选路由所需的处理时间也在增长;最后,(通过诸如外部网关协议之类的协议)传输路由表的过程变得难以处理,因为路由表过于庞大。

无类别域间路由之所以被称为**无类(classless)**路由,是因为它取代了先前根据网络地址分为**三类**(A 类、B 类和 C 类)网络的体系。A 类网络地址仅通过前 8 位来区分,例如,所有以 13.x.x.x 开头的地址均归属于施乐公司。拥有 A 类网络分配意味着控制了总共 16 777 216 个独立的互联网地址(虽然有少数地址是保留的,不能使用)。B 类地址则由其前两个字节(即 16 位)确定,比如 192.168.x.x 范围内的地址是专为私有用途设计的 B 类地址。每个 B 类地址段包含 65 536 个地址(同样需要扣除一些

---

① 边界网关协议(BGP)也可以作为内部协议使用,尽管它最常用于外部环境。

保留地址）。C 类网络地址则是通过前三个字节来识别，并提供 256 个地址（也需减去少数保留地址）。

在原有方案中——因与无类路由相对而得名的**有类（classful）**路由——三种类别的地址同时承担着两个功能。它们是路由的单位，因为如上所述，路由将数据包直接导向网络而非个别主机；同时，它们也是地址分配的单位。如果一个新的实体需要一些地址空间，也许是一所大学、一个政府、一家公司或一个互联网服务提供商，那么它会被分配一个（或多个）A 类、B 类或 C 类地址。这种两个功能的混淆随后导致了两个问题——技术问题是路由表的增长，政治问题则是地址空间的日益稀缺，人们希望通过无类路由来解决。

在有类地址分配中，网络要么是 A 类，要么是 B 类，要么是 C 类。互联网地址的网络部分和主机部分之间的划分发生在 8 位字节边界上。具体来说，在 A 类地址中，32 位 IP 地址被划分为 8 位网络标识符和 24 位主机部分，而在 B 类地址中是 16 位网络标识符加 16 位主机部分，C 类地址则是 24 位网络标识符加 8 位主机部分。无类地址引入了一种机制，使得网络和主机部分之间的界限可以更加灵活。

这一机制通过允许较小的网络合并成一个更大一些的，但仍然小于上一级别的单一网络，来解决路由表增长的技术问题。这对 C 类地址尤为重要。一个 C 类地址仅覆盖约 250 个可能的主机。对于许多不需要整个 B 类地址的组织来说，C 类网络又太小了。因此，许多组织会被分配多个 C 类网络地址，每个地址都需要在路由表中有单独记录。通过采用新的地址安排，例如提供 10 位的主机空间（大约可容纳 1 000 个主机），而不是传统的 8 位——这是在传统有类路由中无法实现的，无类路由能够在新的粒度级别上处理网络，从而减小路由表的大小。

它也在一定程度上解决了政治问题。虽然无类路由的出现主要是为了解决路由表快速增长带来的技术难题，但它同时也直接解决了互联网管理和治理领域的另一个常见问题：地址分配与耗尽的问题。最初的互联网地址分配策略是基于地址类别，其中 A 类地址特别受到大型组织的青睐。这导致了一些明显的分配不公，比如麻省理工学院（拥有现在被称为 18.0.0.0/8 的 A 类网络地址）所拥有的地址数量超过了整个中国的分配量。

有类地址分配还存在第二个问题，即地址浪费。例如，施乐公司被分配了 A 类网络 13.0.0.0，尽管它们不太可能用到全部的 1 600 万个可用地址；然而，下一个等级（B 类）大约有 65 000 个地址，又被认为可能太小。当时没有有效的机制来实现更小规模的地址分配。即使在无类路由普及的今天，IP 地址空间仍在不断接近耗尽，尽管我们知道已经分配的地址块中仍然存在大量的浪费（Wang and Crowcroft, 1992; Mueller, 2010）。这一现象同样发生在历史上的地址分配不平等的大背景下。

网络地址空间分配的政治性与路由表的增长及交换的动态是同一物质配置的两个方面。政治和技术问题并不是两个独立的问题，而是同一个问题的不同表现形式，这个问题的核心在于为了效率和效果，网络成为路由决策的基本单位。当我们从物质的角度来看待这些问题，即将路由通告视为具有大小、重量、生命周期和动态性的实体时，政治问题也变得具有了物质性。

边界网关协议中的策略路由。当代路由体系还有第二个社会基础。边界网关协议支持着（实际上是围绕着）所谓的**基于策略的路由**（policy-based routing）（Breslau and Estrin, 1990; Estrin and Steenstrup, 1991）。这里的核心观点非常简单：在一个由自治系统构成的世界中，数据包的转发和路由决策不应仅基于网络间连接点的可用性，还应基于网络管理者所设定的策略。管理员可以要求特定类型的流量沿特定路径传输。作出这类决策的原因多种多样，包括安全考量、监控需求、效率提升、主动网络活动管理以及服务质量保证。同样，可以根据不同标准来定义策略以区分流量，包括来源地、目的地、传输的数据类型或可用的网络容量等。或许并不让人意外，对策略路由的研究显示，在实践中它们会导致**路由膨胀**（route inflation），也就是说，符合策略的路径通常比数据包可以遵循的最短路径要长。洪苏达·唐穆纳伦吉及同事们（Hongsuda

Tangmunarunkit et al.，2001)报告称,在他们分析期间,有 20% 的路径长度比最短路径长 50% 或更多。很明显,这表明路由最优性概念发生了变化。过去,"最优"意味着遵循最短(或最快)的路径,而现在则意味着遵循最符合组织考量的路径。

策略路由不仅可以用来塑造网络如何路由流量,还可以确保自治系统具有明确的入口和出口。在这种模型中,路由不再仅仅是拓扑结构和互连的问题,而更多关乎机构关系。互联网的神话在于其开放、无定形和适应性强的本质。就像约翰·吉尔摩(John Gilmore)那句著名的宣言"互联网将审查视为损害,并绕过它",这种对开放性的赞扬,正是基于这样一种理念:网络会适应损害和干扰,无论是偶然的还是有意的。当然,在某种程度上,这完全真实,但它肯定不像互联网早期那样真实了,而且现在只有在新路由符合相关网络权威机构的组织和制度策略时才成立。在当代互联网中,审查不过是一个简单的策略问题,正如 2011 年埃及抗议者所发现的那样(Srinivasan, 2013)。我们很快将在讨论网络对等互联时看到,路由策略同样受到经济因素的驱动,而不仅仅是技术特性(Rayburn, 2014)。因此,对网络技术政治经济学的充分理解需要超越所有权、公平性和接入权等问题,而要结合对这一问题与网络路由物质性之间关系的理解——网络路由器需要管理的物质约束(例如网络拓扑数据的爆炸和从网络向自治系统转变的需求)以及经济关系在如边界网关协议等协议中的物质体现。

物 质 性 考 量

路由信息协议、外部网关协议及边界网关协议等路由协议如同一面透视镜,让我们得以观察网络架构随时代演变的竞争景象。它们让我们了解到发展过程中遭遇的争论与问题,还展示了最终被编码在网络基本运作中的一系列约束、条件和期望。我一直从物质性的角度来解读,正如我在本书中一直探讨的那样,思考那些塑造了我们对信息技术的体验的数字形式的表征约束和表达可能性。这引导我们考察架构、拓扑结构和制度关系等问题。然而，如果我们从特定的协议中抽身回望，一些更广泛的物质考量就会浮现出来。从熟悉的粒度问题出发，到最近的网络发展，我在此想要探讨其中三点。

粒度与网络作为用户对象

本讨论基于一套技术条件，这些条件定义了在互联网语境下"一个网络"是什么——它既非抽象的大规模实体（如"互联网"而非自动取款机网络），亦非自治系统（如"加州大学欧文分校的网络"），甚至不是日常经验中的实体（如"我家的网络"），因为这些都不是构成互联网连通架构的那种"网络"。相反，互联网所连接的"网络"是特定的媒介配置，包括同轴电缆或光纤的长度、无线信号场、双绞线的复杂缠结等。这些网络是技术实体，但并不是用户直接感知或交互的实体。

或者，至少通常不是这样。但有时候，路由的复杂性也可能导致网络架构的基础设施变得可见，甚至影响到用户的交互体验。艾米·沃伊达及其合作者（Amy Voida et al., 2005）记录了一个有趣且让人出乎意料的案例，即企业网络内部的音乐共享。在 IP 协议中，网络不仅是路由的单位，也是广播的单位。也就是说，协议机制允许信息被发送给特定网络上的所有主机。于是，这意味着网络可以因为广播共享的界限而变得可见。在沃伊达及其同事记录的案例中，公司网络的参与者通过使用苹果的 iTunes 应用程序共享音乐，通过能感知到的可见性和不可见性的模式，意识到了其内部结构的某些方面，即它是由多个通过路由器连接的子网络组成的。iTunes 允许同在网络中的用户彼此分享音乐，参与他们研究的企业用户利用了这一功能。然而，他们开始遇到因网络拓扑结构而引发的问题。例如，如果朋友位于不同的网络中，其音乐可能会意外地变得不可见；或者，如果某人搬到另一间办公室，即便还在同一栋楼内，其音乐也可能"消失"。网络拓扑结构本身作为他们互动中的一个常规部分变得可见，突然之间，构成"网络"概念的物质布局成为用户体验的一个方面。

这里的关键问题是网络协议栈的崩塌：这层抽象的塔楼将物理介质与网络协议相分离，将网络互联与应用相分离。突然之间，在这种模式下，IP 网络的具体物质表现形式，即受距离信号衰减和交换机可用端口数量制约的电缆节段，不仅需要在网络层面进行管理，也需要在用户层面进行管理。网络工程师和研究者早就认识到，网络协议栈的抽象层次或许是一种谈论和思考网络的好方式，但并不是管理和构建网络的有效方式（参见 Clark and Tennenhouse, 1990）。然而，网络的物质构成及路由协议对用户体验的侵入是一个不同层面的关注点。如果粒度是一个核心的物质属性，它塑造了将网络分解为有效控制单元的方式，那么沃伊达及其同事强调了这种物质性如何在多个不同的制度环境中表现出来。

集中式结构与网络权力

互联网的神话认为，它在冷战时期被设计用来抵御核攻击，这不仅通过避免集中控制实现，也通过采用能够"绕过"损害的分组交换模型，一旦某个节点丢失，就寻找新的路径。无论这一说法的真实性如何①，互联网的一个标志性特征确实是其多变且无定形的拓扑结构。与依赖固定节点排列的网络不同，例如剑桥环中的环形结构（Hopper and Needham, 1988），互联网允许任意两点之间形成连接，从而形成一种松散的互联模式〔计算机科学家称之为**图（graph）**〕。可以说，互联网的基本特征之一就是缺乏正式结构以及避免关键的"瓶颈"或集中控制点。然而，当我们审视路由与路由协议时，却发现实际情况要复杂得多。

路由协议的发展历史揭示了一个事实：设计一个网络及其协议是一回事，而建设、扩展和发展这个网络则是另一回事。这两方面的区别至关

---

① 诚然，保罗·巴兰（Paul Baran）1964 年关于分组交换的原始报告受到核攻击情境的启发，互联网的开发者也认识到了这种网络设计方法的独创性和价值；然而，互联网或其前身 ARPANET 在多大程度上是以这一目标为设计出发点的，这一点非常值得怀疑。有趣的是，巴兰本人并没有将他的发明称为"分组交换"；这个术语是由英国计算机科学家唐纳德·戴维斯（Donald Davies）创造的，他在英格兰特丁顿（Teddington）的国家物理实验室工作时有了相同的想法。巴兰当时使用的是更为笨拙的术语"分布式自适应消息块交换"。

重要,因为这些活动领域及其制度结构都会对最终结果产生重大影响。

关于互联网的起源的传统故事将其近代历史追溯至 ARPANET 项目,该项目为网络设计及初步实施提供了主要动力与资金支持。如前所述,有人认为,由于美国国防部高级研究计划局(ARPA)隶属于美国国防部,因此 ARPANET 在一定程度上反映了军事方面对于指挥控制及遭受攻击风险的考量。然而,也许更为重要的是,作为 ARPA 项目的一部分,ARPANET 的设计初衷是用来连接由 ARPA 赞助的各机构。没有参与受 ARPA 资助的研究的那些大学并未被纳入 ARPANET。这导致其他美国计算机科学系担心在正在进行的研究努力中落后,因为他们知道了 ARPANET 网络研究计划但无法参与。于是,他们中的一些人提议发起一个由他们自己主导的类似的网络建设计划,即 CSNET(计算机科学网络)。但此刻值得停下来论证的是,从基础设施的角度而非知识的角度来看,有理由认为 CSNET 比 ARPANET 更有资格被视为当代互联网的更重要的前身。CSNET 大学联盟寻求美国国家科学基金会(National Science Foundation,NSF)的支持来构建他们的网络,并采用了为 ARPANET 设计的相同网络协议。最终,正是 CSNET 主干网(而非 ARPANET 主干网)成为 NSFNET(一个连接 NSF 资助研究机构的互联网)的基础。也正是 NSFNET 的主干网开始吸引商业网络运营商的接入,其管理权最终移交给了私营行业,这在实质上标志着商业互联网的诞生。

然而,在这个故事中我想要强调的是"主干网"这一概念本身,即关于网络可以被构想为由本地网络、区域网络和长距离网络组成的组合体,这些网络可能由不同类型的机构和组织建设、发起与资助。这种结构安排并非网络设计的必然结果,而是网络形成的历史进程的产物——正如我们在外部网关协议中所见——这类历史模式可能随后会在网络协议和技术本身中得到体现。

互联网的逐渐兴起导致了不同"层级"的网络服务提供商之间形成了一套非正式但在技术上稳定可靠的制度关系。基本上,网络运营商可分为三种类型。**一**级运营商运营着覆盖全球的国际网络,提供了网络连接的主要通道。**二级**运营商拥有大型的国家级或国际级网络,但覆盖范围不及一级。**三级**运营商可能仅存在于区域层面,它们没有运营自己的大规模网络,必须从更大的运营商那里购买网络服务(Gorman and Malecki,2000)。

然而,真正定义一级运营商特征的,并不是其网络拓扑结构或覆盖范围,而是其制度权力的广度。一级运营商数量全球不超过 20 家——它们非常强大,能够与其他一级运营商达成所谓的**"无结算对等"(settlement-free peering)** 协议。**对等(peering)** 是一种协议,其中网络之间相互承载对方流量(它们在网络中是"对等"的);而无结算对等则是一种不涉及金钱交易的双边协议(Laffont et al.,2001)。当两个网络提供商实行无结算对等时,实际上是在相互表示:"我同意承载源自你方网络的流量,你也同意承载源自我方网络的流量,我们互相不会为此收取费用。"相比之下,二级和三级网络提供商则缺乏同样的覆盖范围及曼纽尔·卡斯特(Manuel Castells)所说的网络权力,它们需要支付费用来获得连接到一级网络的权利(Rayburn,2014)。

这些不稳定的对等互连安排,使得网络流量的流动受制于商业协议,凸显了在一个标榜去中心化运作模式的网络中,层级化网络结构的核心地位。我们可以观察到技术考量之间的对齐,例如转向自治系统作为解决路由激增问题的方案、采用边界导向的路由协议作为调节机构间关系的手段、通过网络层级的设定来集中流量从而增强市场影响力,以及利用无结算对等来巩固网络权力。即便在一个设计上倡导开放性、互连性和适应性原则的网络中,网络路由表的表征物质性以及用于描述、管理和控制这些路由表的协议表达,依然与制度和商业安排交织在一起(Mansell,2012)。

一个更以内容为核心的网络

谈及互联网路由时,人们主要关注的是网络的拓扑和架构——各组件如何连接、何种类型的互连充当了网络间过渡的桥梁、行政管理权如何在网络的不同方面得以行使,以及其他相关话题。然而这些讨论很少涉及内容本身,即实际在网络上流通的信息。互联网路由协议的运行独立于特定内容格式（如文本、语音、视频、数据文件、网页等），因此内容似乎与路由无关，甚至在商业、机构和技术考量之间的关系讨论中也显得不那么重要。然而近年来，内容问题开始扮演越来越重要的角色，这为思考网络拓扑和机构间的关系提供了新的视角。

推动这一趋势的一个特定因素是满足互联网用户对大量数据快速访问的需求，特别是那些需要实时传输的数据。一个简单的例子就是奈飞（Netflix）或亚马逊等服务平台所提供的点播视频流。最近发布的数据显示，在高峰时段，从奈飞流媒体传输的电影和电视节目占据了34％的网络流量，这一数据相当惊人。问题不仅仅在于这是一个巨大的数据量，还在于这些数据必须及时而稳定地传输才能为用户提供可接受的观看体验，任何播放卡顿或中断都将被用户视为不可接受。网页可以以不均匀的速度加载，只要不是慢到无法接受，但视频内容对网络提出了不同的要求。因此，对于像奈飞这样的内容供应商，或者需要在严格的数据量和时间限制下直接向客户传输大量数据的其他主体来说，共享的长途传输网络在一定程度上的不确定运行就会带来问题。

这就促进了内容分发网络（content distribution networks，CDNs）的发展。内容分发网络是一种技术架构，旨在高速向终端用户和网络消费者直接提供大量数据。内容分发网络的技术并不显著区别于网络基础设施的其他部分，但其拓扑结构有所不同。例如，奈飞的内容分发网络解决方案将包括大量的数字存储设备，这些设备直接（或几乎直接）连接到互联网服务提供商的分发网络，并在不同地区或地点维护多个数据文件的副本。尽管奈飞总部位于洛斯加托斯，苹果公司位于库比蒂诺，但当我在奈飞上观看电影或通过 Apple Music 服务听音乐时，流传输给我的数据实际上来源于比这些城市距离我更近的地方，这是因为内容分发网络会在附近存储并维护热门电影和专辑的副本，而无需经过长途传输网络。

正如劳拉·德纳第斯（Laura DeNardis，2012）所指出的，这一变化正在推动网络拓扑结构的转变，开始打破传统的一级、二级和三级服务提供商之间的界限，这一转变主要是由内容需求而非拓扑结构驱动的——这是一个有趣的转变。某些一级服务提供商，如三级通信公司，也为客户运营内容分发网络。其他内容分发网络公司则专门构建了自己的基础设施来提供内容分发网络服务——作为早期供应商之一的阿卡迈公司（Akamai）便是一个例子。尽管如此，整体上向内容分发网络的转变尝试重构不同级别运营商之间的机构关系。宽泛地说，这一转变意味着，与其购买传输能力（远距离数据传输的能力），不如购买本地化能力（在需求点附近放置数据的能力）。考虑到对互联网及其使用的讨论中充斥着虚拟性和无地点性的论调，这一转变尤为引人注目。

协议作为机制

克雷格·帕特里奇（Craig Partridge）在其著作《千兆网络》（*Gigabit Networking*，1994）中，全面概述了以千兆速度（即数据传输速率超过每秒十亿比特）运行网络所涉及的技术问题。然而，在对 TCP/IP 协议使用展开讨论的一开始，作者就遇到了一个奇怪的挑战：虽然网络技术确实能够以千兆的速度传输数据——实际上，还会更快——但当时人们并不普遍认为基于 IP 的网络能够达到这样的速度。持怀疑态度的人认为，正是协议本身——关于数据应该如何格式化以及在发送或接收时应该如何处理的一套约定和规则——使得千兆速度难以实现。如前所述，在 IP 网络中，数据被处理为离散的数据包，每个数据包都有自己的地址信息，且在网络中被独立处理。在千兆速率下运行 IP（或其他任何协议）的挑战在于，网络路由器能否在下一个数据包到达之前处理完当前数据包。随着网络传输速率的提高，可用于处理单个数据包的时间窗口会不断缩小。IP 的替代方案的支持者认为 IP 无法"扩展"，即处理协议数据的开销过大，IP 数据包的处理速度不足以有效利用千兆网络。因此，帕特里奇在其讨论之初，首先展示了一段能解析并转发 IP 数据包的具体软件代码，然后用逐条指令详细证明，这段代码可以在足够快的网络路由器上执行，从而实现千兆传输速率。

帕特里奇的这一演示行为——尤其是将其作为讨论起点的必要性——凸显了我们在思考网络技术时的一些重要问题。这些问题对于计算机科学家和工程师来说可能是显而易见的，但由于它们过于明显，反而可能让我们忽视其重要性；而对于那些撰写、讨论及思考网络技术的其他人来说，这些问题则显得颇为新颖。第一，该演示强调了一个观点：网络所能实现的功能并不等同于传输线路的能力，而我们常常将两者混为一谈。也就是说，传输线路的数据传输速度可能比"网络"的实际运行速度要快。第二，演示揭示了不同网络协议不仅在形式属性上有所差异，还在实际能力上存在区别——协议不仅仅是加洛韦（Galloway，2004）所描述的那种规则和约定，还需要考虑诸如重量、长度和速度等实际性能指标。第三，它引导我们关注网络**内部**（其运作的实际表现形式）与**外部**（它能为我们做什么以及如何做）之间的关系。

对于帕特里奇而言，网络的能力需要从多重物质性的角度来理解，包括网络路由代码的执行速率、IP 报头解码的复杂度，以及 IP 数据包沿线路传输的纯粹原始速度。实际上，协议可能由于太过复杂——用技术术语来说就是太重（heavy-weight）——而难以实现期望的特性。协议的可能性必须结合其他能力、其他物质性和其他技术安排来看待。同样，协议也限制了可能性。它们设计的目的之一是防止某些不希望出现的情况发生。然而，界定什么是"不希望出现的情况"，远不止于技术层面的问题，即使我们使用技术手段来控制和调整可能性范围也是如此。协议在其形式和能力上同时产生了技术和制度安排。在追溯协议、拓扑结构、网络惯例、制度安排、商业交换以及表征策略相互交织的历史过程中，我试图证明单独讨论其中之一而不涉及其他方面是不可能或不切实际的。

网络与表征物质性

仅以网络路由为例，我们已经可以看到一系列表征形式——编码，以及可操作模式的约束或范围——如何共同塑造了网络的使用、体验与政策议题。

第一,拓扑结构与时间性的交织在路由的表征物质性中找到了其解决方案。随着网络规模的扩大,其变化的速度也在加快。每当一台计算机断开连接,或者当一台笔记本电脑从休眠状态恢复并接入 Wi-Fi 时,互联网的拓扑结构就会发生变化。在一个小型网络中,这样的变动可能只是偶尔发生;但在全球互联网层面,这种变动则成为一个持续不断的动态过程。网络协议的逐渐演进在一定程度上是对这一现象的回应,旨在采取措施来管控这些变化的波及效应,并降低其他节点获知每次变动细节的必要性。网络结构的变化速度是基础设施的一项物质特征,而协议在调节基础设施变动与机构行动之间起着关键作用。

第二,我们已经观察到能表达网络路由的表征形式与网络活动的界限和规模之间存在着直接关联。从路由信息协议中的 15 跳限制,到外部网关协议中政策路由的可接受定义,表征实践为作为运营实体的网络设定了可实现和可表达的界限,并促成了社会、组织和制度领域内自主性和依赖性区域的出现。

第三,我们应该关注去中心化、延迟和委托的问题。互联网运作的去中心化——数据包无需诉求于中央控制点即可被路由,以及互联网政策遵循所谓的**端到端(end-to-end)模型**(该模型主张将控制置于网络边缘)——是互联网作为一项特定技术最为人所知的特点之一(Saltzer et al.,1984;Gillespie,2006)。然而,对互联网路由的研究表明,去中心化路由的灵活性依赖许多其他组件的支持,而这些组件可能并不具备相同程度的去中心化控制。加洛韦(2004)详细阐述了在协议驱动的互动体制下,去中心化所隐含的集体协议承诺类型。我们还可以指出,网络寻址和拓扑结构是去中心化运作的具体领域,它们在一种权威延迟与职权委派的框架下发挥作用。

与此同时,我们必须牢记这一分析所提出的第四个物质性考量,即区分协议(protocol)、实现(implementation)和体现(embodiment)的必要性。协议与实现之间的区分已被广泛认可。也就是说,我们从分析上理解了系统互操作的形式描述(即协议)与实现这些协议的具体软件之间的区别。例如，协议往往不是完备的，实现者在决定接受多大程度的协议偏差上拥有一定的自由裁量权。然而，协议与体现之间的区别则指向了另一个问题。它强调了一个事实：一个协议可能在设计上清晰、定义明确且有效，但在实践中却可能无效或无法运作。例如，当路由表过于庞大、网络连接速度过慢、路由硬件缺乏足够的计算资源来处理协议，或协议与当地条件匹配不够时。协议相关系统的失效并不必然意味着协议本身的失败，甚至也不一定归因于实现上的问题；具体的体现形式，不仅关乎基础设施，关键还有协议本身的具体体现，即线上的数据也同样重要。

更广泛地说，对互联网进行物质性探讨时，不应仅限于讨论"网络"本身是什么，还要探讨这个特定的网络——作为一个具体案例，以及众多可能替代性方案中的一员——可能是什么。也就是说，仅仅论证去中心化的关键作用，或是考察协议所提供的形式化分离机制，又或是注意到基础设施的地理位置，这些都是不够的。物质性论述必须深入探讨去中心化是如何成为可能的，协议具体做了什么以及如何做到，以及在**这一特定**的互联网中——在这一物质特定、地理特定和历史特定的互联网中，特定形式的空间和制度安排如何成为可能。本章通过对路由和路由协议的讨论，特别是将当代网络架构置于历史先例的背景下，探索了这些问题。在下一章中，我将尝试通过研究非互联网网络，作为数字通信可能性和挑战的另一种视角，来进行不同形式的情境化分析。

第七章
互联网与其他网络

在第六章中,我通过解析路由协议强调了互联网结构及制度安排如何与网络传输中数字对象的表征物质性及编码共生演进,由此出现的这一结构挑战了传统上我们对互联网本质及运作方式的理解。评估互联网技术的操作可能性之所以困难,部分原因在于缺乏可供对比分析的替代方案。在第六章中,历史视角的解读使这种分析成为可能,它让我们思考不同协议及其不同关注点。本章则进一步扩大了讨论范围,不仅探讨路由问题,还考察了网络行为的其他方面,采用比较法来分析不同类型的网络,从而将当代互联网视为多种可能网络中的一种来审视。

何为互联网?

我在此探讨这一问题,部分动机是为了回应那些经常在学术讨论及大众媒体中出现的关于互联网运作的言论。例如,当有人声称说"互联网视审查为损害并绕过它"(Elmer-Dewitt,1993),他们究竟指的是什么?而如果有人认为互联网因其去中心化的架构而成为一股民主化力量(Dahlberg,2001),或认为它是建设草根社区的平台而非大众传媒信息传递的工具(Shirky,2008),我们又该如何解读这些观点?

对于这类评论的一个有效批评是它们对待诸如民主、审查、广播或社区等主题的态度过于随意(如 Hindman,2008)。然而,在这些陈述中我

168 想聚焦的是"互联网"这个术语。当我们赋予互联网以某种特性时,我们具体的意思是什么?我们仅仅是指"数字网络"吗?还是指实施了互联网协议的数字网络,如果是这样,我们指的是哪些协议?抑或是指我们已经建立的那个非常独特的网络——**互联网(the),这个(this)互联网,我们的(our)互联网**,也正是此刻我连接着的这个互联网?或者,是完全不同的其他事物?

为了更具体地阐述这一论点,我想从自身工作经历中的两个案例谈起,这两个数字转型的例子说明了讨论互联网作为去中心化力量时所面临的复杂性。

第一次转型发生在 20 世纪 90 年代初,当时我在施乐公司工作。施乐一直是数字网络领域的先驱,早期以太网和分布式系统的研发为互联网协议(IP)套件的发展奠定了重要基础,而诸如 Pup(Boggs et al., 1980)和 Grapevine(Birrell et al., 1982)这样的研究系统随后催生了一套名为 XNS 的协议套件,它是施乐在市场上销售的一系列数字办公系统的基础。施乐的企业网络遍布全球,其中成千上万的工作站和服务器通过 XNS 协议连接。到了 90 年代,随着 Unix 工作站开始主导专业工作站市场,以及 Gopher、WAIS 和 Web 等分布式信息服务促进了互联网的快速增长,施乐公司的许多员工也开始对在公司内部网络中使用 TCP/IP 产生了兴趣。特别是研发部门,一些小组开始在本地运行 TCP/IP 网络,然后逐渐寻求方法,利用承载 XNS 流量的租用线路将这些网络连接起来。这些做法最初是非正式甚至是游击式的,但随着时间推移,这些活动逐渐被组织知晓并容忍,最终随着 TCP/IP 成为施乐内部网络公认的一部分而得到了正式的支持。

XNS 是一套专为企业环境设计的协议套件。尽管从技术角度来看它是去中心化的,但其运行依赖一种行政上集中管理或受控的模式。XNS 的有效运用是通过一个名为"清算所"的分布式数据库服务来实现的,清算所负责命名设备、解析地址、认证用户、控制访问等功能(Oppen and Dalal, 1981)。所有与网络相关的对象,包括用户、服务器、工作站、打印机、电子邮件列表、组织单元等，都在清算所中进行注册。清算所实际上是一个由数据库服务器组成的分布式网络，这些服务器通过所谓的"流行病算法"相互联结，以确保数据库记录保持最新状态（Demers et al., 1988）。访问控制机制区分了管理员和普通用户的角色：管理员有权更新清算所数据库，而普通用户只能查询名称信息，无权添加新的条目。由于清算所服务对于 XNS 服务体系至关重要，因此无论是添加新用户还是安装新工作站等各种操作，都需要这种管理级别的访问权限。

相比之下，TCP/IP 网络及其常连接的 Unix 工作站则采用了更为分布化的管理模式。每台 Unix 计算机可以在本地定义用户，并且工作站也可以维护它们自己的机器地址和网络路由信息。即使系统相互连接，在 IP 网络中有效连接机器所需的协调也比在 XNS 网络中少得多。因此，IP 网络的兴起为人们提供了一条途径，让他们在一定程度上能够不那么依赖 XNS 网络运营的企业 IT 管理体系。由于 XNS 是组织通信的主导技术，使用 TCP/IP 的人们不可能完全"绕过"企业网络，但它确实为使用者提供了一定程度上的自主性。

第二次转型同样是向 IP 协议的转变，但其背景却大相径庭。这一转变发生在 1990 年代末我在苹果公司工作期间。与施乐的情况类似，互联网的整体崛起反映在原本基于另一种网络协议（即 AppleTalk）构建的网络越来越多地采用 TCP/IP 协议。AppleTalk 是苹果为连接麦金塔（Macintosh）计算机而开发的一套专有网络协议。虽然最初是为了连接较小规模的网络中的计算机而设计，但随着时间的推移，它逐渐发展到可以在企业环境中广泛部署的以太网中运行。AppleTalk 网络协议的一个重要特色在于其**即插即用**的方法，这使得网络能够在几乎不需要手动配置的情况下进行部署。例如，AppleTalk 协议并不要求预先分配网络地址，也不需要服务器来发现网络资源，这些功能都是由联网计算机自行管理的。因此，建立 AppleTalk 网络通常需要很少甚至不需要行政干预。相比之下，TCP/IP 网络确实需要设置一些服务，比如必须部署 DHCP 服务器来分配地址，必须部署域名服务器来解析网络地址等。（实际上，被称为Bonjour或Zeroconf的现代网络技术，就是为了将AppleTalk的即插即用功能重新引入TCP/IP网络中而设计的机制。）因此，施乐公司从XNS到TCP/IP的转变是一个去中心化的转变，它增强了人们对公司网络管理的独立性；而苹果公司从AppleTalk到TCP/IP的转变则朝向了相反的方向，它导致了对网络基础设施的**更多**依赖，进而导致了对网络管理的更多依赖。

这两个例子凸显了本章关注的两个核心问题。首先，关于"互联网"及其政治和体制特征的论述往往因为缺乏对比参照而显得苍白无力。诚然，互联网可能是去中心化的，但这是相对什么而言呢？更去中心化的网络架构是可以想象并且已经存在的。如果我们试图描绘的"互联网"不是一个孤立的现象，而是存在多样可能，那么我们或许能进行更加深刻和富有成效的观察。接下来，我将简要概述一些可用于对照的案例，通过展示当代现象可能呈现和曾经呈现的面貌，为其提供更为具体且精准的阐述。因此，首要关注点是提供一个框架，在此框架内，对互联网特性的描述能够承载更多意义。其次，互联网的独特性使得我们难以明确界定研究对象的本质，即我们所描述的对象。鉴于互联网——我们如今能购买或获得接入的这个特定互联网——通常是我们唯一知晓的互联网，当我们讨论诸如去中心化这样的概念时，很难准确说出所指的对象是什么。我们是指全球的网络互联本质上就是去中心化的吗？还是说，去中心化是我们用来操作网络的特定协议和软件（即互联网协议）的特征？又或者，去中心化是我们已经构建的具体网络的特征，该网络不仅仅使用这些协议，而且通过特定的连接（包括海底光纤电缆、家用Wi‑Fi连接、商业服务提供商等的混合体）来实现这些协议？**我们的**这个互联网是去中心化的一个实例，同时我们能否设想构建一个中心化的版本？或者，更有趣的是，我们的互联网是否其实没有达到它应有的去中心化程度，未能实现其内在潜力（如果这是我们所期望的）？

为了富有成效地探讨这些问题，我将从两个角度入手：首先，我将简要列举一些"此"(the)互联网①的替代方案。这其中既包括完全独立的网络体系,也包括那些虽然属于更广泛的互联网的一部分,但并不总是按照整个互联网相同方式运作的小型组件。其次,我将逐一审视网络功能的关键方面,如路由、命名等,并考察它们在当代的具体表现,尤其关注特定的商业和技术安排如何影响网络设计所蕴含的开放性或可能性范围。综合以上两点,我们得以发展出对潜在网络布局的理解,从而认识到当前的网络布局在其中的位置。这或许能够帮助我们更准确地定位或评估关于"互联网"本质及功能的各种论述。

其他网络(Othernets)

我研究的出发点是所谓的其他网络——不妨将其理解为非传统互联网的网络。虽然我是将网络作为一种技术架构加以关注,但从现象学或体验的角度来看,人们可能会形成对其他网络不同的理解。传播与媒体研究领域的学者已经令人信服地论证了"单一互联网"的概念——每个人体验中的共同对象——已经不再适用(Goggin,2012;Schulte,2013;Donner,2015;Miller et al.,2016)。接入在线资源的多样化方式(比如,通过固定线路基础设施和台式电脑,或是移动电话)、利用这些资源的不同途径(例如,通过网页浏览器或应用程序),乃至每个人日常使用的特定在线服务组合〔如脸书、领英、QQ、同班同学(Odnoklassniki)、推特(Twitter)、微博、照片墙(Instagram)、Venmo、色拉布(Snapchat)、Kakao等〕都表明,人们对数字服务的体验远比"此"(the)互联网的概念所能涵盖的要零散和封闭得多。

而我在本书的关注点在于实现网络互联的技术架构(尽管从技术层面的解读可能同样支持现象学的观点)。我所探讨的非传统互联网,指的

---

① 原文中"'the' internet"的"the"用来强调互联网作为一个具体、单一的整体概念,指代的是传统意义上的"互联网",即全球范围内广泛连接的公共网络,意在区分互联网作为统一体与其他可能的、替代的网络形式。——译者注

是其他类型的网络，其中一些早于现今互联网出现，并且存续至今。这些网络中，有的风格相似但使用了不同协议，有的则是截然不同的架构，有的覆盖全球，有的则侧重本地化，有的是特定的网络，有的则是关于网络设计的思考或方法论。它们在此丰富了我们对于互联网可能性的认知，帮助我们将"互联网"置于一个更为广阔的情境中来理解。

在我们深入探讨之前，有这样一个看似简单的问题摆在面前：什么是网络？乍一看，这个问题的答案似乎显而易见，但实际上并非如此。显然，网络连接着在空间分布的计算资源，使得信息能在不同设备间流动。这种解释直接明了，但也可能过于笼统，毕竟我的计算机和键盘之间的关系也可以被认为是符合这一描述的网络。诚然，在某些情况下，将连接至我电脑的各种设备视为一个网络也未尝不可，但这并非本书所探讨的范畴。因此，我们或许应该更具体一些，要求网络连接的设备的分布范围不仅限于我的桌面各部分，而是分布在更广泛的区域，并且在某种程度上可被识别为独立的"设备"。这样的界定有所助益，但依然太过笼统。比如，它可能包括了一台大型主机或迷你计算机与其遍布整个都市区域的所谓"哑终端"间的连接（**哑终端**自身没有计算能力，仅负责传输按键信息以及显示来自远程计算机通过串行线发送的字符）。在本次讨论中，我将聚焦于连接独立计算设备的网络，即那些能够自行运行程序的设备，并且至少在理论上即便脱离网络也能执行计算任务的设备（正如我即便断开互联网连接，也能在笔记本电脑上继续运行程序一样）。如果连接到大型机的哑终端本身没有计算能力，那么，网络则是将那些本身可用作计算机的设备连接到了一起①。

究竟为何提出这一问题？有几个原因使得这一讨论颇具价值。首先是为了指出它并不像表面上看起来那么简单：一方面，这个术语随着时间的推移在不断演变；另一方面，这个概念涉及观察视角和实用性问题。

---

① 需要注意的是，早期的 ARPANET 确实提供了通过终端接口处理器（TIP）将终端连接到主机的方式。终端接口处理器是连接主机到网络的接口信息处理器（IMP）的变体。然而，ARPANET 连接的主要实体还是那些通过接口信息处理器连接的主机自身。

其次，不同的情境下我们对网络的定义标准也可能有所不同。我提出这一问题的另一个原因在于，它揭示了用户看待网络与设备关系的角度至关重要：问题不仅仅在于网络是什么，更在于将某事物视为网络意味着什么。最后，我提出这一问题，还因为历史上存在一些虽引人入胜却不完全符合现代网络概念的例子，而这些例子也颇为值得关注。

其中一个案例是斯塔福德·比尔（Stafford Beer）在1971至1973年间为智利的阿连德政府设计的卓越的Cybersyn系统，艾登·梅迪纳（Eden Medina，2001）对此展开了深入分析。Cybersyn被设想为一个基于比尔（Beer）的控制论管理原则（Pickering，2010）来调节和管理智利经济的系统，特别关注制造业和运输业。尽管该系统在部分功能上已经可以运作，并且在一次全国性罢工期间被用来协助资源管理，但由于推翻阿连德政府的政变中断了开发工作，它从未得以全面实施。即使在其最完善的设计构想中，Cybersyn也是一个系统而非网络：它通过部署在全国各地工厂中的终端和电传设备来收集信息，但这些信息最终汇聚到圣地亚哥的一处中央计算中心进行处理。作为一个对比，本杰明·彼得斯（Benjamin Peters，2016）在其杰出著作《如何不联网一个国家》（*How Not to Network a Nation*）中描述的苏联"原型互联网"OGAS则计划作为一个真正的网络运行，将全国各地的工厂计算机系统连接起来，实现信息共享与生产调控。然而，与Cybersyn类似，OGAS项目同样未能从规划阶段进入实际操作。

一个更复杂的例子是法国的视讯服务Minitel（Mailland and Driscoll，即将出版的研究）。Minitel是一个由真正网络（连接型计算机）与大型机模型（通过简易的视频终端提供访问）构成的混合体。Minitel用户通过由法国电信免费提供的简易终端接入系统。这些终端通过标准电话线连接到系统接入点（称为PAVI）。PAVI提供了一个界面，让人们能够访问由第三方服务和信息提供商维护的其他计算机上托管的服务。根据先前的定义，这里确实存在一个网络：它遵循X.25协议套件运作。然而，用户最终的体验更像是拨号访问大型机式的服务。即便Minitel不太符合我在这里设定的网络定义,它仍值得研究,原因之一在于尽管原版法国系统取得了显著成功,但在美国旧金山湾区以"101 Online"为名复制该服务的努力尝试却遭遇惨败,这点梅兰(Mailland, 2016)有所记载。

Minitel本身堪称一个巨大的成功,它自1978年作为试用服务推出,到20世纪90年代末在法国已连接了大约2 500万用户(当时法国总人口约为6 000万),成为首个成功的大众市场数字信息基础设施,而欧洲其他地区的类似系统却没能吸引到订阅用户。Minitel提供了广泛服务,涵盖了电话号码目录、网上银行、天气预报、股票价格、旅行预订、占星术、包裹与货运、体育信息,当然,也有成人内容。

鉴于该系统在法国取得了显著的成功,运营商考虑将其业务扩展至海外,硅谷和旧金山湾区自然成了首选之地。1991年,法国电信推出了Minitel的美国版101 Online,初期策略是面向欧洲侨民,期望他们对这项服务不会感到陌生,并向诸如记者和文化界企业家等有影响力的人物免费发放终端,希望借此启动内容创作并激发兴趣。然而,不到18个月,整个系统便彻底陷入困境。梅兰探讨了导致失败的多重原因,部分归咎于管理失误及团队风格冲突。另一些原因则与时机有关:在个人电脑已成为家庭重要组成部分的时期和地区,推广需要专用终端的服务显得不合时宜。然而,更引人深思的是架构所带来的影响:技术安排的方式,包括对内容的控制、网络容量、互操作性和兼容性问题,以及组织结构如何与当地的技术使用理念相匹配。梅兰利用这个案例反思了关于私营部门与公共部门在创新能力对比方面的常见论点所存在的问题:

> 在法国,Minitel作为高度现代化、政府主导模式的典范,其设计初衷是为了推动私营硬件和内容创作行业的发展。因此,在实施策略上选择了去中心化,赋予内容创作者对其作品的控制权。与此形成鲜明对比的是美国的做法。同样是这项技术,在私营部门的应用中,网络被集中管理,所有内容均托管在网络运营商的主机上,只有运营商有权限编辑内容。这种将决策权完全交给私营部门的做法抑制了创新。(2016, 20)

Minitel 介于网络和服务器之间,而其他网络则为当代互联网提供了更清晰的对比案例。

Fidonet

电子布告栏系统(Bulletin Board System,BBS)用于托管消息和讨论,它通常基于相当简单的技术平台,如配备调制解调器的普通家用电脑,这使得人们可以通过普通的电话线拨号进入系统来阅读和发布消息。在美国,由于本地电话通常是免费的,随着家庭电脑市场的兴起,BBS 在 20 世纪 70 年代末和 80 年代初蓬勃发展。借助极其基础的软件,用户就可以在不同时间拨入 BBS,发布消息供他人稍后阅读。虽然理论上人们可以通过长途电话连接到 BBS,但大多数用户更倾向使用免费的本地通话,这使得大多数 BBS 活动高度区域化。

"菲多"(Fido)是 1984 年汤姆·詹宁斯(Tom Jennings)在旧金山首次编写的一款 BBS 软件的名称,随后被美国其他地区的用户所采纳。不久之后,菲多软件更新了代码,允许不同的菲多公告板系统之间互相拨号交换信息。这一软件及通过这种机制交换信息的 BBS 系统网络被统称为"Fidonet"[①]。Fidonet 的发展极为迅速,自 1984 年成立到同年年底,它已拥有约 500 个节点,1987 年增长至近 2 000 个,1991 年达到 12 000 多个,1995 年更是超过了 35 000 个。每一个节点都是一个电子公告栏,服务于数十到数百名用户,这些用户可以交换电子邮件、文件,并在讨论组中进行讨论[②]。

Fidonet 的设计(除一个关键例外)从根本上体现了彻底的去中心化理念。由于它基于拨号连接而非固定线路基础设施,因此采用了直接的点对点通讯模型。起初,Fidonet 软件设计时包含了一个最多可达 250 个

---

① 换言之,与"互联网"相类似,"Fidonet"这一名称既指代了软件基础设施的可能性,也特指其实际应用的唯一已知实例。
② 以下是根据《BBS:纪录片》(http://www.bbsdocumentary.com)提供的数据,逐年统计的 Fidonet 节点数量:1984:132;1985:500;1986:938;1987:1 935;1988:3 395;1989:5 019;1990:7 503;1991:12 580;1992:18 512;1993:24 184;1994:31 809;1995:35 787。

节点的扁平列表；然而，在原始软件发布一年内，当人们意识到系统规模即将超出这一容量时，便引入了一套包含地区、区域和网络的体系结构。这套结构依据地理位置映射网络拓扑，提供了一种消息路由机制来降低成本（通过最大化本地呼叫和将消息集中进行长途传输），同时保持了最少的固定结构；节点间的直接通讯始终是 Fidonet 模型的核心。其结构本质上展现了双层架构：一层为常规结构（即站点之间每日或每周的连接模式）；另一层为即时结构，由当前正相互通讯的节点组成。（相比之下，当今主要由固定基础设施和宽带连接构成的互联网，在很大程度上模糊了这两层的界限。）

在引入区域和网络的概念之前，Fidonet 使用的是一个由詹宁斯直接维护的单一"平面"节点列表。区域和网络的引入使得 Fidonet 能够构建出更加去中心化的结构。这一结构既是地址体系，也是路由体系，两者相辅相成——网络的组织架构同时决定了消息如何从一地传送到另一地。

Fidonet 的构建围绕着一种支持文件在不同节点间流转的文件传输机制。在这个机制之上可以开发出其他功能，例如电子邮件。从用户的角度来看，被称为"回声"（echoes）的讨论组是 Fidonet 的一个重要特色。回声讨论组允许用户发布信息并传播给系统内对该主题感兴趣的全体用户。回声中的"审核"（moderation）机制让管理者可以事后删除与主题无关的帖子，但这并不是事先审核的制度（即信息发出前不需要获得明确批准）。与 WELL 系统（Turner，2006）类似，Fidonet 上的主题导向讨论论坛成为用户互动和社群建设的主要场所（尽管与 WELL 不同的是，菲多的回声是联网而非集中的）。

Usenet

Usenet 是一个相对非正式的术语，指的是通过一系列基于 Unix 操作系统版本提供的设施构建的全球计算机网络（Hauben and Hauben，1997）。这一设施被称为 uucp，即"Unix-to-Unix copy"的缩写。在 Unix

的命令行环境下,"uucp"是一个允许用户在计算机之间复制文件的命令。该命令的设计灵感来源于标准的文件复制命令"cp"。正如用户可以使用"cp"命令将文件从一个源位置复制到一个目标位置,他们同样可以使用"uucp"命令来完成类似的操作,只不过源位置或目标位置之一实际上位于另一台计算机。

与 Fidonet 类似,uucp 最初只是作为一种基本的用户文件复制工具开发的,但人们很快意识到它足够通用,可以作为扩展来支持其他功能。例如,uucp 可以用来支持站点间的电子邮件消息传递,通过将单个消息作为文件进行交换,远程系统会将这些文件识别为需要通过本地电子邮件系统投递的草稿。因此,用于命名远程文件的相同机制也可以用来命名远程用户。

由于 Usenet 最初设计的目的仅仅是为文件交换提供一个用户界面的拨号机制,因此它并没有提供一个全局的命名机制来标识站点、文件、对象或用户。相反,它的命名机制就是一系列标识符(由感叹号或"bang"符号分隔)组成的序列,用于说明消息应该如何被路由。例如,路径"seismo! mcvax! ukc! itspna! jpd"指示计算机首先将文件传送给名为"seismo"的计算机①,在那里路径将被重写为"mcvax! ukc! itspna! jpd";接下来,文件会被传送到名为"mcvax"的计算机,然后再到名为"ukc"的计算机,依此类推。用户是"jpd",其账户在"itspna"计算机上。因此,要正确发送消息,不仅要知道目的地,还需要知道消息应经过的完整路由,即必须建立的一系列点对点连接。每个路径描述了一个直接连接。例如,只有当"mcvax"是"seismo"定期直接连接的计算机之一时,上述示例中的"感叹号路径"才有效。换句话说,如果"seismo"只直接拨号到某些特定的计算机,而"ukc"不在此列,那么就不能沿路径"seismo!

---

① 更准确地说,是它指导本地机器沿着本地标记为"seismo"的连接发送这条消息。两台不同的计算机可能对实际上都连接到"seismo"的链路有两组不同的标签,并没有服务来确保统一命名,名称到链接的映射完全是本地的。然而,为了便于管理和维护,常规做法是使链路和机器的命名保持一致。

ukc! itspna! jpd"来路由消息。

这里有两个方面值得关注。第一是基于路由的寻址机制对于网络结构动态性的影响。通过"感叹号路径"进行路由寻址,不仅意味着你需要了解你的计算机是如何连接到网络的,还意味着所有想要联系到你的人都需要了解你的计算机是如何连接到网络的,并且他们还需要了解所有中间计算机的网络连接情况。这种安排不允许频繁的重新配置。如果"seismo"停止与"mcvax"通信,那么所有依赖这条连接进行路由的人都会发现他们的路径中断。

第二个值得注意的方面,部分来自上述机制的结果:在 Usenet 提供的开放、成对连接的结构中,很快就形成了一种主干层级结构,起初是通过惯例自然形成的,后来则是通过明确设计得以巩固。这些站点彼此之间或者与其他群体之间进行了大量数据传输,包括 AT&T 在印度山站点的 ihnp4、位于弗吉尼亚州北部地震研究中心的 seismo 以及阿姆斯特丹数学中心的 mcvax,它们实际上成为横跨大西洋的主要网关。还有像坎特伯雷肯特大学(University of Kent at Canterbury)的 ukc 这样的国家站点,实际上成为通往英国的门户。值得一提的是,其中一些站点还充当了广为人知的路由节点。人们可能会将自己的电子邮件地址表示为"……! seismo! mcvax! itspna! jpd",其中的"……"基本上意味着"通过你通常使用的路径到达这里"。因此,和其他实例一样,尽管网络的设计本身是无结构的,但实际操作中需要对某种形式的被广泛理解的中心化作出承诺。

然而,明确使用"感叹号路径"的 uucp 邮件并不是 Usenet 的主要或最显眼的特征。一种后来被称为 Usenet 新闻的分布式消息服务,于 1980 年首次部署,它同样利用了底层的 uucp 机制在站点间共享文件。不过,与定向给特定用户的电子邮件不同,Usenet 新闻中的文章是公开发布的,被组织进按主题分类的**新闻小组(newsgroups)**。通过 uucp,这些文章会在站点间传播。Usenet 连接了许多学术和行业研究站点,这些站点后来被纳入 ARPANET 或其后续网络。随着时间的推移,互联网协议成为信息交换的一种更加高效的方式,到了这个时候,Usenet 新闻小组就开始(并持续至今)通过 TCP/IP 而非 uucp 进行分发了。

BITNET

BITNET 是一个大型国际网络,主要连接学术机构。在其发展的不同阶段,BIT 分别代表"因为它在那里"(Because It's There)或"因为时机已到"(Because It's Time)。该网络于 1981 年在纽约市立大学和耶鲁大学之间建立了连接,并在 20 世纪 80 年代和 90 年代初期迅速扩展,巅峰时期连接了近 500 个机构(Grier and Campbell,2000)。BITNET 是基于网络作业入口(network job entry,NJE)而创建的。网络作业入口是一种远程作业输入机制,是 IBM 的 RSCS/VNET 协议套件的一部分,本质上是一种允许将程序发送到另一台计算机远程执行的机制。BITNET 以"远程作业输入"为基础的理念表明,它继承了早于交互式和分时计算时代的遗产;将计算机程序执行命名为"作业"反映了大规模数据中心批处理计算的语言,常让人联想到 20 世纪 60 年代的穿孔卡片操作。因此,BITNET 所连接的计算机往往不是 ARPANET 中常见的中型部门级小型计算机,而是大学计算中心的大型 IBM 主机,用于为整个校园提供通用计算资源。同样,虽然 ARPANET 节点常设置于计算机科学系或研究机构中,但 BITNET 通常提供的设施位于更大且更正式的机构环境中。尽管网络作业入口协议是 IBM 设计的,但它并不限于 IBM 计算机。在 BITNET 上,IBM 计算机占据了主导地位,其他参与的计算机(如运行 VMS 的 DEC VAX 系统)往往是为广泛的学术人群提供通用计算服务的大型机器。

遵循批量处理的传统,BITNET 的设施并不依赖主机之间或用户之间的直接实时对接,而是采用了在层级网络节点布局上的"存储与转发"机制。具体而言,发往远程用户的一封电子邮件会作为一个整体,通过本地、区域和国家节点层级体系(类似于 Usenet),一步步地被转发至一个又一个主机,最终到达目的地。

BITNET 留给当今在线世界的最持久遗产或许就是"LISTSERV"这个词了。虽然许多网络（甚至是非网络系统）都提供了将电子邮件消息重新分发给多个接收者以创建公告和讨论列表的功能，但 BITNET 提供了一种名为 LISTSERV 的自动化机制来管理这些分发列表。LISTSERV 软件早已不复存在，但 **listserv**（邮件列表服务）一词却以多种方式留存了下来——作为电子邮件分发列表的通用术语，作为特定讨论列表的标签（例如，"物质性 listserv"），作为在分发列表地址后缀使用"-l"的惯例（例如，"aoir-l""cultstud-l"）。LISTSERV 软件在 BITNET 环境下运行，这意味着邮件列表服务总是托管在 BITNET 主机上，但参与这些列表的并不仅限于 BITNET 用户。也就是说，通过 BITNET 与其他网络之间的网关，BITNET 之外的用户也可以参与邮件列表讨论，这使邮件列表服务的影响力超出了网络本身的范围。

X.25

20 世纪 80 年代，基于一套名为 X.25 的协议构建的多个公共数据网络与正在兴起的 TCP/IP 互联网标准构成了直接竞争关系。遵循惯例，我在此将 X.25 用作一系列相关协议的总称，这些协议涵盖了这个网络基础设施中互有差异但彼此关联的要素，包括 X.3、X.28、X.29 等，它们由 CCITT（国际电报电话咨询委员会，现为联合国国际电信联盟的一部分）开发并定义。CCITT 是一个由各国电信运营商组成的标准化组织，而许多（虽然并非全部）提供 X.25 服务的供应商都是传统的电信和电话公司。

X.25 是一种分组交换服务，但与 IP 不同，它在"虚拟呼叫"的背景下提供可靠的分组传输服务，这种模式使得网络应用看起来像是在使用电路交换服务。虚拟呼叫模型反映出大多数网络运营商的背景是电话公司，同时也为运营商提供了一个自然的计费模型。与 TCP/IP 不同，X.25 仅在内部使用分组传输，而没有提供数据报服务。

在英国，联合学术网络（Joint Academic Network，JANET）是一个基于 X.25 技术的网络，为包括爱丁堡大学在内的学术机构提供联网服务。我在爱丁堡大学完成了我的本科学业，并在一个语音技术研究中心担任系统管理员，因此，我对 X.25 的记忆不仅仅局限于研读协议规范，还包括了亲身体验——我曾跪在地上，将手臂伸过机房高架地板的开口瓷砖，摸索电源开关以重启发生故障的网络接口（纯粹物质性从未远离）。与此同时，英国电信提供了一项名为 PSS 的商业 X.25 服务。在美国，Telenet 是 X.25 主要供应商之一，这是一家从 BBN（Bolt Beranek and Newman，博尔特·贝拉尼克·纽曼公司）的 ARPANET 项目中分离出来的商业网络提供商，这家公司承建了 ARPANET 的大部分核心技术，合同由美国国防部高级研究计划局（ARPA）授予。Telenet 的总裁拉里·罗伯茨（Larry Roberts）此前就职于 ARPA。Telenet 的服务早于 X.25 标准的出台，事实上，X.25 标准的某些方面就源自 Telenet 的研究成果（Mathison et al., 2012），而 Telenet 也逐渐向标准化服务过渡。

X.25 本身仅指对应于网络层次结构中较低层的数据传输协议。商业上提供的 X.25 网络服务通常结合了其他一系列面向用户的服务。例如，英国的联合学术网络提供了一系列服务，这些服务由以规范文档封面颜色命名的协议来定义，包括蓝皮书（文件传输）和灰皮书（电子邮件）。这些标准是在早期英国学术网络 SERCNet 的背景下发展起来的。这样的安排使得在 X.25 网络上开发和部署新服务的过程变得较为缓慢。X.25 的另一种用途是作为网络通道，被视作虚拟电缆来传输不同类型的网络协议。举个例子，CSNET 就利用了 Telenet 服务作为其网络组件之一，通过它来传输 TCP/IP 数据包。

X.25 的一些服务被其他电信设施所取代，比如帧中继（Frame Relay）服务，而其他一些面向用户的服务则被 TCP/IP 网络所取代。尽管如此，X.25 网络在工业领域的应用仍然广泛存在，特别是在银行和金融领域，许多银行自动取款机仍在使用 X.25 网络。

XNS

XNS，即施乐网络服务协议套件，在本章开头关于网络变迁的故事中已有所提及。XNS 起源于 Pup 协议,也就是施乐帕洛阿尔托研究中心(PARC)通用包,这是施乐帕洛阿尔托研究中心在 20 世纪 70 年代初的一个早期研究项目(Boggs et al., 1980)①。当时施乐帕洛阿尔托研究中心的研究人员内部使用了多种不同的面向数据包的网络服务,他们希望建立一个统一的架构,使单个数据包能在不同且异构的网络间移动。初期的实现涵盖了以太网、数据通用公司(Data General)的 MCA 网络和 ARPANET。Pup 协议本身提供了一种不可靠的数据报服务,能够在这些不同的底层网络之间实现互联。尽管如此,"Pup 服务"一词常被用来泛指通过 Pup 服务可能提供的所有协议功能,包括可靠的字节流、远程文件访问、文件传输和打印等。

Pup 协议的研究先于 TCP/IP 设计,并间接对其产生了影响。施乐帕洛阿尔托研究中心的研究人员参加了 1973 年在斯坦福大学召开的会议,TCP/IP 设计正是从那些会议中诞生。当时 Pup 协议已经投入服务,但施乐的法务部门拒绝允许研究人员透露它或讨论它,他们的参与仅限于提问和指出潜在问题。在迈克尔·希尔茨克(Michael Hiltzik, 1999)关于施乐帕洛阿尔托研究中心历史的记述中,他引用了施乐的参与者之一、同时也是 Pup 设计师的约翰·舒奇(John Schoch)对这些会议的回忆:

> 当有人谈论某个设计元素时,我们就会抛出各种暗示……我们会说:"你知道吗,这非常有趣,但如果消息确认应答延迟返回,紧接着是一个因远程网关流量控制延迟而迟到的重复数据包,这时你们怎么办?"这时就会出现一阵沉默,然后他们会说:"你们已经**试过了!**"而我们则回答:"嘿,我们可没那么说!"(Hiltzik, 1999, 293)

在施乐公司内部,Pup 后来为名为 Grapevine 的大规模分布式消息

---
① 尽管从技术上讲 Pup 是一个首字母缩略词,但通常它只有第一个字母是大写。

和通信基础设施提供了基础，这是最早的广域（国际性）企业分布式系统之一（Schroeder et al.，1984）。

XNS 从 Pup 演化而来，这是施乐公司试图围绕帕洛阿尔托研究中心的研究成果打造一款可行的商业产品的努力尝试。鉴于其历史和技术渊源，XNS 与 TCP/IP 之间的技术相似性非常明显且合理。两者都在网络层提供不可靠的数据报服务，该服务可以在多种介质上封装成数据包，而高层协议则提供了可靠的字节流和网络服务，如文件传输、终端连接及其他面向用户的服务。虽然一些具体细节有所不同，例如路由协议和所定义的服务范围等，但两者间有很强的相似性。

最显著的区别在于本章开篇讨论网络变迁时所简要提及的那些方面。XNS 协议基本上是围绕一个被称为"清算所"的数据库系统来构建的（Oppen and Dalal，1981）。尽管大多数 XNS 互联网中会有多个清算所服务器，但它们共同实现了一个单一的数据库，用来为每个有效的网络对象命名——每台计算机、每个服务器、每台打印机、每个电子邮件收件箱、每个电子邮件分发列表，以及每位用户。为了在网络中运行，工作站、服务器、打印机或用户都需要在清算所数据库中获得唯一标识。此外，对象的名称按组织单元来索引——我自己的第一个 XNS 用户账户不是简单的"Paul Dourish"，而是"Paul Dourish:EuroPARC:RX"，这个账户不仅标识了我自己，还标识了我在组织中的位置（从而自动提供了与特定组织单位相关的资源集群和集体控制）。这个账户不仅在我所属的组织单元内识别我，它还让我在任意一台计算机上被识别——前提是这台计算机在施乐公司及其附属企业范围内，连接到同一企业互联网（比如施乐在世界其他地区运营的合资公司兰克施乐和富士施乐）。这个全球性的数据库是所有 XNS 服务运行的基础，是识别计算机、用户登录以及建立身份凭证的依据。

这样一个全球数据库与 TCP/IP 模型截然不同，但这一点并不令人惊讶。毕竟，XNS 是一款企业网络产品，因此在操作、管理和行政方面要求或期望有更高程度的统一性是理所当然的。然而，这种统一性所提供的一些便利服务,正是许多人认为当代互联网所必需的(例如,跨网络的单点登录服务)①,这使 XNS 成为一个值得对比的有益案例。

DECnet

数字设备公司(Digital Equipment Corporation,简称 DEC 或 Digital)在 20 世纪 70 年代和 80 年代是小型计算机的领导型设计者和供应商。事实上,许多连接到早期 ARPANET/互联网的计算机都是 DEC 的产品,特别是学术研究界广泛使用的 DEC-10、DEC-20、PDP 和 VAX 系列系统。同时,DEC 拥有自己的网络系统,作为其 RSX 和 VMS 操作系统的一部分。这个被称为 DECnet 或数字网络架构(Digital Network Architecture,DNA)的网络系统最初于 20 世纪 70 年代中期推出,用于实现两台 PDP-11 小型计算机之间的简单点对点连接。随后,网络架构不断发展,融入了新技术和新功能。DECnet 的设计和开发与互联网协议的发展大致同期进行。最后完全专有的版本为 DECnet 第四阶段(Phase IV)及第四阶段增强版(Phase IV+),它们发布于 20 世纪 80 年代初期(DEC,1982)。DECnet 的第五阶段(Phase V)及第五阶段增强版(Phase V+)保持了与专有 DECnet 协议的兼容性,但更朝着支持国际标准化组织(ISO)定义的开放式系统互连(OSI)协议栈的方向发展。

DECnet 与互联网协议套件大约在同一时期设计,并且它连接了许多与互联网协议相同的计算机系统类型,这使它再次成为一个有益的对比对象。DECnet 基于当时流行的**分层**协议模型,其基本架构,包括点对点连接层、路由层、可靠顺序交付层等等,与 Pup、XNS 和 TCP/IP 等系统相似。然而,一些关键差异揭示了 DECnet 预期运行环境的独特性质。

其中一个差异在于 DECnet 内建了一个高级的管理界面。实际上,网络管理功能在协议栈的早期设计阶段就被充分考虑并融入其中。也就

---

① 这种服务是指用户只需登录一次,就可以使用相同的账号和密码访问互联网上多个不同的服务平台,无需重复登录。这样的服务提高了用户的便利性,并减少了记忆多个账号密码的负担。——译者注

是说，DECnet 从设计之初就预设了它将在一个受控环境中部署。当然，TCP/IP 网络也需要管理，但 TCP/IP 网络的管理并非其固有的网络功能之一。（互联网协议套件中包含了一项协议 SNMP，即简单网络管理协议，通常被用来创建网络管理设施，但在全网范围内，管理并不是一个关键考虑因素。）

第二个引人注意的区别在于 DECnet 标准化的服务集合。这些服务不仅包括与 TCP/IP 类似的网络终端接入，还包括了互联网协议套件本身并没有尝试支持的一些服务，例如无缝远程文件系统访问。在这种访问模式下，连接到一台计算机的磁盘对其他联网计算机的用户来说，仿佛是虚拟可用的。这种远程文件访问（也是施乐网络系统特性之一）超越了简单的文件传输，通过为用户提供无缝访问本地和远程文件的错觉，提升了用户体验。（另一方面，电子邮件并**不是**标准化协议之一，尽管通过操作系统应用程序，网络电子邮件服务是可用的。）

第三个区别是（尽管相对微不足道），DECnet 的地址长度仅为 16 位。由于网络上的每台计算机都需要有独一无二的地址，地址的大小就限制了网络的规模。使用 16 位地址意味着 DECnet 实现最多只能支持 64 449 个主机——在桌面工作站或个人电脑普及的时代，这无疑是一个重大局限，但对于生产部门级小型计算机的制造商来说，这却是一个更合理的选择。

DECnet 设计中的这三个特征揭示了其特定的使用场景。它们强调了对 DECnet 部署的预期环境特征：统一、规范且积极管理。在以企业为用户的销售背景下，这一点完全合乎情理，因为在这样的环境下，网络实施可以分阶段进行，有计划地规划，并由中央统一指导。例如，有效利用共享文件设施，就需要对跨机器的文件系统布局和规范采取协调一致的方法，而网络管理基础设施也表明，在 DECnet 设计所面向的目标环境中，这是关键的考量因素。DECnet 第四阶段中一个略显奇特的小实现细节同样支持这一点。为了简化路由和发现过程，运行在以太网上的 DECnet 计算机上的网络软件会将计算机的硬件网络地址重置为与 DECnet 主机地址相匹配的地址。当 DECnet 与其他协议在同一环境中运行时，这会造成不小的困扰，但在高度管控的环境中，访问和技术的一致性能够得到保证，这个问题就不那么棘手了。

总而言之，尽管 DECnet 基于与互联网协议套件相同的去中心化、对等网络连接方法，但其具体实现方式实际上是针对企业 IT 环境中高度管理和高度控制的场景而设计的。

CSNET

在第六章关于主干网的论述中，我们已简要介绍了 CSNET 的部分历史，但在此深入探讨其详情将颇具裨益。

通常的历史叙述将现今互联网的起源追溯至 ARPANET。ARPANET 既是一项研究项目，也是一个设施。也就是说，ARPANET 项目发展了构成当今互联网基础的网络技术，并且它还运行着一个基于这些技术的网络设施。因此，这不仅是由美国国防部高级研究计划局资助的研究项目，同时也是支持美国国防部高级研究计划局研究的设施。美国国防部高级研究计划局是美国国防部的研究分支，因此，要成为连接到 ARPANET 的站点，就必须是国防部的站点或国防部合作站点。当时，这涵盖了不少著名的研究型大学和计算机科学系，但绝非全部，甚至不是大多数①。

意识到与美国国防部合作的大学从参与 ARPANET 项目中获得的巨大价值，希望超越他们当时依赖的更小规模的网络布置（Comer，1983），同时担忧"ARPANET 实验导致了 ARPANET 的'拥有者'与计算机科学界其余'没有者'之间的分裂"（Denning et al.，1983，138），美国多个计算机科学系联合美国国家科学基金会（National Science Foundation，NSF）及其他团体，共同提出了建立计算机科学网络（Computer Science Research Network，简称 CSNET）的提案。CSNET 整合了多种不同网络技术，其中，以通过常规电话线的存储转发电子邮件系统作为基础级别的

---

① 1979 年，当 CSNET 项目启动时，ARPANET 已拥有约 200 个节点。这些节点代表的机构不多，主要分布在大学、政府站点和商业承包商之间。

参与，同时提供租赁线路和 X.25 网络，以实现更高性能的连接。

　　CSNET 的发展带来了诸多重要的技术贡献，但其最显著的遗产或许体现在历史和制度层面：首先，CSNET 标志着 TCP/IP 在学术研究界的应用有了显著增长；其次，它与美国国家科学基金会协作设计，旨在支持其使命（而非像美国国防部高级研究计划局和 ARPANET 那样受到军事机构的支持）。CSNET 的努力为后来由美国国家科学基金会资助的名为 NSFNET 的网络奠定了基础，而 NSFNET 的主干网随后向商业流量开放，并在 1995 年完全由私营服务提供商取代。这一点的重要性在于，它明确了当时机构参与和连通性之间的联系，以及网络设计理念中围绕着关于谁和什么能够被允许连接的深刻理解。

　　然而，对于我们而言，更有趣的技术问题在于 ARPANET 与 CSNET 之间的关系。在某种程度上，CSNET 与 ARPANET "形成竞争"；毕竟，它的设计初衷是服务于那些在制度上被拒绝访问 ARPANET 的机构。然而，在所有真正重要的方面，CSNET 与 ARPANET 是完全协作的。ARPANET 项目中的关键人物，如美国国防部高级研究计划局的温顿·瑟夫参与了 CSNET 的工作，并且为两个网络相互桥接。实现这一桥接的基础在于 CSNET 采纳了在 ARPANET 项目中设计的 TCP/IP 协议。通过这一桥接，ARPANET 成为 CSNET 的一个**子网**。我们通常认为子网划分和网络互连提供的是无缝连接，但 CSNET 与 ARPANET 之间的互连并不完全无缝，因为它们在较高层级的服务传输上采用了不同的协议。例如，作为 CSNET 一部分开发的网络消息服务设施——多通道备忘录分发设施（Multichannel Memorandum Distribution Facility，MMDF）（Denning et al., 1983），是为了桥接 CSNET 中的**电话网络**和 TCP/IP 组件，这意味着发往 CSNET 收件人的邮件需要被明确地路由到 CSNET，而不能简单地使用纯 TCP/IP 网络上常用的协议来发送（如 SMTP，即标准的互联网邮件传输协议）。换句话说，虽然 ARPANET 和 CSNET 都实现了核心互联网协议（TCP/IP），但并未实现我们有时称之为**互联网协议套件**中的所有其他协议。因此，即便它们通过共同的 TCP/IP 基础设施相连，但在一些重要的用户可见的方面，它们仍然是独立的网络。这有趣地暗示，成为"一个互联网"可能不仅仅是在互联网络上运行 TCP/IP 那么简单。

DTN

与上述网络和基础设施不同，本节结尾的两个例子并不完全属于非互联网的范畴，而是网络研究者作为对经典互联网协议的延伸和演进而发展出的新兴网络标准或架构。第一个例子，容迟网络（Delay-Tolerant Networking，DTN）(Fall, 2003)，既不是具体的网络协议标准，也不是特定的网络实现。相反，它标记了一组相关的扩展或功能，旨在解决 TCP/IP 网络构建中的问题。DTN 所解决的一系列问题，突出了 TCP/IP 设计和实现中的特殊性，在此为我们的讨论提供启示。

任何分组交换网络都必须能够容忍一定程度的单个数据包传输延迟。所有的网络传输都需要一定的时间才能通过网络链路，因此从消息发送到接收总会有一些延迟，并且由于单个数据包可能在来源地与目的地之间穿越多个连接，这些微小的延迟就可能会累积起来。此外，某些网络连接比其他连接更快，不同的网络连接速度不同，短距离的光纤电缆传输延迟可能低于①嘈杂的电话线或无线连接。最后，网络链路可能变得拥堵，或者路由器的流量达到非常高的水平，以至于在面对流量压力时，数据包在队列中等待甚至被丢弃，从而引入额外的延迟。虽然有些网络技术可以进行端到端传输的时间估算甚至保证，但大多数现代网络技术在设计时并不具备这种功能；相反，它们必须能够容忍延迟。这些协议被设计为能适应不同程度的传输延迟，这种适应性使得 TCP/IP 得以在广泛的应用场景中部署，包括高速链路和低速链路环境、长距离链路和短距离链路环境，以及在高功率和低功率处理器中。

尽管如此，某些网络传输场景仍然考验着 TCP/IP 适应性的极限。例如，使用 TCP/IP 来进行从地球到火星上的探测车或更遥远的航天器

---

① 原文翻译为"高于"，为作者笔误，译者作了纠正。——译者注

间的通信就面临着重大挑战。即使以光速传播,信号往返火星所需的时间也会产生 15 分钟的延迟,而在地球与土星系统的卡西尼探测器之间,往返延迟可能高达 3 个小时。再如,设想在一个乡村地区,通过在巴士上安装 Wi‑Fi 接入点来实现网络连接。理论上,这里提供的间歇性连接足以满足基本的网络事务(如早晨巴士经过时提交网页搜索请求,然后等到下午再次路过时接收响应),但这些延迟远超 TCP/IP 设计之初的预想范围。

这些长时间延迟之所以重要,是因为 TCP 的设计中有一些针对预期网络使用模式的约束。例如,建立连接需要进行所谓的三次握手,这需要三个消息来回传递。(三次握手大致相当于两位音乐家确认是否准备好一起演出:"你准备好了吗?""是的,我准备好了;你准备好了吗?""是的,我准备好了。")因此,建立连接需要连接两端的计算机实时同步可用;如果其中一台计算机在三次握手完成之前断开连接,那么连接就无法建立。再举一个例子,TCP 协议在设计时就考虑到了数据包在传输过程中可能会丢失(例如,由于损坏或被拥堵的路由器丢弃)。因此,它必须决定在多长时间内没有收到响应就认为数据包已经丢失,需要重新发送。没有收到响应就被视为数据包丢失的信号。但在那些长延迟网络中,这种解释并不一定能准确反映网络状况。

福尔(Fall)在"星际网络"领域的工作促成了一种互联网架构的设计,他称之为"容迟网络"。这里的关键在于,需要新的架构原则来适应可能跨越巨大距离的网络所特有的更高程度的延迟,并且能够容忍间歇性的连接。例如,与移动设备有关的连接问题,这类设备随着进出网络提供商的覆盖范围而连接与断开,或是仅能在一天中的特定时段运行,又或是因接入资源、电力或带宽限制而受到其他约束。这种方法特别适合根据机会或基于临时性而非固定基础设施来运行的网络。例如,人们可能希望建立一个由移动设备(如平板电脑)组成的网络,这些设备从未真正"连接"到固定的网络,而只是在空间中移动时偶然相遇。这种**自组织网络(ad hoc networking)**要求对应用程序设计、数据管理和网络架构采取全新的方法(如 Scott et al., 2006),而这正是容迟网络所允许的。值得注意的是,这些网络可以根据对中心化运营或基础设施提供的不同程度的承诺而部署,包括支持在本地、社区及自制网络配置方面的广泛兴趣(参见 Antoniadis et al., 2008;Gaved and Mulholland, 2008;Jungnickel, 2014;Powell, 2011)。

多路径 TCP

与容迟网络相似,我们的最后一个案例同样是针对新兴互联网架构中出现的问题或难点的回应,但在这个案例中,它采取的是一种网络标准的形式。

早期的 ARPANET 是一个单一网络,而非互联网。网络传输由网络控制程序(Network Control Program,NCP)管理。1974 年,温顿·瑟夫和罗伯特·卡恩(Vint Cerf and Robert Kahn)提出了一项新机制,允许流量在多种不同类型的网络上通行,他们将其命名为传输控制项目(Transmission Control Program,TCP)(Cerf and Kahn, 1974)。在最初的设计中,传输控制项目是一个集成的程序,负责处理不同类型网络间的导航问题以及在端点之间建立可靠通信的问题。随后,如第六章所述,网络研究人员决定将传输控制项目分为两部分,每部分负责上述功能之一。可靠通信的任务交由 TCP(现称为传输控制协议)负责,而网络导航则委托给一个新的子协议,即 IP(互联网协议),这两个协议通常协同工作,共同构成 TCP/IP。IP 协议实质上建立了一种跨不同网络基础设施在不同主机之间传输数据的方式;而 TCP 则管理这一连接,以实现平滑且可靠的通信流。

TCP/IP 协议解决的是在不同主机可能连接到不同类型网络时的数据传输问题(例如,本地的以太网、长途的帧中继网络或无线的分组无线电)。然而,在我们的当代通信基础设施中,出现了一种新情况。我们仍然有多种共存的网络类型,但现在一个单一主机往往可能同时连接到多个网络。例如,笔记本电脑可以同时通过有线以太网连接、无线 Wi-Fi

连接和蓝牙连接进行通信。然而，传统的 TCP 连接通常无法利用主机间多种形式的连接；TCP 连接与单个 IP 地址关联，因此也就限定了与单一的网络接口关联。2013 年，互联网工程任务组（IETF）①发布了一项**多路径 TCP** 的标准来解决这一问题（Ford et al., 2013）。多路径 TCP 允许单个 TCP 连接利用多个网络接口和多条网络路径，这样一来，当手机从 Wi-Fi 网络切换到蜂窝网络时，网络连接得以保持。

多路径 TCP 为网络操作带来了一些有趣的变化，其设计揭示了已经发生的其他变化，即便这些变化之前并未明示。它带来的一个变化是进一步解耦 TCP 和 IP。传统的 TCP 流直接通过从一个 IP 地址发送到另一个 IP 地址的数据包序列实现，而在多路径流中，连接的每一端可能涉及多个 IP 地址。与此相关的另一个变化是，多路径 TCP 开始基于主机而非网络接口进行操作（因为它现在提供了一个跨多个接口的协调传输形式）。虽然它没有引入新的网络实体，但我们可以开始用这种方式概念化其操作，这在未来可能会带来有趣的影响。

在诸多已经发生的变化中，**中间盒**的存在被认为是多路径 TCP 开发过程中的一个绊脚石。中间盒是网络节点，它们不是简单地转发网络数据，还会以某种方式对其进行转换。最常见的例子是执行网络地址转换（network address translation，NAT）的住宅网关，它使得多台计算机——如大多数美国家庭中的多个设备——可以共享一个 IP 地址（这正是大多数住宅互联网服务合同所提供的唯一 IP 资源）。网络地址转换设备和其他中间盒会主动修改流经的数据。例如，网络地址转换设备需要修改传向公共网络的数据包的源地址（以及反向传输的数据包的目的地地址）。一些中间盒还会主动追踪通常与终端关联的网络状态信息，比如序列号。总的来说，中间盒违背了所谓的"端到端原则"，该原则指出，只有网络端点需要理解特定传输的详细信息。多路径 TCP 的设计者发现，他们需要采取一些措施来确保即使在存在中间盒的情况下，他们的修改

---

① 互联网工程任务组（IETF）是负责制定和认证新的互联网协议标准的技术机构。

也能正确运作(Wischik et al., 2011; Bonaventure et al., 2012)。

向其他网络学习

对替代性互联网络的简要考察为更全面地思考网络设计空间提供了基础。然而，在深入讨论该领域的具体细节之前，我需要先提出一些总体观点。

首先，这些网络中有许多曾经(或将继续)同时运行，不仅仅是并行，甚至还相互协调。在适当的时间和地点，人们可能会(正如我过去所做的那样)使用国家级 X.25 网络连接到某个主机，以便阅读有关 TCP/IP 与 XNS 网络各自优劣的 Usenet 新闻组讨论。一些网络比其他网络互连更为密集，有些网络的运行寿命较长，而有些则较短，不同的网络在不同的制度框架内运行。但是，将它们视为替代性的现实或路径是有误导性的。尽管现在 TCP/IP 作为通用网络标准可能比几十年前有更多共识，但多种网络技术仍然作为我们日常体验的一部分持续存在。

同样，这次考察的某些方面也使我们注意到即使在特定网络体制内，持续的演变仍在进行。例如，多路径 TCP 的出现表明，即使是核心的互联网协议也在不断变化之中(多路径 TCP 同时也体现了不同低层网络基础的持续重要性)。IPv4 和 IPv6 的共存，以及它们在寻址和安全性上的不同承诺，也展示了网络配置的不断变化。

最后，正如我们在第六章所见，协议是表征系统，其物质性与传输的物质性和制度形式的可能性密不可分。因此，在我们探讨替代性的互联网时，应当着眼于揭示机构与组织承诺，以及政治可能性如何在数据包的编码中、不同网络行为者的角色中以及表征的形式中得以表达和受限。接下来的讨论将更详细地展示这一点。

网络设计空间的各个方面

简要审视这些网络让我们能够将我们对互联网——作为一种技术的

配置、一系列服务的集合及文化关注的对象的多重身份——的当代体验置于具体背景之中。这一背景中的一部分源于**设计空间**，即由特定设计决策结果而产生的可能性空间。另一部分则更多植根于**历史环境**的本质，即不同配置如何形成，反映了它们各自的历史轨迹。为了更深入地思考这些问题，我们可以从另一个角度来探讨同一个问题，即在众多可能的选择中，互联网的本质是什么，通过探讨网络可以提供的各种功能类型来接近答案。

命名

试想这样一个简单的问题：计算机是否"知道"或者能够访问它自己的名称？

在传统的 TCP/IP 命名安排中，答案是否定的。计算机知道自己的地址，但不一定知道别人用来称呼它的名称，实际上，它可以在 TCP/IP 环境中非常有效地运行而无需名称，这从 TCP 和 IP 内部使用地址而非名称的事实即可看出。因此，域名服务（Domain Name Service，DNS）协议（Mockapetris，1987）内置了这样的功能，使得计算机在启动时可以询问网络服务器："我的名字是什么？"命名完全委托给了命名服务。也就是说，回答"我可以在哪里找到 www.cnn.com 的地址？"这一问题的网络权威机构，同时也是首先告知计算机它就是 www.cnn.com 的权威来源。

相比之下，其他网络协议，例如 AppleTalk，则授权单个计算机自行命名。这可以通过不同方式实现，比如让每台计算机向命名设施注册一个名称，或者将名称查找过程完全分散化，而不是选择特定的计算机来实施名称或目录服务，这些不同的机制在技术能力和组织期望上各有特点。计算机能够自行分配名称并向他人公布该名称的能力，是互联网工程任务组（IETF）Zeroconf 协议套件的设计者认为重要的添加功能，以支持 AppleTalk 无需服务器就能实现"即插即用网络"的模式（Steinberg and Cheshire，2005）。

命名问题引发了一系列问题，凸显了具体技术设施与技术实践的社会组织之间的关系。谁有权命名计算机？谁负责网络节点所使用的或它们自称的名称？命名权限如何分布？名称的可见性如何？控制的集中程度如何，又受到哪些时间性因素的影响？即便像命名这样一个简单的问题，也成为我的更广泛论点的一个缩影，即在线体验的问题需要在其技术和历史特殊性中进行审视。

身份

如果主机身份是网络设计中的一个可变因素，那么网络用户的身份呢？

TCP/IP 互联网对用户身份没有任何承诺，事实上，在大多数互联网协议中，用户身份几乎不起作用。人类仅通过代理出现在网络中，例如通过电子邮箱的名称。但在不同的服务、协议或应用程序之间（如电子邮件和网站认证之间），用户身份缺乏一致性。相比之下，像 XNS 这样的企业服务要求用户在整个网络中保持身份一致，而像 Minitel 这样的商业服务，由于必须为分布式服务提供计费的架构，也要求终端用户或订阅者具有统一的身份。

用户身份识别一致性的缺失是我们在线体验中一个持久的特点。例如，匿名性对于某些服务的使用至关重要，而在一个用户身份被"嵌入"协议的世界里，匿名性很难甚至不可能实现。与此同时，网络边缘的用户身份认证也已成为商业机遇。像脸书和推特这样的社交媒体也向其他开发者提供了认证服务，这样，在使用第三方服务时，我们可以用脸书或推特的账号来登录（与此同时也就允许脸书和推特追踪我们在其他网站上的行为）。在本章撰写时（2016 年初），关于执法部门试图访问恐怖袭击案犯的苹果手机数据的公众辩论十分激烈。可以说，访问设备（用来追踪在线行为）的重要性，反映了在线环境中一致而全面的用户身份识别的缺失。

传输与服务

我们应该如何思考网络所提供的服务？一个关键区别在于传输（或

连接性)与服务(或应用)。当然,所有网络都提供上述两者:服务需要连接,而没有服务的连接毫无意义。然而,网络在服务的比重,尤其是预定义服务对用户体验的重要性上,表现出了差异。例如,TCP/IP 互联网在这方面属于传输导向型网络:它们为终端之间提供连接,这种连接可被各种不同的应用程序加以利用,尽管有几种应用程序很常见并且被广泛部署(如电子邮件和网页浏览),但网络本身并不是通过这些服务的可用性来定义。另一方面,Minitel、Fidonet、Usenet、BITNET 以及像 JANET 这样的 X.25 网络则是(或曾经是)服务导向型网络,这些网络主要通过一组相对固定的应用来体验(例如文件传输或讨论组)。

显然,以传输为导向的方法更加灵活。对于 TCP/IP 网络来说,它体现了端到端的原则,以及网络边缘可能出现新服务的想法。鉴于服务导向型网络往往是较为早期的网络,并且已被 TCP/IP 所取代,乍一看,服务导向型的方法似乎正在逐渐消失。然而,有两个现象或许会让我们对此有不同的思考。

第一个现象是,某些服务现在已经主导了人们的在线体验,以至于"上网"与"使用服务"之间的界限正在逐渐模糊。例如,传播学者凯蒂·皮尔斯(Katy Pearce)及其同事在研究苏联解体后的东欧社交网络时注意到,许多人自称"脸书"用户而非"互联网"用户,这表明对这些人来说,两者已成为不同的类别(Pearce et al., 2012)。更广泛地说,凯文·德里斯科尔(Kevin Driscoll, 2015)提出:公众对于"互联网"是什么的普遍共识期仅持续了大约 10 年,从 1995 年至 2005 年;此后的"互联网"在实质上已分裂成了与亚马逊、脸书或谷歌等主导性在线网站的接触,或与更小的细分网站或论坛的互动,而不再有统一或一致的"互联网"本身作为集体用户体验的体现。

第二个相关的现象是基于特定服务的互联网接入形式的发展,特别是在发展中地区。例如,由脸书的马克·扎克伯格领导的联盟曾提出一项有争议的建议,即公司可以以非常低的费率甚至免费在发展中地区提供一项名为 internet.org(后来改名为 Free Basics)的服务,以便为大规模人口提供负担得起的网络接入。在这个案例中，**基础服务**（**Basics**）指的是专由像脸书这样的参与者提供的网络服务的特定入口。因此，Free Basics 的用户或许能够上网，但只能使用有限的基于网络的服务和站点，在此脸书和其他联盟成员充当了把关人（Donner，2015）。

另一种相关形式的服务由非营利组织"联合村落"（United Villages）提供，该组织通过网络连接的巴士向印度农村市场提供异步网络服务接入。这些巴士收集对网络服务提出的"查询"（包括农作物价格查询、维基百科搜索及电子商务订单等），并在巴士到达有网络覆盖的人口密集区时将这些查询上传至网络。对这些查询的响应会在第二天巴士再次经过村庄时送回原地①。

尽管方式迥异，但这些网络接入的封装方式开始对基于传输导向的 TCP/IP 网络访问模型提出质疑。

可靠性

不同类型网络之间的一个重要区别在于它们如何保障可靠性。

显然，所有网络都力求实现可靠和准确的数据传输。然而，不同网络通过不同方式达成这一目标，对可能出现的问题的容忍度也各不相同。如前文所述，可靠性是 TCP/IP 中协议划分的关键。IP 仅提供不可靠数据报服务；IP 数据包被独立路由，因此可能会乱序到达，并且在网络过载或者拥塞时允许路由器丢弃 IP 数据包（比如停止尝试传输）。TCP 要求确认接收到的数据包、选择性地重传未送达数据，以及明确数据包的顺序，以便它们能在目的地按照正确的顺序重新组装，从而在潜在不可靠的 IP 网络服务面前实现可靠性。换言之，TCP 并没有假设底层网络是稳健的或可靠的；反之，它通过引入协议机制，从而在潜在故障存在的情况下实现可靠性。（另一方面，TCP 对"可靠"的定义并不包括及时传达，依赖网络缓冲或重传意味着无法作出实时传达的保证。）Pup 使用相同的模

---

① 参见 http://unitedvillages.com。

型——在网络层提供不可靠的数据报传输，然后通过另一种更高级别的协议（BSP，即字节流协议）来实现可靠传输。

与此相对的是另一种方法，我们将可靠性从一个协议问题转变为基础设施中的工程问题。在这里，我们可以通过在网络中构建冗余（运行双线路或三线路而非单线路）、进行巨额投资（购买特别耐用的传输电缆并制定频繁的维护计划）或强制使用高可靠性和标准化的网络设备来确保可靠性。传统电信公司或是为金融服务业等客户群提供高速数据服务的企业，常常采用这种方式来运作。

这两种可靠性方式的区别之所以重要，原因在于能够实现它们的机构的性质有别。TCP/IP架构允许网络以相对不受控的方式出现，或许使用的是质量较差或相对缓慢的设备。而工程途径则需要巨大的资金投入和大量的机构资源来维护。这种方法更多地被大型和成熟的机构所采用，这或许就是我们更多地将其与长期电信提供商联系在一起的原因。在网络协议或应用程序设计中，对于网络可靠性的需求、本质和提供方式的不同选择，都涉及对不同机构现实情况的承诺或偏好，以便实现这些选择。

封建互联网

我们的互联网正在形成的结构，如传输运营商和互联网服务提供商的市场细分，内容分发网络的实用解决方案，中间盒产生的碎片化，以及移动运营商、电信公司和媒体内容制作商之间的关系等等，揭示了一个简单却至关重要的互联网联结事实：互联网由许多电缆组成，而每一条电缆都有其所有者。在这些所有者是市场竞争中的资本主义企业的情况下，一个显而易见的推论是，既然所有电缆的功能只是将信息从一点传输到另一点，那么数据传输就必须成为盈利的来源。通过网络连接使流量传输变得有利可图的机制基本上有两种：一种是基于流量或基于字节的机制，即流量计费；另一种则是通过合同安排，暂时将一方网络设施的使用权交由另一方使用,即租赁协议。这种租赁和流量收费体系提供了基本的机制,使得不同的自治系统各自提供自己的服务,管理自己的基础设施,然后进行一系列互助协议。

如果这个体系看起来很熟悉,其原因不在于它多么贴切地概括了当代市场资本主义,而更多是因为其结构在本质上是封建的。马克思认为封建主义和资本主义是两个不同的历史时期,它们与生产的物质性方式紧密相连——"手磨坊带来的是封建领主的社会,蒸汽磨坊带来的是工业资本家的社会。"〔Marx,(1847)1971,109〕然而,近期有评论家使用了**新封建主义**一词来描述晚期资本主义的情况,其中公共生活的许多方面日益转变为私有的、封闭的领域——小到高速公路收费车道和机场贵宾休息室,大到封闭式社区,以及向大公司发放的可交易的环境污染权(Shearing,2001)。这里的核心考虑是公共基础设施的消减,以及一套关税、收费和租金体系的建立,这套体系管理着我们如何在一个由私有但包罗万象的领域构成的世界中航行,在这些领域中,市场关系并不占主导地位。

超越将**新封建**一词用来一般性地代指公共物品私有化的意义,让我们更认真地对待封建互联网这个隐喻,指出几个重要的考虑因素。

首先,封建主义的运作机制不是市场交易,而是长久的效忠、附庸及保护承诺。这些并不是市场经济中瞬时的相互承诺,而是时间上延伸的(事实上是无限期的)安排,其中几乎不存在选择或变通的余地。实际上,封建关系的约束在很大程度上是地理性的,就像其他任何事情一样,也可以说是基础设施层面的(如果你愿意这样理解的话)。可以说,我们能看到一些相似之处,即地理和基础设施的约束如何导致互联网服务提供商之间形成一种关系模式,这种模式依赖以**住所**为基础的长期伙伴关系。在美国宽带市场的半垄断条件下,将用户绑定至其服务提供商的纽带,或者更具体地说,将奈飞这样的大型数据服务提供商与 Level 3 这样的传输运营商连接起来的纽带,不仅仅是为了方便而构建起来的长期安排,而是因为涉及的基础设施(比如数据中心和服务器农场的物理位置)只能如此运作。同样，不同网络之间需要物理连接，使得像洛杉矶市中心的威尔希尔一号这样的高密度提供商互连的节点（见第六章）成为米歇尔·卡隆（Michel Callon）所说的"必经之路"。也就是说，要实现网络之间的互连，你就需要位于所有其他网络都在的地方，而它们也都需要在那里。尽管我们通常谈论数字领域快速变化、日新月异，但这类安排——不仅仅是对基础设施的承诺，更是对基础设施条件的机构关系的承诺——并不是能够快速、轻易或低成本改变的事物。这里存在的关系更多是封建式而不是商业式的。

封建视角揭示的第二个有趣观点是先前存在制度结构的持久性——或许最明显的便是民族国家。尽管约翰·佩里·巴洛（John Perry Barlow，1996）在其经典之作《赛博空间独立宣言》中曾发表著名的言论：在数字领域内，"工业世界的政府……并无主权"，并且尽管互联网工程任务组（IETF）经常重申其座右铭，"拒绝国王（和）总统"，转而支持"粗略共识和运行的代码"（Hoffman，2012），但事实是，各国政府和总统仍在互联网的治理和结构中显著地表现出其影响力。国家和地区的问题以多种方式出现——在提供特定语言内容上、在数字内容的区域缓存上、在数字内容国际分发权问题上（例如，哪些电影可以在哪些国家在线观看）、在对公民信息的国家主权声明上〔例如，弗拉基米尔·普京（Vladimir Putin）公开表示俄罗斯公民的数据应当只存储在俄罗斯境内的服务器上，Khrennikov and Ustinova，2014〕、在信息获取的不同管理制度上（例如，2014年欧盟广为人知的"被遗忘权"指令），以及在关于互联网审查的本地讨论中（从新加坡的自我审查制度，到澳大利亚和英国对全国互联网过滤器的讨论）。商业虚拟私人网络（Virtual Private Network，VPN）服务蓬勃兴起，允许用户上网时"仿佛"身处另一个国家，这一现象本身就表明了民族国家和国界在互联网体验中的持续重要性。同样，关于国家利益在互联网治理中的作用也存在重大争议（如Mueller，2010），而国际电信联盟（ITU）——一个其成员为民族国家而非技术专家或企业的联合国组织——在网络技术发展和政策制定上依旧是一个举足轻重的机构。正如封建制度加强了庄园、郡县和国家的界限，并使日常生活的方方面面都受制于它一样，互联网也是如此——不一定指任何互联网，但肯定是我们的互联网——它仍然显著地维持着对类似地理、国家和制度边界的承诺。

此互联网

正如鲍威尔（Powell，2014）在她对开源硬件项目的研究中所主张的那样，历史演变的模式扭曲了设计原则，这些原则不仅塑造了技术安排，也影响了我们在技术讨论中调动的社会想象。在本书探讨表征物质性的背景下，提出这个问题意味着我们不仅要关注海底电缆（Starosielski，2015）、卫星下行链路（Parks，2012）和服务器农场（Varnelis，2008）的实际操作问题，还应当考虑特定的行动表征和数据编码是如何被设计成以特定方式操控、传输和移动的，这对网络体验产生了影响，从而为个人和集体行动提供了特定的机会。

换言之，主要关注点是将网络化结构视为历史特定的结晶，不仅是技术上的，也是制度、经济和政治潜力的表现。为此，特别是在涉及我们轻率地称之为"互联网"的技术时，我建议采取两步行动。

第一步是将"**互联网**"（the internet）的概念转向"**一个互联网**"（an internet）的概念，即重新审视我们当代的网络，认识到它并不是唯一可能建造的互联网，而是众多可能的网络之一。当我们考虑到多个可能的网络时，才会开始关注种种期望、制度安排、政策、技术配置和可能定义了其他潜在空间的方面。第二步行动是将"**一个互联网**"（an internet）转向"**此互联网**"（this internet），即再次缩小范围，面对在特定时刻我们所涉及的特定网络的历史、地理、政治和社会特殊性，这些特殊性制约并影响着网络的具体形态。**此**互联网并不是由保罗·巴兰或唐纳德·戴维斯等人所构思的那一个，不是由温顿·瑟夫或罗伯特·卡恩等人所设计的那一个，也不是由 NSF 开放进行商业运营的那一个——它包含了上述每种网络的元素，但它是一个具有历史特殊性的建构，包容、转化、扩展并重定向了那些特定的网络。此互联网是我们可以通过实证研究去研究和把握的对象。我们无法对"互联网"作出普遍性的陈述，但当我们提出关于"**此互联网**"的问题时，我们或许就有了一个研究的起点。

对表征物质性的分析正是要做到这一点——将技术安排的具体细节呈现出来，使其成为社会和文化关注的焦点。区分"一个互联网可以是什么"和"此互联网可以是什么"，或者辨别我们可能遇到一个互联网或此互联网的条件，抑或洞察使一个互联网或此互联网成为可能的制度关系的作用，当我们能够关注编码和机制，以及隐喻和修辞时，这些任务将变得更加容易，因为正是这些领域之间的关系构成了分析的关键。

第八章
前景与结论

"一切都只是比特而已。"我们常常听到这样的话。在数字处理领域,"只是比特而已"这一表达充满了无限的技术乐观主义,它暗示着几乎无限的可能性——关于存储,关于转换,关于中介。当一切都"只是比特"时,整套计算基础设施便为我们提供了操作这些数据的能力。正如那句老广告语:"部件就是部件。"比特也就是比特。

然而,比特并不仅仅等同于比特。有的比特比其他更为重要,有的比特的排列方式更容易被操纵,有的比特更适合以某种方式来处理。有的比特排列能轻松地通过不可靠网络进行传输,有的则不能;有的可以被我们的计算机应用程序所处理,有的则不能;有的能在有限的存储空间内存放,有的则不行;有的可以被并行计算机高效处理,有的则不能。有的比特在设计时追求紧凑,有的注重稳健,还有的注重交互性。就像印度-阿拉伯数字系统和罗马数字系统一样,不同的表现形式带来了用途上的差异。因此,尽管充斥我们生活的虚拟对象都是由比特构成的,但它们绝不**仅仅**是比特那么简单。

作为计算机系统的用户,我们都或多或少感受到过这些限制的存在,至少在表面层次上如此:我们熟悉在不同格式间转换数据的工作,熟悉不同工具表达能力的限制,熟悉让旧数据与新工具兼容的挑战——这些都是数字信息物质性问题的鲜活例证。更为根本的是,各类技术基础设施的能力本身也持续受到物质限制的束缚——从电子表格的格式设置到服务器集群中数据库事务的分配,再到实时网络操作的边界。许多文化和社会理论家对硅谷的炒作及对数字系统无限潜力的宏大宣言持合理的怀疑态度,他们同样关注这些主张中所隐含的各种抹除——对政治、差异、环境后果、历史、权力的抹除。戴安·贝利等(Diane Bailey et al.,2012)提醒我们提防"虚拟的诱惑",这种诱惑使人们将虚拟现象视为同质。虚拟的表述似乎暗示着一种超越物质形态和限制的自由,这种观点既具有吸引力也具有误导性。正如我所讨论的那样,问题的关键并不仅仅在于"虚拟"在很大程度上依赖大规模的物质基础设施,如电力、空调、服务器、电缆和建筑物,还在于那些以信号、电荷和状态等形式存在的虚拟对象,在数字系统中必须以实体的方式进行管理,并带有其自身的限制——这些限制渗透到人类体验中,也渗透到数字和虚拟实体所嵌入的社会结构的方方面面。

对信息物质性的解读可以有多种研究角度。我特别选择关注与信息表征相关的那些方面是出于以下几个原因:一是,这些表征跨越了技术和人文领域;二是,它们反映了在可供选择的方案中作出的有意识的决策,而这些决策的后果是可以被评估的;三是,正如杰弗里·鲍克和苏珊·利·斯塔尔(Geoffrey Bowker and Susan Leigh Star,1999)详细阐述的那样,这些表征构成了基础设施的一部分,深深嵌入组织流程、专业实践以及机构历史之中,既回顾过去也展望未来;四是,它们将当代关于数字化的讨论与更长久的知识记载、行动及认知的历史联系起来。

在写作的后期,我曾与一位同事探讨过此书的内容,他问我:"这里的关键问题是什么?"这是一个紧迫的问题,也是我经常向那些在努力构建其学位论文研究框架的研究生提出的问题。追问关键问题要求我们不仅要理解这项工作的意义可能是什么,还要明白如果接受这种论点可能需要放弃什么,更不用说作为研究者和写作者,我们个人需要把哪些问题摆上台面,进行公开的讨论。

那么,这里的关键究竟是什么?当然不是社会与物质之间一种纯粹的界限划分,那个幻象早已消散。然而,依然存在的是,在大多数学科实践中对于分类隔离的坚持。传统的学术训练和研究方法往往过度依赖边界分明的领域划分,而在由真实物体和实践构成的世界中,这样的边界可能是不可持续的。当然,任何研究都有其范围限制,因此某种程度上的边界总是存在的。但本书中的研究表明,我们需要以更宽泛的方式划分界限,这种方式应强调元素之间的相互联系而非它们之间的分隔。这种新的视角与传统上将组织与文化、制度与基础设施、政策与数据包、网络与应用割裂开来的做法形成鲜明对比。它表明,当我们聚焦于数字表现形式和计算体验的产生时,我们必须同时考虑到所有这些领域的关联性。

我们对于虚拟这一概念的理解同样至关重要。尽管本书中的许多讨论,特别是第三章,都在致力于削弱对"虚拟性"的轻率主张,但这并非因为我认为这一概念已失去所有价值。相反,我试图将注意力引导到支撑这一概念的要素上来。如果虚拟对象在网络传输或算法处理方面表现出特定的属性,那么是什么赋予了它们这些特性?再进一步讲,如果虚拟性的本质在于与物理世界构建某种等价关系,那么它需要什么——在物质上、政治上、经济上和概念上——来维持这种等价性?话语实践与物质实践是如何在虚拟性的持续产生与实现中相互交织的?通过考察特定的物质性如何与实践虚拟性(借用阿德里安·麦肯齐的术语)的生产和维持紧密相连,本书所呈现的研究开始提出一种策略来回答上述问题。

如果一个狭隘的"虚拟"观念是有问题的,那么简单地将"物质"等同于有形事物的观点也同样值得质疑。在整个探究过程中,我力图通过数字表征这一视角来深化对物质性的理解。表征系统在其显现形式上是物质的:它们占据空间,约束人类行为,与实践相结合,并影响技术架构。虽然乍一听,人们可能会对思考像表征这样看似抽象的概念时采取物质性视角感到困惑,但仔细审视后会发现,表征之所以具有物质性,是因为它们与实践密切相关。数字表征是形式化的,它们的形式至关重要,而这些形式正是在可使用与不可使用的方式中展现出物质性。特别是,通过比较研究,我们得以洞察不同表征策略所具有的物质性影响。在这种情况下,物质远不止于有形之物,而无形也不意味着必然退回到不可言说的领域。

从一开始，首要且不容忽视的要求就是严肃对待科技，不仅关注它的应用，还要深入了解其内在特性。这意味着我们必须努力避免落入将数字性、虚拟性、速度、二进制编码等概念随意混淆的陷阱之中。毕竟，尽管"数字"常常在日常对话中与"快速"画等号，但实际上"数字"本身并没有任何内在的速度属性；电子开关或许运转迅速，但数字性和电子学是两个独立的概念。同样，虽然我们通常以比特和二进制编码来思考数字信息，但计算机本质上并不限定于二进制，比如，第一台通用电子计算机 ENIAC 就是用十进制格式来处理数值数据的（Haigh et al., 2016）。要真正理解技术的实际能力，有时需要深入了解相当繁琐的技术细节，而若想洞察数字体验的物质限制和条件，这样的深入探索似乎不可避免。

事实证明，这比看起来要难得多，或者至少更为不寻常。我最近参加了一个研讨会，其中一位在数字人文领域享有盛誉的学者做了主旨演讲，这位学者因其跨学科背景（既具备工程学知识又精通英国文学）而闻名，其工作成功地架起了技术与人文学科之间的桥梁。在讲座中讨论网络交互的混杂性及易泄露本质时，演讲者鼓励在场听众打开他们笔记本电脑上的终端窗口，输入一个晦涩的命令，观察数据流，以此展示网络如何捕获所有信息而丢弃那些非即时所需的内容。这是一次引人入胜的演示，在场内引起了不小的反响，甚至可以听到观众的惊叹声，但从技术层面讲，这个演示几乎是完全错误的。以太网确实**曾经**能看到所有数据并丢弃不需要的部分，但这已是几十年前的运作模式了。当天在场的联网笔记本电脑中，没有一台是以那种方式运行的。在无线网络中，数据是加密的，而且由于通道、层和会话管理的存在，即使在所谓的"混杂模式"下，人们通常也只能看到自己的流量。或许这种混淆来自对**以太网**这一术语随意的使用，如今的以太网在技术上与鲍勃·梅特卡夫（Bob Metcalfe）[①]和戴维·博格斯（David Boggs）在 1973 年的原始设计已相去甚远。实际上，梅特卡夫本人也主张，**以太网**命名的不是一个技术方法，而是一种商

[①] 鲍勃·梅特卡夫（Bob Metcalfe）与罗伯特·梅特卡夫（Robert Metcalfe）为同一人，Bob 是 Robert 的昵称或简称。

业模式①。因此,观众们在屏幕上看到的数据流实际上并不是他们所想象的那样。这个环节虽然展示了技术真实性的表象,但实际上并没有真正认真对待技术。诚然,演讲者对于笔记本电脑屏幕上闪过的字母和数字的解释给在场的社会科学和人文科学教授们留下了深刻印象,然而讽刺的是,演讲者关于需要用人文学科批判思维来对待数字技术的关键观点(或者说本应如此),却因为没有认真对待技术而大打折扣。这种情况就好比在一个现代语言协会的会议上,随口将《白鲸记》(Moby Dick)误称为一条金鱼一样。

这绝非暗示只有程序员或受过计算机科学训练的人才能涉足这一领域。同样,这也并不意味着具备编程能力或计算机科学背景的人在数字技术问题上就必然具有权威性(或准确性)。我想要强调的是,具体的技术安排值得我们给予细致的关注。并且,如果要进行任何形式的"深度解读",就必须像人文学者对待文本,或民族志学者对待田野调查地点及参与者那样,以同样的严谨态度、敏锐洞察力和专注精神来对待数字文化的原始材料。仅仅研究数字性修辞,程序的形式结构,由@、#和!等符号组成的复杂词汇,或是诸如"云"这样令人质疑的隐喻是不够的,如果这些修辞或结构分析无法反映数字系统实际运行的情况,那么它们的价值就会大打折扣。这无疑是科学研究领域已经汲取的教训。社会建构主义分析的目的并非将科学事实贬低为"多数人说了算"的产物,而是指出科学事实的确立需要学科共同体与物质世界之间达成某种暂时的共识。同样,在软件研究这样的领域,我们既要理解文化实践,也要掌握技术操作,因为我们试图解答的关键问题正是关于这两者之间的关系。全喜卿(Wendy Chun,2008)提醒我们在软件研究中,不要过度神化"代码"或其他技术产物,她正确地指出,这样做可能会掩盖促使软件生成并发挥作用的其他因素。话虽如此,我们也不能将源代码或任何其他技术元素视为

---

① 参见伦·舒斯特克(Len Shustek)于 2006 年 11 月 29 日和 2007 年 1 月 31 日对罗伯特·梅特卡夫(Robert Metcalfe)的采访,访谈内容收录于计算机历史博物馆的档案中,http://archive.computerhistory.org/resources/access/text/2013/05/102657995-05-01-acc.pdf。

纯粹的隐喻或无关紧要的东西。

本书对物质性的探讨旨在实现这一目标，即搭建起这些不同领域之间的桥梁。从对数字基础设施的宽泛或纯粹物质性的描述，逐步转向理解可能体现在数字表现中的特定物质性。在这里，重要的特性包括：粒度，即对象表征的尺度；固定性，即对象可变程度；收敛性，指不同表征在多大程度上以及在何种时间尺度上能够达成一致；脆弱性，即表征所能承受的扭曲、转换和错误的形式；以及隔离性，即感知单元与编码单元之间的关系。

那么，这便是对那位抱怨"如果万物皆物质，则'物质'一词就失去了所有意义"的同事的最终回应。的确，这种观点是正确的，这也是我们必须防范的，但本书的目标不仅仅是为了论证信息的物质性，而是要拆解、审视并记录事物**如何**具有物质性及物质性所蕴含的意义。蒂姆·英戈尔德（Tim Ingold，2007b）提醒我们警惕学术上将事物实体化和概念化的倾向，这种倾向在此表现为一种追求物质性却忽视了物质本身的做法。然而，在数字信息领域，对具体物质性的考察实际上是一种使物质变得可见的尝试，也许这是我们第一次真正面对它们。为了对数字材料发表一些有益的看法，人们必须首先掌握数字物质性是如何运作的。

在数字系统中寻找这些发挥作用的物质性意味着要深入探究它们。这种"深度"包含两个相关的层面。一方面，我们需要从应用程序、服务或用户体验等高层向下探索，深入赋予其生命力的位（bits）、字节（bytes）、协议（protocols）、数据包（packages）和数据架构（data structures）；另一方面，或许更为重要的是，在从高层向低层推进的过程中，我们必须发展出对这些不同组件相互关联的理解。这意味着打破计算机科学家所谓的"堆栈"中不同"层次"和"级别"之间的分离，并认识到与技术的实际互动并非逐层进行，而是同时经历整个体系的一个横截面——布拉顿（Bratton，2016）对此隐喻进行了更深入的探讨。

尽管有认真对待技术的要求，并借鉴了第二章所概述的生命力物质主义者的洞见，但我在这个项目中还是选择将重点放在人类体验上。这更多是一个视角问题而非优先性问题,是一种以人为本而非以人为中心的观点。尽管如此,保持一种(后)人文主义的视角是对一些核心问题的认可。

其中一点可能有些反直觉,因此需要进一步阐述。它涉及设计的局限性。数字系统是人造的,它们是设计的产物,而这些设计过程体现了个人和集体的意图,嵌入了使用条件的假设和想象,产生于特定的制度环境,并反映了生产场所的需求和价值观。因此,学者们通常(也是恰当且相当必要地)会关注设计过程中以及设计导向的公司中所嵌入的权力(Winner,1980;MacKenzie and Wajcman,1999;Vaidhyanathan,2011)。这些学者指出,我们需要有能力让设计过程负起责任,并且要能够看到设计出的现实并不是自然发生的或是不可避免的,而是社会、文化和偶然性的产物。本书中讨论的许多案例,比如对互联网路由及其制度结构的探讨,都与这一观点相呼应。

然而,对信息及其数字形式的物质性考察,以及我们对社会技术系统采取的不同路径的分析,也凸显了设计的局限性。技术组件的每个部分都是经过设计的,但整体体验却并非如此。我手机上的操作系统是一款设计产品,安装在其中的每个应用程序也是设计产品,然而我通过这部手机获得的整体体验——作为一种具备特定功能集合并以特定方式呈现的存在——并不是源自设计意图的直接产物(除非我们将自己在应用商店的行为视为设计行为的一部分)。从物质主义的视角切入,我们必须为讨论涌现、约束和偶然性留出空间,并必须给予这些因素足够的重视,以理解数字体验的形成过程。即使是在一个完全由人工构建的空间里,也不是所有事物都能反映设计意图。研究技术开发背景的社会科学家们恰当地强调了"英雄设计师"这一问题性神话,努力地试图为一个承认人性与政治性的设计过程开拓空间(Suchman et al.,1999)。颇具讽刺意味的是,即便如此,试图修改或倡导设计师和设计机构应承认其他关注点的努力仍然可能陷入这样一种误区,即将设计视为技术安排得以形成的唯一决定点。

承认设计的局限性意味着承认在数字系统生产中意图的局限性。同时,这也要求我们认识到不同技术如何通过人类、社会和文化过程被整合成连贯的体验。如果设计过程和设计实践本身并不是创造统一用户体验的事物,那么这种统一的体验必定来源于人类与这些产品的互动。

这引出了采用人文视角的第二个原因,即在人与社会物质系统相遇时,如何产生经验和意义并对其进行解释的问题。尽管我关注的是技术的能力或局限性,但我并不提倡技术决定论;对我而言,数字系统——作为文化对象、作为填充我们世界的对象——如何出现的问题,必然属于人类范畴(即与人类的活动和文化相关——译者注)。至少在我自己的研究项目中,信息物质性的相关性在于它们如何在信息系统的设计、应用和使用中显现自身。它们是一系列解释性和文化过程的一部分,这些过程将数字系统作为我们世界中的对象来生产——作为我们寻求特定效果的事物,作为具有能力和限制的对象,作为生产、传输和消费的特定媒介形式,以及作为与特定任务、机构和过程相关联的实体。

斯蒂芬妮·里克·舒尔特(Stephanie Ricker Schulte,2013)有力地展示了这些解释是如何基于文化和历史背景的叙事方式形成的。何谓计算机?正如詹妮弗·莱特(Jennifer Light,1999)所提醒我们的,这个词最初是用来描述一种职业而非机器,主要由女性担任的计算员执行计算任务并支持科学、技术和军事工作。何谓信息?罗纳德·戴(Ronald Day,2008)有启发性地指出,信息是一个不断演变的概念,其含义在克劳德·香农(Claude Shannon)的数学理论出现后发生了根本性转变。同样,我们对于计算机可以做什么、信息能够代表什么、我们如何获取信息或如何让其为我所用,都是不断演变的想法,这些想法既受到技术安排的影响,也深受制度惯例和社会规范的塑造。技术社会建构领域的学者所谓的**解释灵活性**通常用来描述不同社会群体如何根据自身需求和背景对技术进行不同理解,但我们也看到了这种灵活性随着时间的推移而变化,这为我们追溯数字化的历史提供了依据。

那么,在进行了这样的研究之后,我们可以得出哪些结论?

一个结论是，物质性存在着多种形式。我从两个不同的角度来理解这一点。首先，尽管关于数字信息物质性的描述可能有助于纠正过于随意的虚拟性和非物质性断言，但它们并没有提供太多的深入见解。数字确实是物质的，但它如何体现物质性，以及这种物质性具有何种意义呢？数字系统以多种方式呈现物质性，并且不同的物质性特征决定了我们与之互动的性质。它们以多样的方式表现出物质性，并用于实现不同的目的。我们已经接触到一系列不同的物质属性，这些属性以不同方式塑造了我们对数字信息的现象学体验和文化遭遇。更重要的是（这也是对"多重物质性"的第二种解读），数字信息可以在同一时间以不同的方式表现出物质性。如果我们将物质性视为那些限制、约束和激发互动模式的属性，即构成唐纳德·舍恩所说的"反思性对话"基础的那些属性，那么数字媒体就展示了不同的物质性，正如它们参与到同时发生的不同"对话"中一样。

我们也已经看到物质性在多个尺度上显现并发挥作用。事实上，支撑论点的案例研究的主要维度之一便是尺度，这体现在人与技术的互动中——从个人使用模拟器来重获失去的数字体验，到作为互联网服务用户的我们发现自己很大程度上处于看不见的机构关系中。尺度是一个在数字环境中至关重要但未得到充分研究的问题，它极易与大小（size）或数量（number）混淆。然而，尺度与大小根本不是一回事。如果我们思考简单的量级增加，可能会谈论一个细胞与一千万个细胞之间的差异，但这与谈论一个人的手臂并不相同。尺度是不同对象出现的一个维度：手臂作为一个对象存在于一个尺度上，细胞则存在于另一个尺度上。同样，不同的物质性在不同的尺度上显现，或以不同的方式显现。网络连接的脆弱性、网络数据包的脆弱性以及对等连接安排的脆弱性是类型截然不同的脆弱性。这些物质性并不独立于尺度之外，尺度之间也存在着相互作用。

关注表征形式的一个原因在于，它们既是机构关系表现的场所，也是反映机构关系条款的对象。电子表格的网格让不同组织单位的目标和需求保持一致但又相互独立，路由政策规定了网络运营商如何处理彼此的流量。这些表征形式的表达力以及其他物质属性,如持久性、动态性和分布模式,都是机构关系协商和实施的一部分。因此,这些表征及其物质约束与社会、文化和制度实践及关系共同演化。实际上,正是这一观察促使我们从历史角度看待诸如路由算法等事物的发展,将其视为新兴制度实践的表达。表征的稳定性和变化模式反映了使用期望、需求和惯例,这些本身又围绕着表征形式的有效性(或无效性)而组织。同样地,诸如协议、API和数据库模式等数字表征形式可以充当展示在线世界中机构和组织多样性的场所——众多不同行为者的行为在创造数字体验的过程中被协调。

"多种物质性"的结论也挑战了将数字仅仅视为一种媒介的想法。这并不是说我们不能谈论数字媒介,因为有些媒介确确实实是数字化的。让我们暂且搁置这一无可否认但缺乏启发性的观点,即"数字"只是描述模拟现象的方式——电压、色调和磁场通量。即使我们将"数字"视为已知的概念,**数字性(digitality)** 本身也并不是很好的描述性术语。数字性并不能告诉我们关于快或慢、稳健或脆弱、暂时或持久、可塑或固定、简单或复杂、动态或静态等特征,而这些特征恰恰构成了我们媒介体验的方方面面。数字性本身传递的信息很少。即使在更具体的领域,比如摄影图像或音频录音,说某物是数字的,在非常宽泛的意义上也几乎没有提供太多有价值的信息。因此,例如从模拟媒体到数字化媒体的**转换**(用于存档、处理或保存),或者对模拟和数字等效物的广泛比较,在没有详细说明所涉及的具体数字物质性的情况下,同样没有信息价值。

最后,我们需要关注的是数字表征如何兼具修辞性和机械性特征。自从科学与技术研究这一学科建立以来,表征与记录就一直是该领域学者们的关注焦点(Star, 1983; Latour and Woolgar, 1986; Coopmans et al., 2014)。数字表征不仅仅是表现,它们还为计算提供了物质框架。数字记录的表征物质性之所以值得关注,是因为它同时具备修辞和机械性的双重性质。

鉴于数字系统从顶层到底层都是通过表征运作的,因此毫不奇怪,大多数系统会花费大量时间在不同表征之间进行转换(translate)，比如将搜索词转化为结构化查询，将配置文件转化为表达树，将域名转化为 IP 地址，将输入事件转化为命令，等等。这种转换本质上是从一个抽象层次到另一个层次的过渡，或是控制权从一个模块到另一个模块的转移。然而，这些被转换的对象本身也是机械性的，它们在结构上被重新配置、扩展、收缩、增强和分割，而"转换"一词往往忽视了这种变化中更具物质性的层面。斯特凡·赫尔姆莱希(Stefan Helmreich，2007)提出了一种不同的视角来理解这些问题。他借鉴麦肯齐(2002)提出的隐喻，提出了所谓的"转导民族志"(transductive ethnography)，这种方法关注媒介、转化和重编码过程，这些过程贯穿于我们的大部分或者全部的感官生活。赫尔姆莱希特别关注听觉环境以及技术、媒体和物质对象在制造声音景观及沉浸体验中的作用。然而，他的思考不仅局限于声音：

> 转导可以作为一种手段来识别沉浸状态背后的隐藏条件。转导的隐喻可以帮助我们关注到断裂的质感、关注信号传递的身体特征，特别是在赛博格环境中。如果信息科学认为信息是一种可以跨越边界和基底进行转移的抽象属性——这是赛博格的转码梦想——那么"转导"的概念则唤起了这种传递的物理和物质维度，并引发了关于抵抗和失真的问题，这使得流动的修辞变得更加复杂，加入了湍流的概念。(Helmreich，2007，631)

当然，赫尔姆莱希完全正确地指出了信息科学对抽象性和虚拟性的主张，尽管这些主张正是本书及其他引用文献所试图重新审视的内容。对"抵抗和失真"的作用保持敏感的数字信息的理解正是本项研究的核心，实际上，我们可以将这两种现象直接与舍恩提出的"与材料的反思性对话"的初始观点联系起来。然而，转导带给我们更多启示。转导超越了翻译：它不仅仅是重新编码，而且是一种再生产。当电话声筒中的人声被转化为各种不同类型的电信号，然后在另一端重新组装为声音时，最终产物不仅仅是原始语音的移动，而且是基于它的新声音的生产——这是一种类似但并非复制的声音。同样，当我们考虑数字表征在将世界中的对象编码进数字系统，并为我们重新生产扮演中介角色时（例如，人作为数据库记录，组织流程作为电子表格，制度关系作为路由策略，或其他任何形式的转导），我们不得不关注赫尔姆莱希所谓的"湍流"而非"缓流"。转导让我们关注主动的中介作用，并促使我们思考这一中介过程在数字表征通过构成当代信息系统的技术栈（包括协议、应用和服务）时增加了什么、减去了什么。

重　　组

据说，数学计算机科学家埃德加·戴克斯特拉（Edger Dijkstra）曾说过："计算机科学与计算机的关系，就像天文学与望远镜的关系一样。"[①] 我们可以将这句话理解为对计算应当被视为独立于其物质表现形式的评论。然而，近期对信息基础设施的研究方法表明了密切关注信息和信息系统的生成、维护和应用过程及条件的重要性（Bowker et al., 2010）。反过来，本研究虽然肯定不属于传统意义上的计算机科学，但对计算机和计算设备给予的关注远超过戴克斯特拉认为计算机科学所允许的。他可能会争辩说计算应被视为独立于其物质表现形式，但在现实世界中的计算却不能如此。不过，正如我在前几页中强调的，我绝对不是试图论证只有计算机科学家才能进行这项工作。事实上，我可能会从相反的方向论证，思考物质性为我们提供了一种重新配置和重新构想计算机科学的方法，即将数字技术放回其历史、地理、政治和文化背景中。

例如，许多计算机科学研究人员开始对所谓的**计算思维**产生兴趣，这

[①] 戴克斯特拉本人是否曾说过这句话是个相当大的疑问，尽管他几乎从不缺乏精辟的评论，正如他那令人印象深刻的尖锐档案所证明的那样（http://www.cs.utexas.edu/users/EWD）。戴克斯特拉之于计算机科学就如同马克·吐温之于美国，温斯顿·丘吉尔之于英国：一个经常被归于各种话语来源的人物。

一概念最初由珍妮特·温(Jeanette Wing，2006)提出。计算思维宣言主张，计算过程和表征如今已经在日常生活中占据了核心位置，因此在现代教育中，掌握算法和计算机制的基本知识与理解数学、逻辑和符号推理的基础同等重要。我们可以将这一计划与早期在教育界中推广的"计算机素养"区分开来，后者通常围绕基本的数字工具(如文字处理器和搜索引擎)的操作能力展开，而前者则将注意力转向了计算系统的工作原理以及它们如何在现实世界中发挥作用。撇开教育优先级的问题不谈，本书的论点是，应对计算媒介需要一种新的思维方式，而这种新的思维方式可以通过与计算媒介的互动来培养。

然而，这种对计算思维的看法在很大程度上是脱离历史背景和具体物质条件的。我们所熟悉的计算思维是一种特定的计算思维，它伴随着特定类型的计算机系统、特定类型的软件系统以及由此产生的特定类型的表征和建模实践而兴起。它是众多可能的计算思维模式中的一种。重要的是认识并挑战嵌入计算思维中的特定知识实践模式的主导地位，同时也要意识到除了当前计算机科学或信息科学研究所倡导的计算思维方式之外，还可能存在其他的计算思维方式(Dourish，2010)。在探讨信息的物质性时，我的目标是避免这一观点中的关键缺陷——技术遭遇的去情境化描述、轻率的技术决定论，以及对"什么是或不是计算本质"的预先判断。

这些理念在当代关于算法及其责任性的讨论中具有特别的意义(Gillespie，2014；Ziewitz，2016)。就在几年前，**算法**一词还仅仅是个技术术语，尚未广泛在公众的讨论中出现。人们关心的是搜索引擎在选择排名靠前的结果时是否存在偏见，或数码相机中的面部识别机制是否对某些肤色更加灵敏(Roth，2009；Hankerson et al.，2016)。随着人们开始探讨算法对我们生活的中介作用以及由此引发的责任和监管问题，算法已逐渐成为公众关注的焦点(如 Gillespie，2014；Pasquale，2015；Introna，2016)。如果我们从表征物质性的角度来审视这些问题，会发现哪些新的议题呢？

首先，我们需要认识到，我们对于算法能够做什么以及可能做到什么的理解，总是与那些能够体现和表达这些算法的计算机系统密切相关。以第一章开头提到的核武器模拟为例，我区分了算法的可能性和实现的可行性。相同的算法，在不同的计算机上实现或由不同的技术基础设施支持时，能力是截然不同的。从数学角度来看，算法所能实现的效果是相同的，但在实际操作中，一种新的架构或算法实现可以带来全新的可能性，并将更多成就带入现实。例如实时处理数据流，可能是在高清视频信号中进行高级面部识别，或识别连续语音中的单词，又或者是对高速公路的交通流量进行建模和响应，这不仅仅依赖算法本身，还依赖在适当的时间限制内执行该算法的能力。能够"离线"执行这些任务（即对存储数据进行操作而非实时响应）当然是一项技术成就，但能够实时处理数据则为监控、为基于语音的用户界面或城市管理等领域带来了全新的可能性。因此，简单将这些成就归功于"算法"是有些误导的，因为应用这些技术所需要的不仅仅是算法本身，更是算法如何在更广泛的技术基础设施中得以实现。

其次，物质主义视角引导我们关注到在软件中实现一个算法所需的条件。算法是对计算程序的抽象描述，但将算法作为程序来实现，则需要程序员不仅纳入算法本身，还要加入所需的辅助机制以确保其运行，包括检查错误、测试边界、建立网络连接、管理内存、处理异常、提供用户反馈、编码信息、存储文件、加载数据、指定模块、初始化变量、丢弃旧结果，以及其他无数的"维护"工作。结果就是，尽管算法构成了程序的核心，但我们的计算机程序所做的事情实际上并不完全由算法规定。程序是机械的和过程性的，但并不完全是"算法性的"，也就是说，并非全部由算法（或被称为算法的东西）来具体规定。

这两个观察结果都表明，当前关于算法、治理和问责制的讨论，如果要有效，就必须将其置于物质主义视角下，探讨算法如何在现实中产生影响。我们可以谨记全喜卿（2008）的告诫，避免崇拜算法，同时也要认识到，作为一个专业术语，算法有其局限性和边界，这些都值得我们注意。

事实上，任何在算法处理领域的有效干预，从政治实践的角度来说，都必须有一些民族志的责任感，深入了解成员们所使用的术语和概念。

从物质性的视角去理解算法还提供了一条途径，借此我们可以回到第二章中所讨论的不同学科的对话，这些对话构成了本研究的背景。例如，它展示了对人机交互作为一门学科的主题和责任的一种替代性理解，要求我们在用户体验方面对物质性给予关注，而这种关注远远超出了构成界面的材料本身。从物质主义角度来看，我们需要与构建数字体验的材料打交道，这些材料本身可能在技术上、地理上和制度上分布在世界各地，这就指明或者至少指向了一个更广泛的人机互动构成方法。此外，它还试图在软件研究领域内开辟一个空间，用于开展一种分析，这种分析致力于认真对待技术构架，既不被代码作为文本的表面奇特性所迷惑，也不过分倾向于其隐喻意义。

对算法的观察体现了本书试图维持的一种复杂（或许过于复杂）的跨学科视角。从计算机科学领域，它汲取了对技术系统生产的关注，同时也聚焦于这些系统作为文化对象的本质。从科学研究中，它汲取了对科技实践日常运作的关注，同时认识到科技也是介入和变革的媒介。从软件研究中，它汲取了对数字表征修辞的关注，但依然紧密围绕着对技术机制的理解。从媒体研究中，它汲取了看待信息基础设施的历史视角，但特别强调编码和表征实践。当然，挑战在于能否有效地融合这些交叉学科的观点，既要避免因过于宽泛而陷入不连贯的混乱，也不能将其定义得过于狭窄而失去存在意义。我相信，读者们会有自己的评价。然而，随着我们与机构、公司乃至彼此之间的互动越来越多地通过兼具修辞和机械影响力的物质表征来中介，对这种方法的需求显得尤为迫切。

参考文献

Adorno, T. 1991. *The Culture Industry*. London: Routledge.

Alač, M. 2011. *Handling Digital Brains: A Laboratory Study of Multimodal Semiotic Interaction in the Age of Computers*. Cambridge, MA: MIT Press.

Al-Fares, M., A. Loukissas, and A. Vahdat. 2008. A Scalable, Commodity Data Center Network Architecture. *Computer Communication Review* 38 (4): 63-74.

Alsubaiee, S., Y. Altowim, H. Altwaijry, V. Borkar, Y. Bu, et al. 2014. AsterixDB: A Scalable, Open Source BDMS. *Proceedings of the VLDB Endowment* 7 (14): 1905-1916.

Angus, I. 2016. *Facing the Anthropocene: Fossil Capitalism and the Crisis of the Earth System*. New York: Monthly Review Press.

Antoniadis, P., B. Le Grand, A. Satsiou, L. Tassiulas, R. Aguiar, J. P. Barraca, and S. Sargento. 2008. Community Building over Neighborhood Wireless Mesh Networks. *IEEE Society & Technology* 27 (1): 48-56.

Apperley, T., and J. Parikka. 2016. Platform Studies' Epistemic Threshold. *Games and Culture*. DOI: 10.1177/1555412015616509. Published online February 2016.

Ashcraft, K., T. Kuhn, and F. Cooren. 2009. Constitutional Amendments: "Materializing" Organizational Communication. *Academy of Management Annals* 3 (1): 1-64.

Aspray, W. 1990. *John von Neumann and the Origins of Modern Computing*. Cambridge, MA: MIT Press.

Astrahan, M., M. Blasgen, D. Chamberlin, K. Eswaran, J. Gray, P. Griffiths, W. King, et al. 1976. System R: Relational Approach to Database Management. *ACM Transactions on Database Systems* 1 (2): 97–137.

Bailey, D., P. Leonardi, and S. R. Barley. 2012. The Lure of the Virtual. *Organization Science* 23 (5): 1485–1504.

Bannon, L., and S. Bødker. 1997. Constructing Common Information Spaces. In *Proceedings of the Fifth European Conference Computer-Supported Cooperative Work ECSCW'97 (Lancaster, UK)*, J. Hughes (ed.), 81–96. Dordrecht: Kluwer.

Barad, K. 2003. Posthumanist Performativity: Toward an Understanding of How Matter Comes to Matter. *Signs* 28 (3): 801–831.

Barad, K. 2007. *Meeting the Universe Halfway: Quantum Physics and the Entanglements of Matter and Meaning*. Durham, NC: Duke University Press.

Baran, P. 1964. *On Distributed Communications*. RAND Memorandum RM-4320-PR. Santa Monica, CA: Rand.

Barlow, J. P. 1996. A Declaration of the Independence of Cyberspace. Davos, Switzerland. Accessed June 4, 2014, https://projects.eff.org/~barlow/Declaration-Final.html.

Bennett, J. 2010. *Vibrant Matter: A Political Ecology of Things*. Durham, NC: Duke University Press.

Bergström, J., B. Clark, A. Frigo, R. Mazé, J. Redström, and A. Vallgårda. 2010. Becoming Materials: Material Forms and Forms of Practice. *Digital Creativity* 21 (3): 155–172.

Berry, D. 2011. *The Philosophy of Software: Code and Mediation in the Digital Age*. Basingstoke, UK: Palgrave Macmillan.

Birrell, A., R. Levin, R. Needham, and M. Schroeder. 1982. Grapevine: An Exercise in Distributed Computing. *Communications of the ACM* 25 (4): 260–274.

Blanchette, J.-F. 2011. A Material History of Bits. *Journal of the American Society for Information Science and Technology* 62 (6): 1024-1057.

Blum, A. 2012. *Tubes: A Journey to the Center of the Internet*. New York: HarperCollins.

Boellstorff, T., G. Bell, M. Gregg, B. Maurer, and N. Seaver. 2015. *Data: Now Bigger and Better!* Chicago, IL: Prickly Paradigms Press.

Boggs, D., J. Shoch, E. Taft, and R. Metcalfe. 1980. Pup: An Internetwork Architecture. *IEEE Transactions on Communications* 28 (4): 612-624.

Bolter, J., and R. Grusin. 1999. *Remediation: Understanding New Media*. Cambridge, MA: MIT Press.

Bonaventure, O., M. Handley, and C. Raiciu. 2012. An Overview of Multipath TCP.; *login: The Usenix Magazine* 37 (5): 17-23.

Borkar, V., M. Carey, and C. Li. 2012. Big Data Platforms: What's Next? *ACM Cross-roads* 19 (1): 44-49.

Bowers, J., G. Button, and W. Sharrock. 1995. Workflow from Within and Without: Technology and Cooperative Work on the Print Industry Shopfloor. In *Proceedings of the Fourth European Conference on Computer-Supported Cooperative Work ECSCW'95 (Stockholm, Sweden)*, H. Marmolin, Y. Sundblad, and K. Schmidt (eds.), 51-66. Dordrecht: Kluwer.

Bowker, G., K. Baker, F. Millerand, and D. Ribes. 2010. Toward Information Infrastructure Studies: Ways of Knowing in a Networked Environment. In *International Handbook of Internet Research*, J. Hunsinger, L. Klastrup, and M. Allen (eds.), 97-117. New York: Springer.

Bowker, G., and S. L. Star. 1999. *Sorting Things Out: Classification and Its Consequences*. Cambridge, MA: MIT Press.

Bratton, B. 2016. *The Stack: On Software and Sovereignty*. Cambridge, MA: MIT Press.

Breslau, L., and D. Estrin. 1990. Design of Inter-administrative Domain Routing Protocols. *Computer Communication Review* 20 (4): 231-241.

Brubaker, J., and G. Hayes. 2011. SELECT * FROM USER: Infrastructure and Sociotechnical Representation. Proc. ACM Conf. Computer-Supported Cooperative Work CSCW 2011 (Hangzhou, China), 369–378.

Brubaker, J., G. Hayes, and P. Dourish. 2013. Beyond the Grave: Facebook as a Site for the Expansion of Death and Mourning. *Information Society* 29 (3): 152–163.

Buechley, L., M. Eisenberg, J. Catchen, and A. Crockett. 2008. The LilyPad Arduino: Using Computational Textiles to Investigate Engagement, Aesthetics, and Diversity in Computer Science Education. Proc. ACM Conf. Human Factors in Computing Systems CHI 2008 (Florence, Italy), 423–432.

Cacciatori, E. 2008. Memory Objects in Project Environments: Storing, Retrieving and Adapting Learning in Project-Based Firms. *Research Policy* 37 (9): 1591–1601.

Cacciatori, E. 2012. Resolving Conflict in Problem-Solving: Systems of Artefacts in the Development of New Routines. *Journal of Management Studies* 49 (8): 1559–1585.

Carlile, P., D. Nicolini, A. Langley, and H. Tsoukas. 2013. *How Matter Matters: Objects, Artifacts, and Materiality in Organization Studies*. Oxford: Oxford University Press.

Castelle, M. 2013. Relational and Non-Relational Models in the Entextualization of Bureaucracy. Computational Culture, no. 3. http://computationalculture.net/article/relational-and-non-relational-models-in-the-entextualization-of-bureaucracy.

Castells, M. 1996. *The Rise of the Network Society*. Oxford: Blackwell.

Castells, M. 2009. *Communication Power*. Oxford: Oxford University Press.

Cattell, R. 2010. Scalable SQL and NoSQL Data Stores. *SIGMOD Record* 39 (4): 12–27.

Cerf, V., and R. Kahn. 1974. A Protocol for Packet Network Intercommunication. *IEEE Transactions on Communications* 22 (5): 637–648.

Chang, F., J. Dean, S. Ghemawat, W. Hsieh, D. Wallach, M. Burrows, T. Chandra, A. Fikes, and R. Gruber. 2008. Bigtable: A Distributed Storage System for Structured Data. *ACM Transactions on Computer Systems* 26 (2), 4: 1-4: 26.

Chen, A. 2014. The Laborers Who Keep Dick Pics and Beheadings Out of Your Facebook Feed. *Wired*, October. http://www.wired.com/2014/10/content-moderation.

Chun, W. 2008. On "Sourcery," or Code as Fetish. *Configurations* 16 (3): 299-324.

Chun, W. 2011a. The Enduring Ephemeral, or the Future Is a Memory. In *Media Archaeology: Approaches, Applications, Implications*, E. Huhtamo and J. Parikka (eds.), 184-203. Berkeley: University of California Press.

Chun, W. 2011b. *Programmed Visions: Software and Memory*. Cambridge, MA: MIT Press.

Chun, W. 2016. *Updating to Remain the Same: Habitual New Media*. Cambridge, MA: MIT Press.

Clark, D., and D. Tennenhouse. 1990. Architectural Considerations for a New Generation of Protocols. *ACM SIGCOMM Communications Review* 20 (4): 200-208.

Coase, R. 1937. The Nature of the Firm. *Economica* 4 (16): 386-405.

Codd, E. 1970. A Relational Model of Data for Large Shared Data Banks. *Communications of the ACM* 13 (6): 377-387.

Collins, H. M. 1974. The TEA Set: Tacit Knowledge and Scientific Networks. *Science Studies* 4 (2): 165-185.

Collins, H. M. 1985. *Changing Order: Replication and Induction in Scientific Practice*. Chicago: University of Chicago Press.

Comer, D. 1983. The Computer Science Research Network CSNET: A History and Status Report. *Communications of the ACM* 26 (10): 747-753.

Coole, D., and S. Frost, eds. 2010. *Materialisms: Ontology, Agency, and*

Politics. Durham, NC: Duke University Press.

Coopmans, C., J. Vertesi, M. Lynch, and S. Woolgar. 2014. *Representation in Scientific Practice Revisited*. Cambridge, MA: MIT Press.

Corbett, J., J. Dean, M. Epstein, A. Fikes, C. Frost, J. Furman, S. Ghemawat, et al. 2012. Spanner: Google's Globally-Distributed Database. Proc. USENIX Conf. Operating System Design and Implementation OSDI 2012 (Hollywood, CA), 251–264.

Curry, M. 1998. *Digital Places: Living with Geographical Information Systems*. London: Routledge.

Dahlberg, L. 2001. Democracy via Cyberspace: Examining the Rhetorics and Practices of Three Prominent Camps. *New Media & Society* 3: 187–207.

Day, R. 2008. *The Modern Invention of Information: Discourse, History, Power*. Carbondale: Southern Illinois University Press.

Dean, J., and S. Ghemawat. 2004. MapReduce: Simplified Data Processing on Large Clusters. Proc. USENIX Conf. Operating Systems Design and Implementation OSDI'04 (Broomfield, CO), 137–149.

DeCandia, G., D. Hastorun, M. Jampani, G. Kakulapati, A. Lakshman, A. Pilchin, S. Sivasubramanian, P. Vosshall, and W. Vogels. 2007. Dynamo: Amazon's Highly Available Key-Value Store. Proc. ACM Symp. Operating System Principles SOSP 2007 (Stevenson, WA), 205–220.

DeLanda, M. 2006. *A New Philosophy of Society: Assemblage Theory and Social Complexity*. London: Continuum.

Demers, A., D. Greene, C. Houser, W. Irish, J. Larson, S. Shenker, H. Sturgis, D. Swinehart, and D. Terry. 1988. Epidemic Algorithms for Replicated Database Maintenance. *SIGOPS Operating System Review* 22 (1): 8–32.

DeNardis, L. 2012. Governance at the Internet's Core: The Geopolitics of Interconnection and Internet Exchange Points (IXPs) in Emerging Markets. Available at SSRN: http://ssrn.com/abstract=2029715 or http://dx.doi.org/10.2139/ssrn.2029715.

Denning, P., A. Hearn, and W. Kern. 1983. History and Overview of CSNET. *Computer Communication Review* 13 (2): 138-145.

Digital Equipment Corporation. 1982. *DECnet DIGITAL Network Architecture (Phase IV): General Description*. Order number AA-N149A-TC. Maynard, MA: Digital Equipment Corporation.

DiSalvo, C. 2012. *Adversarial Design*. Cambridge, MA: MIT Press.

Dolphijn, R., and I. van der Tuin. 2012. *New Materialism: Interviews & Cartographies*. Ann Arbor, MI: Open Humanities Press.

Donner, J. 2015. *After Access: Inclusion, Development, and a More Mobile Internet*. Cambridge, MA: MIT Press.

Douglas, M., and B. Isherwood. 1979. *The World of Goods: Towards an Anthropology of Consumption*. New York: Basic Books.

Dourish, P. 2006. Implications for Design. Proc. ACM Conf. Human Factors in Computing Systems CHI 2006 (Montreal, QC), 541-550.

Dourish, P. 2010. The View from Arnhem Land in Australia's Remote North: "Computational Thinking" and the Postcolonial in the Teaching from Country Program. *Learning Communities: The International Journal of Learning in Social Contexts* 2: 91-101.

Dourish, P., and G. Bell. 2011. *Divining a Digital Future: Mess and Mythology in Ubiquitous Computing*. Cambridge, MA: MIT Press.

Dourish, P., and M. Mazmanian. 2013. Media as Material: Information Representations as Material Foundations for Organizational Practice. In *How Matter Matters: Objects, Artifacts, and Materiality in Organization Studies*, P. Carlile, D. Nicolini, A. Langley, and H. Tsoukas (eds.), 92-118. Oxford: Oxford University Press.

Driscoll, K. 2015. Beyond End-to-End: Lessons from Store-and-Forward Internetworking. Presentation at the Annual Meeting of the Society of Cinema and Media Studies Conference (Montreal, Canada), March.

Dumitrescu, D., H. Landin, and A. Vallgårda. 2011. An Interactive Textile

Hanging: Textile, Context, and Interaction. *Studies in Material Thinking* 7: 1–13.

Edwards, P. 2011. *A Vast Machine: Computer Models, Climate Data, and the Politics of Global Warming*. Cambridge, MA: MIT Press.

Elmer-Dewitt, P. 1993. First Nation in Cyberspace. *Time* 49 (Dec.): 6.

Ernst, W. 2012. *Digital Memory and the Archive*. Minneapolis: University of Minnesota Press.

Ernst, W. 2015. Kittler-Time: Getting to Know Other Temporal Relationships with the Assistance of Technological Media. In *Media after Kittler*, E. Ikoniadou and S. Wilson (eds.). London: Rowman and Littlefield.

Escriva, R., B. Wong, and E. Sirer. 2012. Hyperdex: A Distributed, Searchable Key–Value Store. *Computer Communication Review* 42 (4): 25–36.

Estrin, D., and M. Steenstrup. 1991. Inter Domain Policy Routing: Overview of Architecture and Protocols. *Computer Communication Review* 21 (1): 71–78.

Fall, K. 2003. A Delay-Tolerant Network Architecture for Challenged Internets. *Computer Communication Review* 33 (4): 27–34.

Faulkner, W. 1951. *Requiem for a Nun*. New York: Random House.

Ford, A., C. Raiciu, M. Handley, and O. Bonaventure. 2013. TCP Extensions for Multipath Operation with Multiple Addresses. Request for Comments RFC 6824. Internet Engineering Task Force. http://www.rfc-editor.org/info/rfc6824.

Fuller, M. 2005. *Media Ecologies: Materialist Energies in Art and Technoculture*. Cambridge, MA: MIT Press.

Fuller, M. 2008. *Software Studies: A Lexicon*. Cambridge, MA: MIT Press.

Fuller, V., T. Li, J. Yu, and K. Varadhan. 1993. Classless Inter-Domain Routing (CIDR): An Address Assignment and Aggregation Strategy,

Request for Comments RFC 1519. Internet Engineering Task Force. http://www.rfc-editor.org/info/rfc1519.

Galison, P., and B. Hevly. 1992. *Big Science: The Growth of Large-Scale Research*. Stanford, CA: Stanford University Press.

Galloway, A. 2004. *Protocol: How Control Exists after Decentralization*. Cambridge, MA: MIT Press.

Garfinkel, H. 1967. *Studies in Ethnomethodology*. Cambridge, UK: Polity.

Gaved, M., and P. Mulholland. 2008. Pioneers, Subcultures, and Cooperatives: The Grassroots Augmentation of Urban Places. In *Augmented Urban Spaces: Articulating the Physical and Electronic City*, A. Aurigi and F. De Cindio (eds.), 171–184. Aldershot, UK: Ashgate.

Gaver, W. W. 1991. Technology Affordances. Proc. ACM Conf. Human Factors in Computing Systems (CHI'91) (New Orleans, LA), 79–84.

Gazzard, A. 2016. *Now the Chips Are Down: The BBC Micro*. Cambridge, MA: MIT Press.

Geertz, C. 1973. *The Interpretation of Cultures*. New York: Basic Books.

Ghamari-Tabrizi, S. 2005. *The World of Herman Kahn: The Intuitive Science of Thermonuclear War*. Cambridge, MA: Harvard University Press.

Ghemawat, S., H. Gobioff, and S.-T. Leung. 2003. The Google File System. Proc. ACM Symposium on Operating System Principles (Bolton Landing, NY).

Gibson, J. J. 1979. *The Ecological Approach to Visual Perception*. New York: Houghton-Mifflin.

Gillespie, T. 2006. Engineering a Principle: "End-to-End" in the Design of the Internet. *Social Studies of Science* 36 (3): 427–457.

Gillespie, T. 2014. The Relevance of Algorithms. In *Media Technologies: Essays on Communication, Materiality, and Society*, T. Gillespie, P. Boczkowski, and K. Foot (eds.), 167–193. Cambridge, MA: MIT Press.

Gitelman, L., ed. 2013. *"Raw Data" Is an Oxymoron*. Cambridge, MA: MIT Press.

Goggin, G. 2012. Global Internets. In *The Handbook of Global Media Research*, I. Volkmer (ed.), 352-364. Oxford: Wiley-Blackwell.

Goldberg, A., and D. Robson. 1983. *Smalltalk-80: The Language and Its Implementation*. Boston, MA: Addison-Wesley.

Goodwin, C. 1994. Professional Vision. *American Anthropologist* 96 (3): 606-633.

Goody, J. 1977. *The Domestication of the Savage Mind*. Cambridge, UK: Cambridge University Press.

Goody, J. 1986. *The Logic of Writing and the Organization of Society*. Cambridge, UK: Cambridge University Press.

Goody, J. 1987. *The Interface between the Written and the Oral*. Cambridge, UK: Cambridge University Press.

Goody, J., and I. Watt. 1963. The Consequences of Literacy. *Comparative Studies in Society and History* 5 (3): 304-345.

Gorman, S. P., and E. J. Malecki. 2000. The Networks of the Internet: An Analysis of Provider Networks in the USA. *Telecommunications Policy* 24: 113-134.

Graham, S., and S. Marvin. 2001. *Splintering Urbanism: Networked Infrastructures, Technological Mobilities, and the Urban Condition*. London: Routledge.

Gray, J. 1978. Notes on Data Base Operating Systems. In *Lecture Notes on Computer Science*, vol. 60, R. Bayer, R. N. Graham, and G. Seegmueller (eds.), 393-481. New York: Springer-Verlag.

Gray, J. 1981. The Transaction Concept: Virtues and Limitations. Proceedings of the 7th International Conference on Very Large Database Systems (Cannes, France, Sept. 9-11), ACM, New York, 144-154.

Green, T. R. G., and M. Petre. 1996. Usability Analysis of Visual Programming Environments: A "Cognitive Dimensions" Framework. *Journal of Visual Languages and Computing* 7: 131-174.

Greenberg, A., J. Hamilton, D. Maltz, and P. Patel. 2008. The Cost of a Cloud: Research Problems in Data Center Networks. *Computer Communication Review* 39 (1): 68-73.

Greenfield, A. 2014. *Against the Smart City*. The City Is Here for You to Use 1. New York: Do Projects.

Grier, D., and M. Campbell. 2000. A Social History of Bitnet and Listserv, 1985-1991. *IEEE Annals of the History of Computing* 22 (2): 32-41.

Grinter, R. 2005. Words about Images: Coordinating Community in Amateur Photography. *Computer Supported Cooperative Work* 14: 161-188.

Grusin, R., ed. 2015. *The Nonhuman Turn*. Minneapolis: University of Minnesota Press.

Gusterson, H. 1996. *Nuclear Rites: A Weapons Laboratory at the End of the Cold War*. Berkeley: University of California Press.

Gusterson, H. 2001. The Virtual Nuclear Weapons Laboratory in the New World Order. *American Ethnologist* 28 (2): 417-437.

Haigh, T. 2014. Actually, Turing Did Not Invent the Computer. *Communications of the ACM* 57 (1): 36-41.

Haigh, T., T. Priestley, and C. Rope. 2016. *ENIAC in Action: Making and Remaking the Modern Computer*. Cambridge, MA: MIT Press.

Haimson, N., J. Brubaker, L. Dombrowski, and G. Hayes. 2016. Digital Footprints and Changing Networks During Online Identity Transitions. Proc. ACM Conf. Human Factors in Computing Systems CHI 2016 (San Jose, CA).

Hall, S. 1980. Encoding/Decoding. In *Culture, Media, Language: Working Papers in Cultural Studies, 1972-79*, S. Hall, D. Hobson, A. Lowe, and P. Willis (eds.), 128-138. London: Hutchinson.

Hall, S., G. Hall, and J. McCall. 2000. *High-Speed Digital System Design: A Handbook of Interconnect Theory and Design Practices*. New York: John Wylie.

Halverson, J. 1992. Goody and the Implosion of the Literacy Thesis. *Man* 27 (2): 301-317.

Hankerson, D., A. Marshall, J. Booker, H. El Mimouni, I. Walker, and J. Rode. 2016. Does Technology Have Race? In *Extended Abstracts of the ACM Conf. Human Factors in Computing Systems CHI 2016 (San Jose, CA)*, 473-486. New York: ACM.

Haraway, D. 2007. *Where Species Meet*. Minneapolis: University of Minnesota Press.

Harris, R. 1986. *The Origin of Writing*. Chicago: Open Court Publishing.

Harris, R. 1996. *Signs of Writing*. London: Routledge.

Harris, R. 2000. *Rethinking Writing*. Bloomington: Indiana University Press.

Harvey, D. 2006. *Spaces of Global Capitalism: A Theory of Uneven Geographical Development*. New York: Verso.

Hauben, M., and R. Hauben. 1997. *Netizens: On the History and Impact of Usenet and the Internet*. Los Alamitos, CA: IEEE Computer Society Press.

Havelock, E. 1963. *Preface to Plato*. Cambridge, MA: Harvard University Press.

Havelock, E. 1982. *The Literate Revolution in Greece and Its Cultural Consequences*. Princeton, NJ: Princeton University Press.

Havelock, E. 1986. *The Muse Learns to Write: Reflections on Orality and Literacy from Antiquity to the Present*. New Haven, CT: Yale University Press.

Hayles, K. 1999. *How We Became Posthuman: Virtual Bodies in Cybernetics, Literature, and Informatics*. Chicago, IL: University of Chicago Press.

Hecht, G. 2002. Rupture-Talk in the Nuclear Age: Conjugating Colonial Power in Africa. *Social Studies of Science* 32 (5-6): 691-727.

Heddaya, M. 2014. Warhol Computer Art Discovered on 1985 Floppy Discs.

April 24. http://hyperallergic.com/122381/warhol-computer-art-discovered-on-1985-floppy-discs.

Heft, H. 2001. *Ecological Psychology in Context: James Gibson, Roger Barker, and the Legacy of William James' Radical Empiricism*. Hove, UK: Psychology Press.

Helmreich, S. 2007. An Anthropologist Underwater: Immersive Soundscapes, Cybmarine Cyborgs, and Transductive Ethnography. *American Ethnologist* 34 (4): 621–641.

Herndon, T., M. Ash, and R. Pollin. 2014. Does High Public Debt Consistently Stifle Economic Growth? A Critique of Reinhart and Rogoff. *Cambridge Journal of Economics* 38 (2): 257–279.

Hiltzik, M. 1999. *Dealers of Lightning: Xerox PARC and the Dawn of the Computer Age*. New York: HarperCollins.

Hindman, M. 2008. *The Myth of Digital Democracy*. Princeton, NJ: Princeton University Press.

Hoffman, P. 2012. The Tao of IETF. Accessed June 4, 2014, http://www.ietf.org/tao.html.

Hogan, M. 2015. Data Flows and Water Woes: The Utah Data Center. *Big Data & Society* 2 (2): 1–12.

Hopper, A., and R. Needham. 1988. The Cambridge Fast Ring Networking System. *IEEE Transactions on Computers* 37 (10): 1214–1223.

Horst, H., and D. Miller. 2012. *Digital Anthropology*. London: Bloomsbury.

Hu, T.-H. 2015. *A Prehistory of the Cloud*. Cambridge, MA: MIT Press.

Huhtamo, E., and J. Parikka. 2011. Introduction: An Archaeology of Media Archeology. In *Media Archaeology: Approaches, Applications, Implications*, E. Huhtamo and J. Parikka (eds.), 1–21. Berkeley: University of California Press.

Ingold, T. 2000. *The Perception of the Environment: Essays on Livelihood, Dwelling and Skill*. London: Routledge.

Ingold, T. 2007a. *Lines: A Brief History*. London: Routledge.

Ingold, T. 2007b. Materials against Materiality. *Archaeological Dialogues* 14 (1): 1-16.

Ingold, T. 2011. *Being Alive: Essays on Movement, Knowledge and Description*. London: Routledge.

Ingold, T. 2013. *Making: Anthropology, Archeology, Art and Architecture*. London: Routledge.

Introna, L. D. 2016. Algorithms, Governance, and Governmentality: On Governing Academic Writing. *Science, Technology & Human Values* 41 (1): 17-49.

Irani, L. 2015. The Cultural Work of Microwork. *New Media & Society* 17 (5): 720-739.

Isaacson, W. 2014. *The Innovators: How a Group of Hackers, Geniuses, and Geeks Created the Digital Revolution*. New York: Simon and Schuster.

Ishii, H., and B. Ullmer. 1997. Tangible Bits: Towards Seamless Interfaces between People, Bits, and Atoms. Proc. ACM Conf. Computer-Human Interaction CHI'97 (Atlanta, GA).

Jacobson, V. 1990. Compressing TCP/IP Headers for Low-Speed Serial Links. Request for Comments RFC 1144 (February). Network Working Group. http://www.rfc-editor.org/info/rfc1144.

Johnston, C. 2013. Thanks to an Online Archive, Here's a *Karateka* Review in 2013. *Ars Technica*, October 28. http://arstechnica.com/gaming/2013/10/playing-apple-iic-games-30-years-late-through-an-online-emulator-museum.

Jungnickel, K. 2014. *DIY WIFI: Re-imagining Connectivity*. Basingstoke, UK: Palgrave Pivot.

Kaplan, S. 2011. Strategy and PowerPoint: An Inquiry into the Epistemic Culture and Machinery of Strategy Making. *Organization Science* 22 (2): 320-346.

Karat, J., C.-M. Karat, and J. Ukelson. 2000. Affordances, Motivation, and the Design of User Interfaces. *Communications of the ACM* 43 (8): 49-51.

Khrennikov, I., and A. Ustinova. 2014. Putin's Next Invasion: The Russian Web. *Business Week*, May 1. http://www.businessweek.com/articles/2014-05-01/russia-moves-toward-china-style-internet-censorship.

Kirschenbaum, M. 2008. *Mechanisms: New Media and the Forensic Imagination*. Cambridge, MA: MIT Press.

Kirschenbaum, M. 2016. *Track Changes: A Literary History of Word Processing*. Cambridge, MA: MIT Press.

Kitchin, R. 2014. *The Data Revolution: Big Data, Open Data, Data Infrastructures and Their Consequences*. London: Sage.

Kitchin, R., and M. Dodge. 2011. *Code/Space: Software and Everyday Life*. Cambridge, MA: MIT Press.

Kittler, F. 1990. *Discourse Networks 1800/1900*. Trans. M. Metteer and C. Cullens. Stanford, CA: Stanford University Press.

Kittler, F. 1999. *Gramophone, Film, Typewriter*. Trans. G. Winthrop-Young and M. Wurz. Stanford, CA: Stanford University Press.

Kline, R. 2015. *The Cybernetics Moment, or Why We Call Our Age the Information Age*. Baltimore, MD: Johns Hopkins University Press.

Knoblauch, H. 2013. *PowerPoint, Communication, and the Knowledge Society*. Cambridge, UK: Cambridge University Press.

Kohn, E. 2013. *How Forests Think: Toward an Anthropology beyond the Human*. Berkeley: University of California Press.

Laffont, J.-L., S. Marcus, P. Rey, and J. Tirole. 2001. Internet Peering. *Annual Economic Review* 91 (2): 287-291.

Landin, P. 1964. The Mechanical Evaluation of Expressions. *Computer Journal* 6 (4): 308-320.

Latour, B. 1999. On Recalling ANT. In *Actor-Network Theory and After*, J. Law and J. Hassard (eds.), 15-25. Oxford: Blackwell.

Latour, B. 2004. *The Politics of Nature: How to Bring the Sciences into Democracy*. Cambridge, MA: Harvard University Press.

Latour, B., and S. Woolgar. 1986. *Laboratory Life: The Construction of Scientific Facts*. Princeton, NJ: Princeton University Press.

Leavitt, N. 2010. Will NoSQL Databases Live Up to Their Promise? *IEEE Computer* 43 (2): 12–14.

Lemonnier, P. 2012. *Mundane Objects: Materiality and Non-Verbal Communication*. Walnut Creek, CA: Left Coast Press.

Leonardi, P. 2012. *Car Crashes Without Cars: Lessons about Simulation Technology and Organizational Change from Automotive Design*. Cambridge, MA: MIT Press.

Leonardi, P., and S. Barley. 2008. Materiality and Change: Challenges to Building Better Theory about Technology and Organizing. *Information and Organization* 18: 159–176.

Leonardi, P., and S. Barley. 2010. What's under Construction Here? Social Action, Materiality, and Power in Constructivist Studies of Technology and Organizing. *Academy of Management Annals* 4 (1): 1–51.

Leonardi, P., B. Nardi, and J. Kallinikos. 2013. *Materiality and Organizing: Social Interaction in a Technological World*. Oxford: Oxford University Press.

Levi-Strauss, C. 1955. The Structural Analysis of Myth. *Journal of American Folklore* 68 (270): 428–444.

Levy, D. 1994. Fixed or Fluid? Document Stability and New Media. Proc. ACM European Conf. Hypertext (Edinburgh, UK), 24–31.

Liboiron, M. 2013. Plasticizers: A Twenty-first Century Miasma. In *Accumulation: The Material Politics of Plastics*, J. Gabrys, G. Hawkins, and M. Michael (eds.), 134–149. London: Routledge.

Light, J. S. 1999. When Computers Were Women. *Technology and Culture* 40 (3): 455–483.

Lim, H., B. Fan, D. Andersen, and M. Kaminsky. 2011. Silt: A Memory-Efficient, High-Performance Key-Value Store. Proc. ACM Symp. Operating Systems Principles SOSP'11 (Cascais, Portugal), 1-13.

Lindholm, T., and F. Yellin. 1996. *The Java Virtual Machine Specification*. Reading, MA: Addison-Wesley.

Lovink, G. 2014. Reflections on the MP3 Format: Interview with Jonathan Sterne. *Computational Culture*, no. 4. http://computationalculture.net/article/reflections-on-the-mp3-format.

Lynch, M. 1997. *Scientific Practice and Ordinary Action: Ethnomethodology and Social Studies of Science*. Cambridge, UK: Cambridge University Press.

Mackenzie, A. 2003. These Things Called Systems: Collective Imaginings and Infrastructural Software. *Social Studies of Science* 33 (3): 365-387.

Mackenzie, A. 2005a. The Performativity of Code: Software and Cultures of Circulation. *Theory, Culture & Society* 22 (1): 71-92.

Mackenzie, A. 2005b. Protocols and the Irreducible Traces of Embodiment: The Viterbi Algorithm and the Mosaic of Machine Time. In *24/7: Time and Temporality in the Network Society*, R. Hassan and R. Purser (eds.), 89-108. Stanford, CA: Stanford University Press.

Mackenzie, A. 2006a. *Cutting Code: Software and Sociality*. Oxford: Peter Lang International Academic Publishers.

Mackenzie, A. 2006b. Java: The Practical Virtuality of Internet Programming. *New Media & Society* 8 (3): 441-465.

Mackenzie, A. 2012. More Parts than Elements: How Databases Multiply. *Environment and Planning D: Society & Space* 30: 335-350.

Mackenzie, A., and T. Vurdubakis. 2011. Codes and Codings in Crisis: Signification, Performativity and Excess. *Theory, Culture & Society* 28 (6): 3-23.

MacKenzie, D. 2009. *Material Markets: How Economic Agents Are Constructed*. Oxford: Oxford University Press.

MacKenzie, D., and J. Wajcman. 1999. *The Social Shaping of Technology*. Buckingham, UK: Open University Press.

Maher, J. 2012. *The Future Was Here: The Commodore Amiga*. Cambridge, MA: MIT Press.

Mailland, J. 2016. 101 Online: American Minitel Network and Lessons from Its Failure. *IEEE Annals of the History of Computing* 38 (1): 6–22.

Mailland, J., and K. Driscoll. Forthcoming. *Minitel: Welcome to the Internet*. Cambridge, MA: MIT Press.

Malecki, E. 2002. The Economic Geography of the Internet's Infrastructure. *Economic Geography* 78 (4): 399–424.

Manovich, L. 2001. *The Language of New Media*. Cambridge, MA: MIT Press.

Manovich, L. 2013. *Software Takes Command*. London: Bloomsbury.

Mansell, R. 2012. *Imagining the Internet: Communication, Innovation, and Governance*. Oxford: Oxford University Press.

Marino, M. 2006. Critical Code Studies. *Electronic Book Review*. December 4. http://www.electronicbookreview.com/thread/electropoetics/codology.

Marino, M. 2014. Field Report for Critical Code Studies 2014. *Computational Culture*, no. 4. http://computationalculture.net/article/field-report-for-critical-code-studies-2014.

Marx, K. (1847) 1971. *The Poverty of Philosophy*. Reprint, New York: International. Citations refer to the International edition.

Mathison, S., L. Roberts, and P. Walker. 2012. The History of Telenet and the Commercialization of Packet Switching in the I.S. *IEEE Communications Magazine* (May): 28–45.

Mazmanian, M., M. Cohn, and P. Dourish. 2013. Dynamic Reconfiguration in Planetary Exploration: A Sociomaterial Ethnography. *Management Information Systems Quarterly* 38 (3): 831–848.

McCray, W. P. 2000. Large Telescopes and the Moral Economy of Recent

Astronomy. *Social Studies of Science* 30 (5): 685-711.

McGrenere, J., and W. Ho. 2000. Affordance: Clarifying and Evolving a Concept. Proc. Conf. on Graphical Interfaces (Montreal, QC), 179-186.

McVeigh-Schultz, J., and N. K. Baym. 2015. Thinking of You: Vernacular Affordance in the Context of the Microsocial Relationship App, Couple. *Social Media + Society* 1 (2): 1-13.

Medina, E. 2001. *Cybernetic Revolutionaries: Technology and Politics in Allende's Chile*. Cambridge, MA: MIT Press.

Miller, D. 1988. Appropriating the State on the Council Estate. *Man* 23 (2): 353-372.

Miller, D., ed. 1998. *Material Culture: Why Some Things Matter*. Chicago, IL: Chicago University Press.

Miller, D. 2003. The Virtual Moment. *Journal of the Royal Anthropological Institute* 9: 57-75.

Miller, D., ed. 2005. *Materiality*. Durham, NC: Duke University Press.

Miller, D. 2008. *The Comfort of Things*. Cambridge, UK: Polity.

Miller, D., E. Costa, N. Haynes, T. McDonald, R. Nicolescu, J. Sinanan, J. Spyer, S. Venkatraman, and X. Wang. 2016. *How the World Changed Social Media*. London: UCL Press.

Miller, D., and S. Woodward. 2007. Manifesto for the Study of Denim. *Social Anthropology* 15 (3): 335-351.

Miller, D., and S. Woodward, eds. 2010. *Global Denim*. London: Bloomsbury.

Mills, D. 1984. Exterior Gateway Protocol Formal Specification. Request for Comments RFC 904. Network Working Group. https://www.rfc-editor.org/info/rfc904.

Mockapetris, P. 1987. Domain Names—Concepts and Facilities. Request for Comments RFC 1034. Network Working Group. https://www.rfc-editor.org/info/rfc1034.

Mol, A. 2002. *The Body Multiple: Ontology in Medical Practice*. Durham, NC: Duke University Press.

Montfort, N., P. Baudoin, J. Bell, I. Bogost, J. Douglass, M. Marino, M. Mateas, C. Reas, M. Sample, and N. Vawter. 2012. *10 PRINT CHR$ (205.5+RND(1)); : GOTO 10*. Cambridge, MA: MIT Press.

Montfort, N., and I. Bogost. 2009. *Racing the Beam: The Atari Video Computer System*. Cambridge, MA: MIT Press.

Mosco, V. 2014. *To the Cloud: Big Data in a Turbulent World*. Abingdon, UK: Routledge.

Mueller, M. 2010. *Networks and States: The Global Politics of Internet Governance*. Cambridge, MA: MIT Press.

Nagy, P., and G. Neff. 2015. Imagined Affordance: Reconstructing a Keyword for Communication Theory. *Social Media + Society* 1 (2): 1–9.

Nardi, B. 1993. *A Small Matter of Programming: Perspectives on End-User Computing*. Cambridge, MA: MIT Press.

Nardi, B., and J. Miller. 1991. Twinkling Lights and Nested Loops: Distributed Problem Solving and Spreadsheet Development. *International Journal of Man-Machine Interaction* 34 (2): 161–184.

Negroponte, N. 1995. *Being Digital*. New York: Knopf.

Norman, D. 1988. *The Psychology of Everyday Things*. New York: Basic Books.

Norman, D. 2008. Signifiers, Not Affordances. *ACM Interactions* (November–December): 18–19.

O'Dwyer, R., and L. Doyle. 2012. This Is Not a Bit-Pipe: A Political Economy of the Substrate Network. *Fiberculture Journal* 20: 10–32.

Ong, W. 1988. *Orality and Literacy: The Technologizing of the Word*. London: Routledge.

Oppen, D., and Y. Dalal. 1981. *The Clearinghouse: A Decentralized Agent for Locating Named Objects in a Distributed Environment*. Office Systems

Division Tech Report OSD-T8103. Palo Alto, CA: Xerox.

Orlikowski, W. 1993. Learning from Notes: Organizational Issues in Groupware Implementation. *Information Society* 9 (3): 237-250.

Orlikowski, W. 2007. Sociomaterial Practices: Exploring Technology at Work. *Organization Studies* 28: 1435-1448.

Orlikowski, W., and S. Scott. 2008. Sociomateriality: Challenging the Separation of Technology, Work and Organization. *Academy of Management Annals* 2 (1): 433-474.

Orlikowski, W. J., and S. V. Scott. 2014. What Happens When Evaluation Goes Online? Exploring Apparatuses of Valuation in the Travel Sector. *Organization Science* 25 (3): 868-891.

Overgaard, M. 1980. UCSD Pascal: A Portable Software Environment for Small Computers. Proc. National Computer Conference AFIPS'80 (Anaheim, CA), 747-754.

Panko, R., and R. Halverson. 1996. Spreadsheets on Trial: A Survey of Research on Spreadsheet Risks. Proc. 29th Annual Hawaii International Conference on Systems Science HICSS (Wailea, HI), 326-335.

Parks, L. 2005. *Cultures in Orbit: Satellites and the Televisual*. Durham, NC: Duke University Press.

Parks, L. 2012. Satellites, Oils, and Footprints: Eutelsat, Kazsat, and Post-Communist Territories in Central Asia. In *Down to Earth: Satellite Technologies, Industries, and Cultures*, L. Parks and J. Schwoch (eds.), 122-142. New Brunswick, NJ: Rutgers University Press.

Partridge, C. 1994. *Gigabit Networking*. Boston, MA: Addison-Wesley.

Pasquale, F. 2015. *The Black Box Society: The Secret Algorithms that Control Money and Information*. Cambridge, MA: Harvard University Press.

Pearce, K. E., J. S. Slaker, and N. Ahmad. 2012. Is Your Web Everyone's Web? Theorizing the Web through the Lens of the Device Divide. Paper presented at the Theorizing the Web Conference (College Park, MD).

Pellow, D., and L. Park. 2002. *The Silicon Valley of Dreams: Environmental Injustice, Immigrant Workers, and the High-Tech Global Economy*. New York: NYU Press.

Peters, B. 2016. *How Not to Network a Nation: The Uneasy History of the Soviet Internet*. Cambridge, MA: MIT Press.

Pickering, A. 2010. *The Cybernetic Brain: Sketches of Another Future*. Chicago, IL: University of Chicago Press.

Pink, S., E. Ardèvol, and D. Lanzeni. 2016. *Digital Materialities: Design and Anthropology*. London: Bloomsbury.

Poster, M. 1990. *The Mode of Information: Poststructuralism and Social Context*. Chicago, IL: University of Chicago Press.

Pouzin, L. 1975. The CYCLADES Network—Present State and Development Trends. Symposium on Computer Networks (Gaithersburg, MD, IEEE Computer Society), 8–13.

Powell, A. 2011. Metaphors, Models and Communicative Spaces: Designing Local Wireless Infrastructure. *Canadian Journal of Communication* 36 (1): 91–114.

Powell, A. 2014. The History and Future of Internet Openness: From "Wired" to "Mobile." In *Materialities and Imaginaries of the Open Internet*, A. Herman, J. Hadlaw, and T. Swiss (eds.), 25–44. London: Routledge.

Purdy, J. 2015. *After Nature: A Politics for the Anthropocene*. Cambridge, MA: Harvard University Press.

Rayburn, D. 2014. Here's How the Comcast & Netflix Deal is Structured, with Data and Numbers. *Streaming Media Blog*, February 27. http://blog.streamingmedia.com/2014/02/heres-comcast-netflix-deal-structured-numbers.html.

Reinhart, C., and K. Rogoff. 2010. Growth in a Time of Debt. *American Economic Review* 100 (2): 573–578.

Richter, P., M. Allman, R. Bush, and V. Paxson. 2015. A Primer on IPv4

Address Scarcity. *ACM SIGCOMM Communication Review* 45 (2): 21-31.

Riles, A. 2006. *Documents: Artifacts of Modern Knowledge*. Ann Arbor: University of Michigan Press.

Robles-Anderson, E., and P. Svensson. 2016. One Damn Slide after Another: PowerPoint at Every Occasion for Speech. Computational Culture, no. 5. http://computationalculture.net/article/one-damn-slide-after-another-powerpoint-at-every-occasion-for-speech.

Rosner, D. K., M. Ikemiya, and T. Regan. 2015. Resisting Alignment: Code and Clay. Proc. ACM Conference on Tangible, Embedded, and Embodied Interaction TEI'15 (Stanford, CA), 181-188.

Rosner, D. K., and K. Ryokai. 2008. Spyn: Augmenting Knitting to Support Storytelling and Reflection. Proc. Intl. Conference on Ubiquitous Computing Ubicomp'08 (Seoul, South Korea), 340-349.

Rosner, D. K., and K. Ryokai. 2009. Reflections on Craft: Probing the Creative Process of Everyday Knitters. Proc. ACM Conference on Creativity and Cognition (Berkeley, CA), 195-204.

Roth, L. 2009. Looking at Shirley, the Ultimate Norm: Colour Balance, Image Technologies, and Cognitive Equity. *Canadian Journal of Communication* 34: 111-136.

Sale, S., and L. Salisbury. 2015. *Kittler Now: Current Perspectives in Kittler Studies*. Cambridge, UK: Polity.

Saltzer, J., D. Reed, and D. Clark. 1984. End-to-End Arguments in System Design. *ACM Transactions on Computer Systems* 2 (4): 277-288.

Satyanarayanan, M., G. St Clair, B. Gilbert, Y. Abe, J. Harkes, D. Ryan, E. Linke, and K. Wester. 2015. *One-Click Time Travel*. Technical Report CMU-CS-15-115, School of Computer Science, Carnegie Mellon University (Pittsburgh, PA).

Schiller, H. 1986. *Information and the Crisis Economy*. Oxford: Oxford University Press.

Schiller, H. 1989. *Culture, Inc.: The Corporate Takeover of Public Expression*. Oxford: Oxford University Press.

Schön, D. 1984. *The Reflective Practitioner: How Professionals Think in Action*. New York: Basic Books.

Schön, D. 1990. *Educating the Reflective Practitioner: Towards a New Design for Teaching and Learning in the Professions*. San Francisco, CA: Jossey-Bass.

Schroeder, M., A. Birrell, and R. Needham. 1984. Experiences with Grapevine: The Growth of a Distributed System. *ACM Transactions on Computer Systems* 2 (1): 3–23.

Schulte, S. R. 2013. *Cached: Decoding the Internet in Popular Culture*. New York: NYU Press.

Scott, J., J. Crowcroft, P. Hui, and C. Diot. 2006. Haggle: A Networking Architecture Designed around Mobile Users. Proc. Third Annual Conference on Wireless OnDemand Network Systems and Services WONS 2006 (Les Ménuires, France), 78–86.

Scott, S. V., and W. J. Orlikowski. 2012. Reconfiguring Relations of Accountability: Materialization of Social Media in the Travel Sector. *Accounting, Organizations and Society* 37 (1): 26–40.

Shannon, C., and W. Weaver. 1949. *The Mathematical Theory of Communication*. Urbana: University of Illinois Press.

Shapin, S., and S. Schaffer. 1986. *Leviathan and the Air-Pump: Hobbes, Boyle, and the Experimental Life*. Princeton, NJ: Princeton University Press.

Shearing, C. 2001. Punishment and the Changing Face of Governance. *Punishment and Society* 3 (2): 203–220.

Shirky, C. 2008. *Here Comes Everyone: The Power of Organizing without Organizations*. New York: Penguin.

Smith, B. C. 1994. Coming Apart at the Seams: The Role of Computation in a Successor Metaphysics. Position paper for workshop on Biology, Computers, and Society: At the Intersection of the "Real" and the "Virtual"—Cultural Perspectives on Coding Life and Vitalizing Code, June 2-4, 1994, Stanford University (Stanford, CA).

Smith, R. 1986. Experiences with the Shared Reality Kit: An Example of the Tension between Literalism and Magic. *IEEE Computer Graphics and Applications* 7 (9): 42-50.

Srinivasan, R. 2013. Bridges between Cultural and Digital Worlds in Revolutionary Egypt. *Information Society* 29 (1): 49-60.

Star, S. L. 1983. Simplification in Scientific Work: An Example from Neuroscience Research. *Social Studies of Science* 13 (2): 205-228.

Starosielski, N. 2015. *The Undersea Network*. Durham, NC: Duke University Press.

Steele, G., and R. Gabriel. 1993. The Evolution of Lisp. Proc. ACM Conf. History of Programming Languages HOPL-II (Cambridge, MA), 231-270.

Steenson, M. 2011. Interfacing with the Subterranean. *Cabinet* 41: 82-86.

Steinberg, D., and S. Cheshire. 2005. *Zero Configuration Networking: The Definitive Guide*. Sebastopol, CA: O'Reilly Media.

Sterne, J. 2012. *MP3: The Meaning of a Format*. Durham, NC: Duke University Press.

Sterne, J. 2014. "What Do We Want?" "Materiality!" "When Do We Want It?" "Now!" In *Media Technologies: Essays on Communication, Materiality, and Society*, T. Gillespie, P. Boczkowski, and K. Foot (eds.), 119-128. Cambridge, MA: MIT Press.

Stonebraker, M. 1986. The Case for Shared Nothing. *Database Engineering* 9: 4-9.

Stonebraker, M. 2010. SQL Databases vs. NoSQL Databases. *Communications of the ACM* 53 (4): 10-11.

Strathern, M. 2000. *Audit Cultures: Anthropological Studies in Accountability,*

Ethics and the Academy. London: Routledge.

Suchman, L. 2007. *Human-Machine Reconfigurations: Plans and Situated Actions*. 2nd ed. New York: Cambridge University Press.

Suchman, L., J. Blomberg, J. Orr, and R. Trigg. 1999. Reconstructing Technologies as Social Practice. *American Behavioral Scientist* 43 (3): 392–408.

Tangmunarunkit, H., R. Govindan, S. Shenker, and D. Estrin. 2001. The Impact of Routing Policy on Internet Paths. *Proceedings—IEEE INFOCOM* 2: 736–742.

Thacker, C., E. McCreight, B. Lampson, R. Sproull, and D. Boggs. 1979. *Alto: A Personal Computer*. Technical Report CSL-79-11. Palo Alto, CA: Xerox Palo Alto Research Center.

Tomlinson, B. 2010. *Greening through IT: Information Technology for Environmental Sustainability*. Cambridge, MA: MIT Press.

Traweek, S. 1988. *Beamtimes and Lifetimes: The World of High-Energy Physics*. Cambridge, MA: Harvard University Press.

Trigg, R., J. Blomberg, and L. Suchman. 1999. Moving Document Collections Online: The Evolution of a Shared Repository. In *Proceedings of the Sixth European Conference on Computer-Supported Cooperative Work ECSCW'99 (Copenhagen, Denmark)*, S. Bødker, M. Kyng, and K. Schmidt (eds.), 331–350. Dordrecht: Kluwer.

Tsing, A. 2015. *The Mushroom at the End of the World: On the Possibility of Life in Capitalist Ruins*. Princeton, NJ: Princeton University Press.

Tufte, E. 2006. *The Cognitive Style of PowerPoint: Pitching Out Corrupts Within*. 2nd ed. Chesire, CT: Graphics Press.

Turing, A. 1936. On Computable Numbers, with an Application to the Entscheidungsproblem. *Proceedings of the London Mathematical Society* 42 (2): 230–265.

Turner, F. 2006. *From Counterculture to Cyberculture: Stewart Brand, the Whole Earth Network, and the Rise of Digital Utopianism*. Chicago, IL:

University of Chicago Press.

Vaidhyanathan, S. 2011. *The Googlization of Everything (and Why We Should Worry)*. Berkeley: University of California Press.

Vallgårda, A. 2008. PLANKS: A Computational Composite. Proc. Nordi CHI'08 (Lund, Sweden).

Vallgårda, A., and J. Redström. 2007. Computational Composites. Proc. ACM Conf. Human Factors in Computing Systems CHI'07 (San Jose, CA), 513-522.

Vallgårda, A., and T. Sokoler. 2010. A Material Strategy: Exploring Material Properties of Computers. *International Journal of Design* 4 (3): 1-14.

Varnelis, K. 2008. *The Infrastructural City: Networked Ecologies in Los Angeles*. Barcelona: Actar.

Vaughan, D. 1996. *The Challenger Launch Decision: Risky Technology, Culture and Deviance at NASA*. Chicago, IL: University of Chicago Press.

Vertesi, J. 2014a. Drawing as: Distinctions and Disambiguation in Digital Images of Mars. In *Representation in Scientific Practice Revisited*, C. Coopmans, J. Vertesi, M. Lynch, and S. Woolgar (eds.), 15-35. Cambridge, MA: MIT Press.

Vertesi, J. 2014b. Seamful Spaces: Heterogeneous Infrastructures in Interaction. *Science, Technology & Human Values* 39 (2): 264-284.

Vertesi, J. 2015. *Seeing Like a Rover: How Robots, Teams, and Images Craft Knowledge of Mars*. Chicago, IL: University of Chicago Press.

Vertesi, J., and P. Dourish. 2011. The Value of Data: Considering the Context of Production in Data Economies. Proc. ACM Conf. Computer-Supported Cooperative Work CSCW 2011 (Hangzhou, China), 533-542.

Voida, A., R. Grinter, N. Duchenaut, K. Edwards, and M. Newman. 2005. Listening In: Practices Surrounding iTunes Music Sharing. Proc. ACM Conf. Human Factors in Computing Systems CHI 2005 (Portland, OR), 191-200.

Wang, Z., and J. Crowcroft. 1992. A Two-Tier Address Structure for the

Internet: A Solution to the Problem of Address Space Exhaustion. Request for Comments RFC 1335. Internet Engineering Task Force. http://www.rfc-editor.org/info/rfc1335.

Watts, L. 2014. Liminal Futures: Poem for Islands at the Edge. In *Subversion, Conversion, Development: Cross-Cultural Knowledge Exchange and the Politics of Design*, J. Leach and L. Wilson (eds.), 19–38. Cambridge, MA: MIT Press.

Webster, F. 2006. *Theories of the Information Society*. 3rd ed. London: Routledge.

Webster, F., and K. Robins. 1986. *Information Technology: A Luddite Analysis*. Norwood, NJ: Ablex.

Weiser, M. 1991. The Computer for the Twenty-First Century. *Scientific American* 265 (3): 94–104.

Wiberg, M. Forthcoming. *The Materiality of Interaction: From Metaphors to Materials*. Cambridge, MA: MIT Press.

Wiberg, M., and E. Robles. 2010. Computational Compositions: Aesthetics, Materials, and Interaction Design. *International Journal of Design* 4 (2): 65–76.

Williams, R. 1974. *Television: Technology and Cultural Form*. London: Fontana.

Willow, A., and S. Wylie. 2014. Politics, Ecology, and the New Anthropology of Energy: Exploring the Emerging Frontiers of Hydraulic Fracking. *Journal of Political Ecology* 21 (12): 222–236.

Wing, J. 2006. Computational Thinking. *Communications of the ACM* 49 (3): 33–35.

Winner, L. 1980. Do Artifacts Have Politics? *Daedalus* 109 (1): 121–136.

Winsberg, E. 2010. *Science in the Age of Computer Simulation*. Chicago, IL: University of Chicago Press.

Winther, M., and A. Vallgårda. 2016. A Basic Form Language for Shape-Changing Interfaces. Proc. ACM Symp. Tangible, Embedded, and Embodied

Interfaces TEI'16 (Eindhoven, Netherlands).

Winthrop-Young, G. 2011. *Kittler and the Media*. Cambridge, UK: Polity.

Wischik, D., C. Raiciu, A. Greenhalgh, and M. Handley. 2011. Design, Implementation and Evaluation of Congestion Control for Multipath TCP. Proc. USENIX Conference on Network Systems Design and Implementation (Boston, MA), 99-112.

Wood, D. 1992. *The Power of Maps*. New York: Guilford Press.

Yates, J. 1993. *Control through Communication: The Rise of System in American Management*. Baltimore, MD: Johns Hopkins University Press.

Yates, J., and W. Orlikowski. 2007. The PowerPoint Presentation and Its Corollaries: How Genres Shape Communicative Action in Organizations. In *Communicative Practices in Workplaces and the Professions: Cultural Perspectives on the Regulation of Discourse and Organizations*, M. Zachry and C. Thralls (eds.), 67-92. Amityville, NY: Baywood.

Zielinski, S. 2006. *Deep Time of the Media: Toward an Archaeology of Hearing and Seeing by Technical Means*. Trans. G. Custance. Cambridge, MA: MIT Press.

Ziewitz, M. 2016. Governing Algorithms: Myth, Mess, and Methods. *Science, Technology & Human Values* 41 (1): 3-16.

译后记

2022年12月,我在美国圣克劳德州立大学访学期间,王金礼老师来电告知计划围绕数智媒介组织一个译丛,并提供了书单,让我一起挑选。彼时,ChatGPT刚刚问世,短短两个月内,其用户数量已突破2 500万。以ChatGPT为代表的生成式人工智能迅速引发了各学科领域的广泛讨论,涉及本体论、伦理学、治理模型以及人工智能偏见等多个视角。一方面,数智媒介的自我显现与飞跃式发展令人瞩目;另一方面,它给人类社会带来的可见或潜在影响也引发了深刻反思。然而,在这两者之间,横亘着一个"黑箱":数智媒介的哪些特质,塑造、限制并促成了人们与之互动的方方面面?更进一步的问题是:这是如何实现的?尽管相关讨论层出不穷,但直接回应上述问题的研究却寥寥无几。

在这样的背景下,《比特之物》这本书的到来可谓恰逢其时,阅读起来让人既感挑战又觉畅快。说挑战,是因为作为一位曾在施乐、苹果、英特尔和微软等公司任职的计算机科学家,保罗·杜里什在书中用到了大量技术术语,需要读者以严谨的态度理解其在计算机科学领域中的含义,以区别于日常使用中指涉不明的概念或含糊的隐喻,例如"虚拟""云""仿真""粒度""对齐""事务""协议""路由""跳数""拓扑""惯例"……事实上,我第一遍通读本书的主要工作之一就是力图弄清其中的技术术语和逻辑。说畅快,是因为正是这些术语及以此为基底的物质性分析视角,搭建起了数智媒介自身发展与人类行为或社会文化之间的桥梁,帮助我打开了"黑箱"。

数智媒介何以拥有"智慧"?它们如何与人类社会相互深嵌?又如何

在相互依存中持续发展，乃至从两类截然不同的主体演变为彼此的延伸？在问题变得愈发抽象之时，我们不妨后退一步，跟随保罗从最基础的数字信息的物质性出发，为上述问题找到更为切实的依据。

何谓"物质性"？在多个学科纷纷转向"物质性"研究，探讨各类物及其属性如何塑造文化实践之际，作者敏锐地指出，不同学科对"物质性"这一术语的使用往往含糊不清。这不仅导致学科间难以展开有效对话，也使该词本身因含义过于宽泛和模糊而失去意义。作者主张，数字信息的物质性是具体的："如果不与物件的某种属性、构成元素及它们制作或物理操控的机械层面关联起来，并解释这些如何与当地的社会实践和想象世界中的某个方面相联系，以及为何会有这种联系，那么它就无法作出任何解释。"同时，作者指出，数字信息的物质性是多样的：在仿真案例中，它是虚拟计算机的指令、时序、输入/输出和保真度；在数据库语境下，它体现为粒度、关联性、多重性和收敛性；在电子表格案例中，它表现为复杂度、动态性和持久性；在路由领域，它涉及路由的编码和可操作模式；在研究网络时，它则指向网络的可靠性和协议。因此，数字的物质性是复数的"materialities"，而非单数的"materiality"。正是这种复数形式的物质性，展示了数字对象或快或慢、或稳健或脆弱、或暂时或持久、或可塑或固定、或简单或复杂、或动态或静态等特征，在不同场景中限制、约束和激发了人们与之互动的模式，进而构成了人们媒介体验的方方面面。进而，作者提出："塑造我们与数字对象互动并采纳它们的物质属性，那些导致它们转瞬即逝、脆弱不堪或顽固存在的物质属性，必须成为研究的核心。这些当然是代码的属性，但也是数据、系统、协议、配置、标准和结构的属性。"

紧承第一点，正因为"物质性"概念的具体和多样，对该领域的研究也就应聚焦于特定的数字媒介，揭示其具有的特定物质属性及影响。毕竟，在说到"脆弱性"时，网络连接的脆弱性、网络数据包的脆弱性以及对等连接安排的脆弱性是类型截然不同的脆弱性。如此一来，对物质性的研究便有了一个可实证的框架，而非仅仅停留在宽泛的宣告层面。事实上，作者正是基于这样的框架，根据信息表征的量级与范围来选择研究对象，从单独的虚拟仿真体到被普遍采用的电子表格、关系数据库,再到作为整体的互联网,逐层展开分析。在技术逻辑、物质支撑和文化实践的多重视域下,作者通过揭示信息表征的多种物质形式使抽象的数字物质变得可见。在仿真案例中,作者探讨了支持虚拟世界构建的物质配置,论证了所谓的"虚拟"在现实中如何以双重物质性为支撑;在电子表格案例中,作者分析了电子表格的物质性如何以一种具体的形态限制和引导了人在组织中的行动;在数据库案例中,作者展示了新的硬件架构、数据管理方法以及应用程序如何互相推进,大数据的粒度、关联性、多重性和收敛性如何通过塑造特定的"数据库化"类型来限制、约束并引导现实世界的行动;在互联网路由案例中,作者回顾了网络路由协议的演变,展示了一系列表征形式如何共同塑造网络使用、体验与政策议题,论证了当下我们所使用的"互联网"是一种在某个层面上开放和去中心化,在另一层面上又高度集权、等级分明和受到管制的事物;通过介绍"其他网络"并展开对比,作者揭示了当下"这一"物质特定、地理特定和历史特定的互联网并非唯一可能建造的互联网,而是众多可能的网络之一。

书中每个案例都聚焦计算机领域,但在对特定数字技术的条分缕析中,实际经验的复杂性和多维度尽显无遗。技术、政治、社会、文化、空间、艺术、历史、学术、行动主义等领域的因素在不同环节相互影响,这也让这本书有了明显的跨学科特色。从计算机科学领域,作者汲取了对技术系统生产的关注,同时也聚焦于这些系统作为文化对象的本质;与人机交互领域的学术研究相似,作者也关注交互技术与人类体验之间的关系;在与科学技术研究领域展开对话时,作者从拉图尔的"行动者网络理论"、简·贝内特的"生命力物质主义"以及凯伦·巴拉德的"能动实在理论"中汲取了"互动"的思想,将对信息的物质性研究视为对数字集合体运作机制的探索;在梳理人类学领域关于物质性的研究时,作者提出物质文化研究分支对"物"本身的强调凸显了物质属性,并借鉴了该领域的经验性研究传统;在传播与媒介研究领域,作者回顾了以卡斯特为代表的媒介政治经济学理论,分析了基特勒思想及其对媒介考古学的影响,并从这一领域中借鉴了一种历史的和非目的论的视角,审视技术设备随着时间推移所经历的多重路径;作者与软件研究领域中的马诺维奇、富勒、贝里、麦肯齐、加洛韦和基尔申鲍姆等学者展开对话,既汲取了对数字表征修辞的关注,也找到了同时探索技术、社会和文化层面的依据,进而在代码与数字对象的具体配置中,发现了它们在开发和部署过程中所体现的文化环境的表现和激发要素。从人机交互到科学技术研究,再到人类学、传播与媒介以及软件研究,作者融合了来自不同学术领域的思想和观点。

正是在这种跨学科的视角下,作者摒弃了单一的中心化视角,既不以人为中心,也不以技术为中心。甚至,虽然本书以"物质主义"为核心词,却也并不以"物质"为中心。在追溯协议、拓扑结构、网络惯例、制度安排、商业交换以及表征策略相互交织的历史过程中,作者证明了单独讨论其中之一而不涉及其他方面是不可能的。正如书中所言:"谈论'物质主义分析'听起来好像是试图将政治、文化和历史搁置一旁,但这完全是一种误解;相反,物质主义分析力求把握特定的节点,在这些节点上,政治、文化、历史(及其他因素)被带入一种特殊且暂时的对齐状态。"对数字对象物质性在特定情境下具体而深入的考察也为当下我们解读智能媒介提供了一种可行的路径和方法。

在这本以数字信息为基石的书中,作者融入了一些历史故事、生动案例与趣味知识,使得复杂的概念变得易懂和引人入胜。例如,威尔希尔一号大厦之所以创下当时市中心核心地带房地产单价的最高纪录,并非因其地理位置或环境优越,而是因为它成为全球联网最密集的大楼之一。这里几乎每一寸空间都被数据中心、计算机服务器室、共置设施和网络设备所占据,可以说,它是"纯粹物质性"的象征。又如,美国国防部高级研究计划局的 ARPANET 项目引发了未参与合作的科研大学和计算机科学系的担忧,后者联合美国国家科学基金会建立 CSNET(计算机科学网络),两者微妙的竞争与合作促成了当代互联网的起源。再如,书中的十字图案例生动展示了不同编码方法如何构建出相同外表的图案。尽管数字数据本质上只是简单的 1 和 0 的组合,但在不同编码中,这些 1 和 0 的重要性却截然不同。此外,通过巴士连接的异步网络、由脸书公司发起的仅提供有限站点服务的网络,以及路由信息协议 15 跳展示的"成功灾难"故事等等,无不令人印象深刻。无论读者出于何种目的或研究兴趣,相信本书都能带来有益的启发与收获。

  这本书的翻译、出版得到了福建省社会科学研究基地福建师范大学马克思主义与当代媒介研究中心的资助。中心主任王金礼老师不仅发起和推动这套译丛的出版,也在我翻译过程中给了实质性帮助。我们经常会为一个术语的翻译讨论很久,以至于常常会演变成小型的专题研究。也感谢我的初中同学、热衷并投身于编程事业中的徐琰不厌其烦地解答我关于技术的各种问题。我们常常从一种技术说起,从计算机聊到社会学、心理学再到哲学。虽然聊天结束时离问题的起点已经很远,但这一过程不仅让翻译过程变得有趣,也让我对本书的跨学科视角有更深切的体会。特别感谢出版社负责本译丛的章永宏和责任编辑李婷两位老师,他们的专业性使得这本书最终成形。

图书在版编目(CIP)数据

比特之物:论信息的物质性/(美)保罗·杜里什(Paul Dourish)著;莫莉译. -- 上海:复旦大学出版社,2025.3. -- (数智媒介学译丛). -- ISBN 978-7-309-17877-7

Ⅰ.G206.2

中国国家版本馆 CIP 数据核字第 2025J5M691 号

The Stuff of Bits: An Essay on the Materialities of Information by Paul Dourish/ISBN: 978-0262036207

Copyright © 2017 Massachusetts Institute of Technology, published by The MIT Press
Chinese Simplified language edition published by FUDAN UNIVERSITY PRESS CO., LTD.
Copyright © 2025. This edition is authorized for sale throughout Mainland of China. No part of the publication may be reproduced or distributed by any means, or stored in a database or retrieval system, without the prior written permission of the publisher. 本书中文简体翻译版授权由复旦大学出版社有限公司独家出版并限在中国大陆地区销售。未经出版者书面许可,不得以任何方式复制或发行本书的任何部分。

上海市版权局著作权合同登记号 图字 09-2023-0648

比特之物:论信息的物质性
BITE ZHI WU: LUN XINXI DE WUZHIXING
[美]保罗·杜里什(Paul Dourish) 著
莫 莉 译
责任编辑/李 婷

复旦大学出版社有限公司出版发行
上海市国权路 579 号 邮编:200433
网址:fupnet@fudanpress.com   http://www.fudanpress.com
门市零售:86-21-65102580   团体订购:86-21-65104505
出版部电话:86-21-65642845
常熟市华顺印刷有限公司

开本 787 毫米×960 毫米 1/16 印张 16.25 字数 226 千字
2025 年 3 月第 1 版
2025 年 3 月第 1 版第 1 次印刷

ISBN 978-7-309-17877-7/G·2667
定价:68.00 元

如有印装质量问题,请向复旦大学出版社有限公司出版部调换。
版权所有 侵权必究